# PASO A PASO
# POR
# EL ANTIGUO TESTAMENTO

*Claudio F. Mariottini, Ph. D.*

ISBN 0767325389
Item 001133347


Clasificación Decimal Dewey: 221
Subdivisión: Biblia, Antiguo Testamento

Para ordenar copias adicionales escriba a LifeWay Church Resources Customer Service,
One LifeWay Plaza, Nashville, TN 37234-0113; FAX (615) 251-5933; teléfono 1-800 257-7744 ó envíe
un correo electrónico a customerservice@lifeway.com. Le invitamos a visitar nuestro portal electrónico
en WWW.lifeway.com donde encontrará otros muchos recursos disponibles.
También puede adquirirlo en la librería LifeWay de su localidad o en su librería cristiana favorita.


*Impreso en los Estados Unidos de América*


Leadership and Adult Publishing
LifeWay Church Resources
One LifeWay Plaza
Nashville, TN 37234-0175

# I N D I C E

# AUTORES

El *Dr. Claudio F. Mariottini* escribió el comentario básico para el curso en español *Paso a Paso por el Antiguo Testamento.* El Dr. Mariottini es originario de Brasil, y es profesor asociado de Antiguo Testamento en el Seminario Teológico Bautista Norteño, en Lombard, Illinois. Ostenta un doctorado en Antiguo Testamento obtenido en el Seminario Teológico Sureño, Louisville, Kentucky.

*Tom Hudson* preparó las actividades de aprendizaje para el curso *Paso a Paso por el Antiguo Testamento* en inglés. Muchas de estas actividades fueron traducidas y adaptadas para la presente versión en español de este curso. El Hno. Hudson es administrador de la sección de materiales de la Serie Uniforme de la Convención para Adultos, en la División de Escuela Dominical, de la Junta Bautista de Escuela Dominical. Nació en el estado de Mississippi, y sirvió como pastor por muchos años antes de llegar a su actual posición en la Junta. Ostenta un doctorado en ministerio otorgado por el Seminario Teológico Bautista de Nueva Orleans.

*Miguel A. Mesías* preparó, tradujo y cotejó el manuscrito final. El hermano Mesías es oriundo del Ecuador y ha cursado estudios en el Seminario Teológico Bautista Internacional en Cali, Colombia. También logró una maestría en estudios bíblicos en Nueva York. Ha servido como pastor, traductor, editor y conferencista a nivel internacional.

# INTRODUCCION

**El Curso** Paso a Paso por el Antiguo Testamento

El curso *Paso a Paso por el Antiguo Testamento* es parte del sistema educativo diseñado para proveer educación de calidad a los creyentes, en las áreas de Biblia, discipulado, liderazgo y ministerio. Todos los cursos tienen características similares.

• Los participantes siguen el curso en un libro especialmente preparado para el estudio programado y personal. Ese es este libro que usted tiene en sus manos. Los participantes realizan individualmente el estudio y las actividades de aprendizaje, por alrededor de 30 a 60 minutos cada día.

• Los participantes se reunen en grupo cada semana para una sesión que dura entre una hora y media y dos horas. Este grupo brinda respaldo a los participantes, así como ayuda mutua mientras tratan de aprender y aplicar las verdades de las Sagradas Escrituras.

• El líder del curso, o facilitador, guía a los participantes en la reflexión y diálogo sobre lo que han estudiado durante la semana, y en hacer aplicaciones prácticas a sus vidas diarias.

• Las personas que completen el curso, de acuerdo a los requisitos señalados en el Catálogo del Curso de Estudio para las Iglesias, recibirán un atractivo diploma . (Detalles más completos en la página 220).

**Estudiando el curso** Paso a Paso por el Antiguo Testamento

Este libro es diferente de la mayoría de libros, puesto que no se lo ha diseñado como para que se lo lea de corrido de pasta a pasta. Para obtener el máximo beneficio de este curso, usted debe dedicarle tiempo todos los días, estudiando una lección a la vez. No es beneficioso tratar de estudiar varias lecciones en un sólo día. Usted necesita dar tiempo para que los pensamientos y lecciones "penetren" en su mente y en su corazón. No se salte las actividades de aprendizaje, puesto que ellas tienen el propósito de ayudarle a captar mejor una idea general del Antiguo Testamento.

**Las actividades de aprendizaje están marcadas claramente, como este párrafo. Empiezan con una flecha (♦). Siga las instrucciones que se indican. Una vez que haya completado la actividad de aprendizaje, vuelva al material del comentario.**

Normalmente las respuestas se hallan también al pie de la página, o a veces en los párrafos que siguen, de modo que usted pueda verificar su trabajo. Escriba sus propias respuestas antes de leer las que se indican en el libro. Algunas veces la respuesta puede ser algo diferente, puesto que usted usará sus propias palabras. Si tiene dificultad con alguna pregunta o actividad, escriba una nota al margen, y pregúntele luego al líder o en la sesión del grupo.

Una vez a la semana usted asistirá a una sesión del grupo, diseñada para ayudarle a dialogar sobre lo que ha estudiado la semana previa, compartir opiniones, estimularse mutuamente y orar juntos. Para que funcionen eficazmente el grupo no debe tener más de diez personas. Si hay más de diez personas que quieren seguir este curso será mejor organizar dos o más grupos, y nombrar otros líderes para cada grupo.

Si usted ya ha empezado, o quiere empezar el estudio de *Paso a Paso por el Antiguo Testamento*, y no hay un grupo ya organizado a su alcance, anime a algunos amigos o conocidos para que estudien el curso al mismo tiempo que usted. Usted encontrará que al reunirse con otras personas usted recibe ayuda para aprender y aplicar las enseñanzas de este estudio.

Los materiales disponibles para este curso son:
* Libro para miembro: *Paso a Paso por el Antiguo Testamento* (7016-71).
* Guía para el Líder: *Paso a Paso por el Antiguo Testamento* (7001-71).
* En inglés: Videocintas: *Step by Step through the Old Testament* (8640-81).

Estos materiales pueden ordenarse al Customer Service Center, 127 Ninth Avenue North, Nashville, TN 37234, o llamando gratis al teléfono No. 1-800-458-BSSB. También se los puede conseguir en cualquiera de las librerías bautistas.

También hay disponibles materiales y recursos para el curso *Paso a Paso por el Nuevo Testamento*. (Disponible octubre 1992).

# *Unidad* 1    Dios y Su Revelación

En esta unidad usted dará un breve vistazo a algunas de las naciones y pueblos que participaron en el proceso mediante el cual Dios se reveló a Sí mismo, así como a los lugares en que aquel proceso tuvo lugar.

La Biblia es el libro de la iglesia. Dios se revela a Sí mismo en ella. Por esta razón los cristianos reconocen que ella es la Palabra de Dios, y autoritativa en cuestiones de fe y guía para la vida diaria del creyente.

Este libro de revelación contiene el Antiguo Testamento y el Nuevo Testamento. El Antiguo Testamento registra el relato de una selección de eventos que se sucedieron con un pueblo real y en un período definido de la historia universal. Para los escritores, esos eventos eran hechos poderosos que resultaron de la intervención directa de Dios en la historia de Israel. Esa intervención divina se manifestó principalmente mediante la formulación del pacto de Dios con Su pueblo.

Algunas personas piensan que ya no es necesario estudiar el Antiguo Testamento. Dicen que si Jesucristo vino a cumplir las demandas de la Ley (Mt. 5:17-18), entonces el Nuevo Testamento ha reemplazado al Antiguo Testamento. Pero Jesús conocía bien el Antiguo Testamento e hizo constantes referencias a su contenido. Para Jesús y Sus discípulos el Antiguo Testamento era la Palabra autoritativa de Dios.

Por consiguiente, los cristianos de hoy necesitan estudiar también el Antiguo Testamento; no sólo para ver cómo Dios se reveló en la historia de Israel, sino también porque es Palabra de Dios, y porque Dios aún habla a Su pueblo por medio de esas Escrituras Sagradas.

*Observe especialmente las siguientes palabras en esta unidad:*

**Canaán**—se refiere al área que se conoce como Palestina. Los nombres se usan en forma intercambiable.

**Canon**—significa "caña" o "vara para medir." Al hablar de *canon* actualmente nos referimos a los libros inspirados que forman la Biblia; 39 en el Antiguo Testamento, y 27 en el Nuevo Testamento.

**Torah o Tora**—es la palabra hebrea para referirse a los primeros cinco libros del Antiguo Testamento. A estos libros también se les conoce como el Pentateuco, o los libros de la ley.

# *DIA 1*   Las Naciones de Palestina

El Antiguo Testamento menciona diversas naciones que vivían en Canaán: los heteos, gergeseos, amorreos, cananeos, ferezeos, heveos, y jebuseos (Dt. 7:1), y otros. El número y el orden de las naciones varía en otros pasajes (véase Gn. 15:19-20; Ex. 3:8).

▶ **Observe el mapa que se halla en el interior de la cubierta. ¿Cuántas naciones del Antiguo Testamento puede usted ubicar en esa área?**

Los *heteos,* también conocidos como *hititas,* habitaron originalmente en la región que hoy es Turquía. La referencia en Génesis 23:10 indica que muchos heteos vivían ya en Canaán mucho antes de la entrada de Israel a la tierra prometida. Según Números 13:29 los heteos habitaban en la región montañosa de Canaán, junto con los jebuseos y los amorreos.

No se sabe mucho acerca de los *gergeseos,* pero aparecen en Génesis 10:15-16 como descendientes de los cananeos.

Los *amorreos* poblaban la región montañosa de Canaán. La palabra *amorreo* significa *occidentales,* y se usa como un término genérico para designar a varios grupos.

Tampoco se sabe mucho acerca de los *ferezeos.* Una palabra similar en Deuteronomio 3:5 se traduce como "ciudades sin muro," indicando que probablemente eran campesinos; es decir, que habitaban fuera de los muros de las ciudades.

Los *heveos* vivían en Siquem (Gn. 34:2), y es posible que sean los *horeos* mencionados en Deuteronomio 2:12.

Los *jebuseos* eran los habitantes de Jerusalén (Jos. 15:63). David los derrotó después de su coronación como rey de Israel (2 S. 5:6-10), e hizo de Jerusalén la capital de la nación y el centro religioso de Israel.

▶ **En la línea en blanco a la izquierda escriba la letra que corresponde a la descripción correcta de cada nación. Use lápiz. Las respuestas correctas se hallan al pie de la página.**

_____ 1. Jebuseos   A. Habitaban al oeste del río Jordán
_____ 2. Ferezeos   B. Vivieron en Jerusalén por muchos años
_____ 3. Heteos     C. Vinieron de Turquía.
_____ 4. Cananeos   D. Campesinos, vivían fuera de las ciudades

Respuestas al ejercicio de concordancia: 1-B; 2-D; 3-C; 4-A.

▶ **Verifique sus respuestas con las que se dan al pie de la página. ¿Se equivocó en alguna? No se preocupe; simplemente borre los errores, y escriba la respuesta correcta. A medida que avanza paso a paso a través del Antiguo Testamento usted volverá a encontrar con frecuencia a estos grupos. Para cuando concluya este curso de estudio muchos de estos nombres le serán familiares.**

Además de las naciones que habitaban en Canaán propiamente dicha, el Antiguo Testamento menciona otros pueblos con los cuales Israel tuvo contacto en diferentes períodos de su historia.

Los *filisteos* vivían en la costa del Mediterráneo entre Gaza y Jope y establecieron su hegemonía sobre cinco ciudades importantes: Gaza, Ascalón, Asdod, Ecrón y Gat (Jos. 13:3). Los filisteos oprimieron fuertemente a Israel en el período de los jueces.

Los ismaelitas fueron los descendientes de Ismael, el hijo de Abraham con Agar (Gn. 25:12-15). Se dedicaron al comercio entre Galaad y Egipto. Se les conocía también como los *madianitas* (Gn. 37:25-28).

Los *edomitas* eran los descendientes de Esaú (Gn. 36:1) y vivían en la región del Monte Seir (Gn. 36:8). Los *moabitas* y los *amonitas* eran los descendientes de Lot y sus dos hijas (Gn. 19:37-38).

▶ **En la línea a la izquierda escriba la letra que corresponde a la descripción correcta. Use lápiz.**

|  |  |  |
|---|---|---|
| ___ 1. Edomitas | A. Vivían al este del Mar Muerto |
| ___ 2. Moabitas | B. Vivían en la costa del Mar Mediterráneo |
| ___ 3. Amonitas | C. Se dedicaron al comercio |
| ___ 4. Filisteos | D. Eran descendientes de Lot |
| ___ 5. Ismaelitas | E. Vivían al sur del río Zered |

**Verifique luego sus respuestas con las que se dan al pie de la página.**

El Antiguo Testamento menciona otros pueblos, de los cuales se nos da muy poca información adicional. Los hijos de Anac vivían en Hebrón (Nm. 13:22). Los emitas (Dt. 2:10) y los zomzomeos (Dt. 2:20) vivían en Transjordania. Estos tres grupos pertenecían a una raza de gigantes.

**RESPONDA A LA PALABRA DE DIOS**

* Al considerar las varias naciones y pueblos que se mencionan en el Antiguo Testamento se puede notar cómo cada nación influye en las demás. ¿Puede usted pensar en alguna o algunas naciones modernas que han tenido un impacto significativo en su propia nación en años recientes? Repita o lea Juan 3:16 y Hechos 1:8. ¿Qué implicaciones tienen estos versículos para los creyentes, a la luz de lo que estamos estudiando? Haga una pausa y eleve una oración a favor de las personas en otras naciones.
* Anote a continuación algunos de los motivos por los cuales usted quiere orar, a la luz de este estudio.

_____

_____

*1-E; 2-D; 3-a; 4-B; 5-C*

# *DIA 2*   La Tierra de Palestina

### Nombre y Ubicación

Para poder lograr una mejor comprensión del Antiguo Testamento es necesario familiarizarse con la geografía del antiguo Cercano Oriente. Los eventos que se relatan en el Antiguo Testamento se desarrollan mayormente en el territorio conocido como *Canaán* o *Palestina.*

Canaán fue el nombre original de la tierra. El nombre procede de una palabra que significa *la tierra de púrpura.* Los griegos y los romanos la llamaron *Palestina,* nombre que significa *la tierra de los filisteos.* La designación de Palestina como la Tierra Prometida se refiere a la promesa que Dios hizo a Abraham y su descendencia (Gn. 12:7).

### Límites

Los límites de Palestina han cambiado muchas veces durante su historia. En forma general sus límites han sido: por el oeste el mar Mediterráneo, por el norte las montañas del Líbano, por el sur el desierto del Neguev y por el oriente el desierto de Arabia.

◗ **Ubique en el mapa los límites que se indican, y escriba las iniciales de la región en su sitio correspondiente. Verifique luego su trabajo con los mapas que constan en su Biblia.**

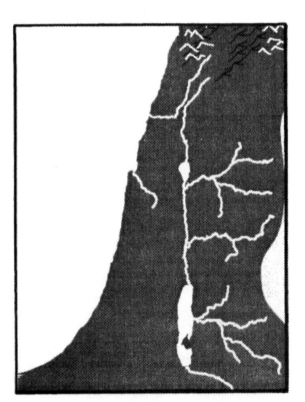

**Mar Mediterráneo - MM**

**Montañas del Líbano - ML**

**Desierto del Neguev - DN**

**Desierto de Arabia - DA**

**Río Jordán - RJ**

El área más amplia que formaba el mundo del Antiguo Testamento se extiende desde el Golfo Pérsico hasta Egipto. A esta región se le conoce comúnmente como la Fértil Media Luna, o el Fértil Creciente, porque incluye un semicírculo similar al cuarto creciente lunar. Abarcaba el territorio a lo largo de los ríos Tigris y Eufrates, y también la tierra que actualmente ocupa Siria, Líbano, Israel, una parte de Arabia Saudita y de Egipto.

**Extensión Territorial**

El territorio de Palestina es pequeño en comparación con los Estados Unidos u otros países de la América Latina. Palestina tiene alrededor de 15.000 kilómetros cuadrados. Desde su extremo al norte hasta su extremo al sur tiene alrededor de 200 kilómetros. Su ancho de oriente a occidente varía entre 30 y 150 kilómetros. Con los sistemas modernos de carreteras se podría cruzar todo el ancho de Palestina en menos de dos horas, en su parte más ancha, y se usaría alrededor de tres horas para viajar de norte a sur.

**Clima**

Palestina goza del clima subtropical del Mediterráneo. La lluvia cae en invierno y en la primavera, en tanto que el verano es seco. Casi no llueve en los meses de verano. La siembra tiene lugar por lo general en el otoño, y la cosecha cae en mayo o junio. La uvas se cosechan en octubre. El mes más frío es febrero, y el más caliente es agosto.

Aunque la tierra de la Palestina era relativamente pequeña en extensión, sin embargo fue el escenario de eventos que influyeron poderosamente en la historia mundial.

**RESPONDA A LA PALABRA DE DIOS**

* Medite en la enorme significación de los eventos bíblicos que ocurrieron en un área tan minúscula como la Palestina. Es esa área pequeña Dios se reveló al pueblo que había escogido. Por medio de ese pueblo envió a Su Hijo, Jesucristo, a este mundo. ¿Qué lección brota de esto con respecto a:

su lugar de residencia? _____

su iglesia? _____

su clase de Escuela Dominical, o su grupo de Discipulado?

_____

Pídale a Dios una visión de lo que El quiere hacer en el lugar en donde usted vive.

# *DIA 3*   Las Regiones de Palestina y las Divisiones del Antiguo Testamento

**Regiones Naturales de Palestina**

Palestina está dividida en cuatro regiones naturales: el llano marítimo, la región montañosa central, el valle del Jordán y la Meseta Transjordania.

◗ **Mientras lee hoy la siguiente sección de este estudio, localice en el mapa que se halla a continuación los diferentes sitios que se mencionan. Trace una línea desde el nombre que se halla a la derecha hasta el sitio en donde debe estar ubicado.**

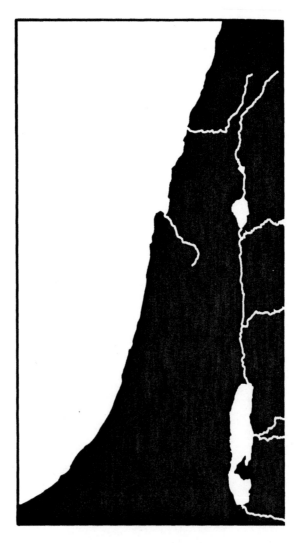

* Llanuras marítimas

* Región Montañosa Central

* Sefela

* Valle del Río Jordán

* Transjordania

* Samaria

* Mar de Galilea

El *área marítima de Canaán,* hacia el oeste, es el territorio a la orilla del Mar Mediterráneo. Esta área incluye la llanura de los filisteos en el sur, al centro la llanura fértil de Sarón, y la llanura de Aco en el norte. Los israelitas nunca llegaron a conquistar la mayor parte del área marítima de Canaán. En el sur, los filisteos extendieron su control a lo largo de la costa del Mediterráneo desde Gaza hasta Jope. En el norte, los Fenicios, con sus ciudades de Tiro y Sidón, dominaron la región durante toda la historia de Israel.

**♦ Ubique en el mapa la región marítima.**

La *región montañosa central* empieza en las colinas del Líbano al norte, y atraviesa Canaán de norte a sur, terminando en el desierto. La mayor parte de la población de Israel vivía en la región montañosa central.

**♦ Ubique en el mapa la región montañosa.**

El territorio entre la región montañosa y la llanura marítima se llama *Sefela* o tierra baja. Al sur está el territorio llamado *Neguev* (Gn. 12:9), o tierra árida. El Neguev empieza en Hebrón y se extiende hacia el sur hasta el Golfo de Aqaba. La región montañosa central está dividida en tres regiones: *Galilea* en el Norte, *Samaria* en el centro y *Judá* en el sur.

**♦ Ubique en el mapa la Sefela, el Neguev, Galilea, Samaria y Judá.**

El *valle del Jordán* es una zona muy fértil, que permite intenso cultivo y abundante cosecha. El río Jordán nace en el monte Hermón, y corre hacia el sur hasta desembocar en el Mar Muerto. El *Mar Muerto* es parte de la depresión del Jordán. Se le conoce también como el Mar Salado (Gn. 14:3), y se halla a más de 400 metros bajo el nivel del Mar Mediterráneo. Es el punto más bajo del mundo.

**♦ Ubique en el mapa el Valle del Jordán y el Mar Muerto.**

El territorio al oriente del río Jordán es llamado *Transjordania.* Los ríos Yarmuk, Jaboc, Arnón y el Zered desembocan en el río Jordán y dividen Transjordania en cinco áreas. Al norte del Yarmuk está la tierra de Basán. Entre el Yarmuk y el Jaboc está Galaad. Entre el Jaboc y el Arnón habitaban los amonitas. Entre el Arnón y el Zered estaba el reino de los moabitas, y al sur del Zered estaban los edomitas.

**♦ En el mapa, ubique los ríos Yarmuk, Jaboc, Arnón y Zered.**

**La naturaleza del Antiguo Testamento**

**¿Qué sabe usted ya acerca de la naturaleza del Antiguo Testamento? En el siguiente ejercicio subraye la respuesta correcta, según la afirmación sea cierto o falso.**

C   F   **1.** El Antiguo Testamento fue escrito en un período de más de cinco mil años.

C   F   **2.** En la Biblia en español el Antiguo Testamento se divide en siete secciones.

C    F    **3.** A los libros de la ley también se les conoce como el Pentateuco.

C    F    **4.** Los libros poéticos también se describen como literatura de sabiduría.

C    F    **5.** Los profetas mayores se diferencian de los profetas menores por su importancia.

**Usted podrá verificar sus respuestas al finalizar el estudio del día de hoy.**

La palabra *Biblia* viene del vocablo griego *biblia,* que significa *libros.* La Biblia es en realidad una colección de libros. Hay 66 libros en la Biblia: 39 libros en el Antiguo Testamento y 27 libros en el Nuevo Testamento.

La palabra *Testamento* procede de un vocablo griego que significa *testamento, pacto o alianza.* La expresión Antiguo Testamento refleja el concepto de que la promesa de un nuevo pacto en Jer. 31:31-34 se cumplió en Jesucristo. Se establece así una diferencia, por cuanto el Nuevo Testamento proclama a Jesucristo como el Mesías profetizado en el Antiguo Testamento.

**Divisiones del Antiguo Testamento**

El Antiguo Testamento contiene 39 libros, agrupados en cinco secciones. Cada sección tiene material propio y característico.

---

**DIVISIONES DEL ANTIGUO TESTAMENTO**

**1. Pentateuco o Ley**
**2. Historia**
**3. Poesía**
**4. Profetas Mayores**
**5. Profetas Menores**

---

▶ **Antes de continuar, abra su Biblia en la página del índice o Tabla de Libros. Téngala abierta, porque la necesitará para completar las diferentes actividades en el resto de este estudio para hoy.**

*Pentateuco o Libros de la Ley:* Los primeros cinco libros de la Biblia constituyen el Pentateuco. Son Génesis, Exodo, Levítico, Números y Deuteronomio.

La palabra *Pentateuco* viene de dos palabras griegas: *penta* y *teucos* y significa *cinco rollos.* Se les conoce también como los cinco libros de Moisés o la Ley.

▶ **Abra su Biblia en Génesis 1. Luego busque Josué 1. Note cuánto material tiene entre sus dedos. Esos son los cinco libros del Pentateuco. Escriba los nombres de esos libros en las líneas a la izquierda.**

*Libros de historia*

_____
_____
_____
_____
_____
_____
_____
_____
_____
_____
_____
_____

*Libros de poesía*

_____
_____
_____
_____
_____

*Profetas mayores*

_____
_____
_____
_____
_____

*Profetas menores*

_____
_____
_____
_____
_____
_____
_____
_____
_____
_____

***Libros de Historia:*** Los doce libros históricos son Josué, Jueces, Rut, que relatan el período de la conquista; 1 y 2 de Samuel, 1 y 2 de Reyes, 1 y 2 de Crónicas, que se refieren al período de la monarquía; y Esdras, Nehemías y Ester, que tratan del período del cautiverio y del retorno. El propósito de estos libros no es relatar la historia únicamente porque es historia, sino más bien mostrar los propósitos de Dios en la historia, y cómo Dios actúa en la historia.

▶ **Busque Josué 1 y luego Job 1. Ponga un dedo en cada lugar. El material que tiene entre sus dedos son los libros históricos. ¿Notó que las primeras dos divisiones contienen más de la mitad del Antiguo Testamento? En las líneas a la izquierda escriba los nombres de los libros históricos.**

***Libros de Poesía:*** La tercera división del Antiguo Testamento contiene los libros poéticos del Antiguo Testamento. También se les llama libros de *sabiduría* o *sapienciales*. Hay que notar, no obstante, que la poesía y la sabiduría no están limitadas solamente a estos cinco libros, sino que se encuentran en casi todos los libros del Antiguo Testamento.

▶ **Ahora busque Job 1 e Isaías 1. Esa es la sección de poesía. Escriba en las líneas a la izquierda los nombres de esos libros.**

***Profetas Mayores y Profetas Menores:*** Los libros de los profetas fueron agrupados según la extensión de cada libro. Los profetas mayores eran más extensos y necesitaban un rollo cada uno, mientras que los otros doce libros eran menos extensos, y por eso se les llamó menores. Hay #5 libros a los que se ha llamado Profetas Mayores, y empiezan con Isaías y van hasta el libro de Daniel. Los Profetas Menores son doce, y van desde Oseas hasta Malaquías, al fin del Antiguo Testamento.

▶ **Haga una comparación entre el tamaño de las últimas dos divisiones del Antiguo Testamento. Busque Isaías 1 y Oseas 1. Luego, busque el fin del Antiguo Testamento. Usted puede ver claramente la diferencia en tamaño. Escriba en las líneas a la izquierda los nombres de esos libros, según su división respectiva.**

▶ **¿Encontró en su estudio las respuestas correctas para la prueba de práctica (páginas 13 y 14) que hizo al empezar el estudio de este día? Compare sus respuestas con las siguientes: 1. Falso. Fue escrito en un período de aproximadamente mil años. 2. Falso. Se divide en Libros de la Ley, Historia, Poesía, Profetas Mayores y Profetas Menores. 3. Cierto. 4. Cierto. 5. Falso. Sólo se diferencian en su extensión.**

**RESPONDA A LA PALABRA DE DIOS**

\* **Medite por unos momentos en la influencia que la Biblia ha tenido en su vida. Luego, agradézcale a Dios por ella.**

# $\mathcal{DIA}$ 4   EL Canon del Antiguo Testamento

---

### Definición

**Canon=libros autoritativos**

La palabra *canon* proviene de un vocablo griego que significa regla, lista, o lo que sirve de norma o modelo para otras cosas. A su vez, el vocablo griego fue tomado de una palabra hebrea que significa caña. En el antiguo Oriente se usaban cañas como varas de medida. Para nuestro estudio, usaremos la palabra *canon* para referirnos a la lista de los 66 libros que forman la Biblia.

◗ **Usando sus propias palabras, ¿cómo explicaría usted a otro miembro de la Escuela Dominical lo que significa la expresión *el canon del Antiguo Testamento?* Escriba su respuesta en las líneas a continuación.**

_____

_____

_____

_____

_____

### Formación del Canon del Antiguo Testamento

¿Recuerda usted las divisiones del Antiguo Testamento que estudiamos el día de ayer? Son cinco. Pero esa no es la manera en que los judíos dividían las Escrituras Sagradas antes del tiempo de Cristo.

Los judíos agruparon las Escrituras en 24 libros, y los dividieron en tres partes principales: la *Torah,* o libros de la Ley, los profetas, y los Escritos o Escrituras. Esa triple división de las Escrituras Hebreas refleja, en muchos sentidos, tres etapas en la formación del canon.

◗ **A medida que usted avanza en las siguientes tres subdivisiones, subraye los nombres de los libros de la Biblia que se mencionan en cada sección. Trace un círculo alrededor de las fechas cuando se consideró que los libros pertenecían al canon sagrado.**

*La Torah o Ley, 400 A.C.*

*La Torah o Ley:* La palabra *Torah* significa ley o enseñanza, y contiene los libros de Génesis, Exodo, Levítico, Números y Deuteronomio. Los judíos los conocían también como La Ley de Moisés. Estos cinco libros formaban la base fundamental de la religión de Israel.

No sabemos con exactitud cuándo fueron escritos estos libros, pero sí sabemos que fueron aceptados como una colección de escritos con autoridad divina muy temprano en la historia de Israel. En los días de Esdras, alrededor de 440 A.C., antes de la división entre los judíos y los samaritanos, la ley de Moisés ya era considerada como Sagradas Escrituras (Esd. 7:6).

**Los Profetas, 200 A.C.**

**Los Profetas:** Los libros de los Profetas fueron la segunda parte del Antiguo Testamento que fue reconocida como con autoridad divina. Los judíos dividieron estos libros en dos secciones: 1. Profetas Anteriores: Josué, Jueces, Samuel y Reyes; y 2. Profetas Posteriores: Isaías, Jeremías, Ezequiel y los Doce.

La designación de profetas anteriores y profetas posteriores se basa en el orden que estos libros ocupan en el canon judío, así como por el orden cronológico de la aparición de los profetas en la historia de Israel. En la Biblia Hebrea los libros de Josué, Jueces, Samuel y Reyes están clasificados como libros proféticos. Estos cuatro libros son una interpretación profética de la historia de Israel desde la entrada del pueblo en Canaán, alrededor de 1200 A.C., hasta el exilio de Judá en 587 A.C. Originalmente los dos libros de Samuel eran contados como uno solo, así como también los dos libros de Reyes. Los Doce se refieren a los que nosotros conocemos como Profetas Menores. Los doce profetas menores podían escribirse en un solo rollo y se les consideraba como un solo libro.

La edición final de los Profetas Anteriores probablemente tuvo lugar en Babilonia, después de 587 A.C. La edición final de los Profetas Posteriores se llevó a cabo después del exilio. El último libro claramente fechado es Malaquías (450 A.C.). En consecuencia, los Profetas llegaron a ser una colección autorizada de escritos algunos años después de Malaquías. El libro apócrifo de Eclesiástico da testimonio que en sus días, Jesús ben Sirac, alrededor de 180 A.C. conocía ya los libros de Isaías, Jeremías, Ezequiel y los Doce, indicando que hacia el final del siglo III A.C. el canon profético ya estaba completo.

**Los Escritos, 132, A.C.**

**Los Escritos:** Los libros que forman parte de los Escritos constituyen la tercera parte de la Biblia en hebreo y pertenecen a categorías muy diversas. Los Salmos son una colección de himnos y oraciones usados en el culto del templo en Jerusalén. Los libros de Proverbios y Job representan escritos de sabiduría. Los cinco libros de Cantar de los Cantares, Rut, Lamentaciones, Eclesiastés y Ester, se conocían como rollos festivos, porque se los leía en diferentes festividades de Israel. Daniel, Esdras-Nehemías y Crónicas constituían los otros escritos.

La fecha para la aceptación de los Escritos como un cuerpo de literatura autorizado no es clara. La mayoría de los Escritos fueron coleccionados durante y después del exilio en Babilonia. En el prólogo que escribió para la traducción del libro apócrifo de Eclesiástico del hebreo al griego en 132 a.C. el nieto de ben Sirac afirma la existencia "de los otros libros," confirmando así el establecimiento del canon del Antiguo Testamento hacia el final del siglo II A.C.

La mayoría de los libros del Antiguo Testamento son citados en el Nuevo Testamento. Esto indica que Jesús y Sus discípulos conocían el Antiguo Testamento, posiblemente tal como aparece en la Biblia hebrea.

**El Concilio de Jamnia 90 D.C.**

**El Concilio de Jamnia**

Un grupo de rabinos y otros líderes religiosos de los judíos se reunieron en Jamnia (o Jabneh en hebreo), una ciudad en Palestina, alrededor del 90 D.C. para discutir, entre otros asuntos, algunos problemas con los libros que se usaban en las sinagogas y en el culto. Se trataba de determinar cuáles libros podía considerárselos como autoritativos en asuntos de fe para la comunidad judía. Dios usó la decisión de esos eruditos judíos para Sus propósitos divinos en la conformación del canon del Antiguo Testamento. Así quedó cerrado el canon del Antiguo Testamento.

La iglesia Católico-romana sigue un canon diferente para el Antiguo Testamento, puesto que incluye siete libros adicionales y los suplementos a los libros de Ester y Daniel. A estos libros se les llama Apócrifos, que significa escritos ocultos o escondidos. La iglesia Católico-romana los llama Deuterocanónicos. Ninguno de estos libros fueron usados en las sinagogas. Asimismo, ninguno de esos libros apócrifos fue citado por los escritores del Nuevo Testamento, ni tampoco fueron considerados en el Concilio de Jamnia con suficiente respaldo como para que merezcan que se les incluya en el canon sagrado.

**▶ A fin de recalcar algunos de los aspectos del material que usted ha estudiado el día de hoy, escriba en la línea a la izquierda la letra que corresponde a la definición o descripción correcta. Las respuestas correctas se dan al pie de la página.**

_____ 1. Esdras, 440 A.C.   A. Canon profético estaba completo.

_____ 2. Fines del siglo III a.C.   B. Cerró el canon del A. T.

_____ 3. Fines del siglo II a.C.   C. Libros no aceptados en el canon.

_____ 4. Concilio de Jamnia   D. Fecha en que Escritos ya estaban aceptados.

_____ 5. Libros apócrifos   E. Ley de Moisés considerada ya como Sagrada Escritura.

---

**RESPONDA A LA PALABRA DE DIOS**

\* El canon del Antiguo Testamento fue cerrado en una reunión en la ciudad de Jamnia, pero los libros de las Sagradas Escrituras han demostrado ser realmente la Palabra de Dios. ¿Puede usted mencionar una ocasión específica en la cual Dios le habló por medio de Su Palabra? ¿Cómo le ha hablado Dios en su corazón y en su vida por medio de Su Palabra? ¿Le concede usted a Dios la oportunidad de que le hable por medio de las Escrituras? Prométale buscar esa oportunidad regularmente, y luego llene lo siguiente:

Prometo reservar un tiempo para que Dios me hable por medio de Su Palabra.

Lugar: _____

Hora: _____

_Respuestas: 1-E; 2-A; 3-D; 4-B; 5-C._

# *DIA 5*    El Texto e Interpretación del Antiguo Testamento

**El Antiguo Testamento no fue escrito en español, por supuesto. ¿En qué idiomas piensa usted que fue escrito? Subraye dos de los siguientes:**

Latín    Griego    Hebreo    Inglés    Arameo

La mayor parte del Antiguo Testamento fue escrita en hebreo. Varios pasajes en el Antiguo Testamento fueron escritos en arameo. Después del exilio en Babilonia, el arameo llegó a ser el idioma popular en Israel y reemplazó al hebreo como lengua hablada, aun cuando el hebreo continuó como el idioma literario. El Nuevo Testamento y la mayor parte de los libros apócrifos fueron escritos en griego.

Los libros del Antiguo Testamento fueron escritos en pergaminos o rollos (Sal. 40:7, compárese con 2 Ti. 4:3), y copiados a mano con todo cuidado.

## Manuscritos del Antiguo Testamento

El texto del Antiguo Testamento fue transmitido de generación en generación por escribas que cuidadosamente preservaron la integridad del texto recibido. Sin embargo, ninguno de los manuscritos originales del Antiguo Testamento, los autógrafos, ha sido preservado. Cuando un manuscrito llegaba a estar demasiado estropeado por el uso, los judíos hacían una nueva copia y destruían el rollo viejo.

Hasta la mitad de nuestro siglo, el manuscrito más antiguo del Antiguo Testamento que se conocía había sido escrito hacia el año 900 D.C. Sin embargo, se conocían algunos fragmentos escritos en el siglo IV D.C.

En 1947, en las cuevas de Qumrán, cerca del Mar Muerto, se encontraron los manuscritos más antiguos del Antiguo Testamento que se conocen actualmente. La mayor parte de estos documentos fueron escritos entre 250 D.C. a 100 A.C. Debido a su antigüedad, estos manuscritos proporcionan valiosa información para el estudio del texto del Antiguo Testamento. En esas cuevas se hallaron manuscritos de todos los libros del Antiguo Testamento, con la excepción del libro de Ester.

▶ **Haga una pausa para responder a las siguientes preguntas:**

A. ¿Por qué son tan raras las copias antiguas del Antiguo Testamento?

_____

_____

B. ¿Por qué son importantes los rollos encontrados cerca del Mar Muerto?

_____

### Traducciones del Antiguo Testamento

El deseo de comunicar el mensaje del Antiguo Testamento a personas que no podían leer hebreo creó la necesidad de traducir el Antiguo Testamento en otros idiomas. La primera traducción que se conoce es la *Septuaginta,* que fue una traducción al griego, alrededor de 275-150 A.C.

Otra traducción importante del Antiguo Testamento fue la *Peshita.* La palabra significa simple, o común, y se refiere a la lengua común de la gente. Fue una traducción al siríaco, y fue hecha alrededor de 200 D.C.

*La Vulgata* fue una traducción de la Biblia al latín, hecha por Jerónimo cerca del 400 D.C.

*Traducciones al español.* La primera traducción del Antiguo Testamento al castellano fue hecha por orden de Alfonso X, el Sabio, en 1280, y es una traducción de la Vulgata. Esta versión era conocida como Biblia Alfonsina. En 1430 apareció una traducción hecha por el rabino Moisés Arragel y en 1553 se publicó la versión que se conoce como la Biblia de Ferrara. En 1569 Casiodoro de Reina publicó una versión castellana de la Biblia. Esta versión de la Biblia fue la primera traducción completa hecha directamente del hebreo y griego originales.

La versión Reina Valera ha sido revisada varias veces a través de los años. Cipriano de Valera publicó en 1602 su revisión de la traducción de Reina. Otras revisiones fueron hechas en diferentes épocas, siendo la más reciente la de 1960. Esta versión es la más ampliamente usada por las iglesias de habla hispana de todo el mundo. En años recientes han aparecido otras traducciones al español.

♦ **Piense y medite en lo siguiente: ¿Por qué fue necesario hacer traducciones de la Biblia? ¿Cuál es su versión favorita? ¿Por qué razones usted prefiere esa versión? ¿Hay mérito en otras versiones diferentes?**

### Principios Básicos para la Interpretación del Antiguo Testamento

Dios nos da a conocer Su voluntad por medio del mensaje escrito del Antiguo Testamento. Esto significa que el estudio del Antiguo Testamento debe hacerse con cuidado y diligencia. Para poder comprender el mensaje de este libro de revelación es necesario tener en cuenta algunos factores y características del texto que estudiamos. Este curso le ayudará en su estudio, paso a paso a través del Antiguo Testamento.

♦ **En cada una de las frases encierre en un círculo la palabra o palabras claves que le ayudarán a recordar estos principios.**

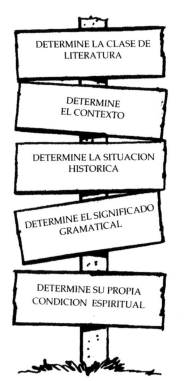

DETERMINE LA CLASE DE LITERATURA

DETERMINE EL CONTEXTO

DETERMINE LA SITUACION HISTORICA

DETERMINE EL SIGNIFICADO GRAMATICAL

DETERMINE SU PROPIA CONDICION ESPIRITUAL

| Principios para la Interpretación del Antiguo Testamento |
| --- |
| 1. Determine la clase de literatura |
| 2. Determine el contexto |
| 3. Determine la situación histórica |
| 4. Determine el significado gramatical |
| 5. Determine su propia condición espiritual |

Todos los días interpretamos lo que vemos y lo que oímos, por cuanto sin interpretación la comprensión es imposible. De modo que no se trata de si vamos a interpretar o no. La cuestión es qué tan bien interpretamos la comunicación que nos rodea.

La forma en que comprendemos el mensaje de Dios depende de nuestra habilidad y capacidad para interpretarlo correctamente. Usted estudiará varios principios básicos para interpretación del Antiguo Testamento.

Sin embargo, usted debe comprender que la clave para entender la Palabra de Dios es el Espíritu Santo. El es quien nos guía a toda verdad (Jn. 16:13). Es nuestra oración que el pueblo de Dios hará un esfuerzo diligente por estudiar la Palabra de Dios, y por permitir que el Espíritu Santo les guíe. Sin la presencia del Espíritu para guiarnos en la aplicación de los principios que estudiaremos, y para iluminarnos para que comprendamos las verdades que vamos a ver, no puede haber comprensión adecuada y correcta.

DETERMINE LA CLASE DE
LITERATURA

**1. Determine la clase de literatura.** Para saber cómo interpretar algún texto usted necesita entender qué clase de material está leyendo. Por ejemplo, una tira cómica exige muy poca atención, y concluye con una "frase de golpe." Por otro lado, una revista científica comunica información técnica en una manera precisa. Por consiguiente, usted leerá las dos cosas desde dos perspectivas diferentes.

**♦ La Biblia contiene diferentes clases de literatura. ¿Cuántas puede usted mencionar?**

1. _____   5. _____

2. _____   6. _____

3. _____   7. _____

4. _____   8. _____

Usted puede haber incluido poesía, historia, sermones, instrucciones, narraciones, cartas, filosofía y profecía. Hay que entender qué clase de literatura se está leyendo, e interpretarla como tal. La historia y la instrucción hacen referencia a hechos concretos en forma mucho más intensa que la poesía o la filosofía. También hay que tener en cuenta que los escritores bíblicos usan frecuentemente analogías y figuras de lenguaje. Ejemplos de esto se ve cuando Jesús se refiere a Sí mismo como la puerta, o el salmista dice que Israel es la vid que Dios rescató de Egipto.

DETERMINE
EL CONTEXTO

**2. Determine el contexto.** Cualquier palabra o idea se debe entender en su propio contexto, si ha de interpretarse correctamente. El contexto ayuda a determinar su significado.

Para interpretar correctamente las Escrituras usted tiene que determinar el contexto del pasaje que está estudiando. Los siguientes pasos le serán de ayuda.

---

**Determine el Contexto**

1. Pregúntese cuál es el contexto del libro en donde se halla el pasaje.
   • ¿Cuál es el principal tema del libro?
   • ¿A qué eventos o situación histórica se refiere?
2. ¿Cuál es el contexto del capítulo?
   • ¿Qué temas o asuntos está considerando?
3. ¿Cuál es el significado de los versículos antes y después del versículo o pasaje que desea interpretar?

---

▶ **¿Cuáles son dos de los principios de interpretación?**

1. Determine _____

2. Determine _____

DETERMINE LA SITUACION
HISTORICA

**3. Determine la situación histórica.** Para interpretar un pasaje de las Escrituras es muy importante determinar la situación histórica. Por ejemplo, para comprender el libro de Jeremías usted debe entender quiénes eran los dos reyes de Judá en ese tiempo. ¿A quién se refiere Jeremías cuando predica acerca de Joacim o Sedequías? Solamente al entender apropiadamente el trasfondo histórico podrá usted interpretar con corrección el mensaje de Jeremías.

En nuestro estudio del Antiguo Testamento presentaremos la situación histórica que se refleja en cada libro. Este trasfondo nos ayudará a comprender el maravilloso mensaje que el Señor tiene para Su pueblo.

DETERMINE EL
SIGNIFICADO GRAMATICAL

**4. Determine el significado gramatical.** El significado de las palabras cambia con el paso del tiempo. Para poder comprender apropiadamente las Escrituras es importante entender lo que la palabra o idea significaba al momento en que fue expresada. Necesitamos entender cómo se usaba las palabras en ciertos períodos particulares del tiempo. Nótese cómo ha cambiado el significado de la palabra caridad. Cuando Casiodoro de Reina hizo la traducción de la Biblia al español, en 1569 D.C., usó la palabra *caridad;* y su significado era apropiado. Actualmente el significado de la palabra *caridad* es muy diferente al de la palabra *amor*. Por eso en la revisión de 1960 se usa la palabra *amor*. Diccionarios bíblicos, comentarios y otras obras de referencia bíblica son útiles para ayudarnos a entender el significado de las palabras, y la manera en que se relacionan una con otra.

DETERMINE SU PROPIA
CONDICION ESPIRITUAL

**5. Determine su propia condición espiritual.** La Biblia debe ser interpretada por personas de fe, que tienen una relación vital y real con Jesucristo, nuestro Señor. En su estudio, piense en su propia condición espiritual, y trate de oír lo que la Palabra de Dios le dice a usted personalmente. Ore que Dios le dé sabiduría para comprender las Escrituras. Pídale al Espíritu Santo que le revele la Palabra de Dios.

▶ **Llene el espacio en blanco con una palabra clave. Los cinco principios básicos de interpretación son:**

1. Determine la _____ de literatura.

2. Determine el _____ .

3. Determine la situación _____ .

4. Determine el significado _____ .

5. Determine su propia condición _____ .

Al escribir estas unidades para el estudio del Antiguo Testamento, he orado a Dios pidiéndole que me ayude para que mis palabras sean claras y tengan significado. Al realizar el estudio, oremos para que Dios use Su Palabra para revelarse a nosotros. Una clave para intepretar correctamente las Escrituras es tener la mente abierta a la Palabra de Dios. Dios quiere revelarse a nosotros, y decirnos lo que debemos hacer en respuesta a Su revelación.

▶ **Lea los siguientes pasajes de la Escritura, y determine cuál principio de interpretación le ayudaría a contestar la pregunta que se indica. Las respuestas se hallan también al pie de la página.**

**1.** "Los hijos de Israel gemían a causa de la servidumbre, y clamaron . . . Y oyó Dios el gemido de ellos, y se acordó de su pacto con Abraham, Isaac y Jacob" (Ex. 2:23-24).

¿Qué pacto había hecho Dios con Abraham, Isaac y Jacob?

Principio: _____

**2.** "Tu diestra, oh Jehová, ha sido magnificada en poder;
Tu diestra, oh Jehová, ha quebrantado al enemigo" (Ex. 15:6).

Si Dios es Espíritu, ¿cómo puede hablarse de que tiene manos?

Principio: _____

**3.** "Porque no dejarás mi alma en el Seol,
Ni permitirás que tu santo vea corrupción" (Sal. 16:10).

¿Significa esto que el Mesías prometido realmente iría al infierno?

Principio: _____

*Respuestas: 1-Determinar la situación histórica o determinar el contexto; 2-Determinar la clase de literatura; 3-Determinar el significado gramatical; 4-Determinar su propia condición espiritual (compare 1 Corintios 2:12-14; 3:1-3).*

**4.** "Bienaventurado el varón que no anduvo en consejo de malos,
Ni estuvo en camino de pecadores,
Ni en silla de escarnecedores se ha sentado;
Sino que en la ley de Jehová está su delicia,
Y en su ley medita de día y de noche"
(Sal. 1:1, 2).

¿Por qué la vida cristiana no siempre me parece "bienaventurada"? ¿Por qué me parece tan difícil interpretar la Biblia?

Principio: _____

El propósito de la revelación de Dios en el Antiguo Testamento es la redención de la humanidad creada a la imagen del Creador. Dios desea restablecer una relación con la rebelde humanidad, pero para esto es necesario que cada persona tenga un conocimiento personal de Dios. Este conocimiento personal de Dios ·viene cuando se escucha lo que Dios habla, se entiende lo que Dios hace, y se acata lo que Dios demanda. El Antiguo Testamento revela la naturaleza y el carácter de Dios, y en esta revelación Dios enseña Su voluntad para todos los seres humanos en todo tiempo.

El Antiguo Testamento demanda de cada persona una respuesta firme y decisiva a la revelación de Dios. La persona que estudie el Antiguo Testamento descubrirá la voluntad divina. La persona que se apropie de las enseñanzas de Dios en el Antiguo Testamento tendrá el conocimiento necesario para ser un mejor seguidor de Cristo.

### ▶ RESUMEN DE REPASO

**El estudio de esta semana ha sido una introducción general al Antiguo Testamento. Para repasar lo estudiado, trate de responder mentalmente a las siguientes preguntas. Tal vez usted querrá escribir las respuestas en una hoja de papel aparte. Marque su nivel de aprovechamiento en las letras de la izquierda: Trace un círculo alrededor de la "C" si usted puede contestar correctamente la pregunta. Trace el círculo alrededor de la "R" si usted necesita repasar el material.**

C R **1.** ¿Cuáles son tres naciones que vivían en Palestina?

C R **2.** ¿Cuál es el tamaño geográfico de la Palestina?

C R **3.** ¿Cuáles son las naciones que limitan con Palestina?

C R **4.** ¿Cuáles son tres de las divisiones del Antiguo Testamento?

C R **5.** ¿En qué idiomas fue escrito el Antiguo Testamento?

C R **6.** ¿Qué ocurrió en la ciudad de Jamnia en el año 90 D.C.?

C R **7.** ¿Qué significa la palabra *canon?*

C R **8.** Mencione tres principios básicos para interpretar el Antiguo Testamento.

**Revise el material estudiado en esta semana para hallar las respuestas.**

# *Unidad* 2   DIOS Y SU CREACION

El libro de Génesis es la perfecta introducción para el Antiguo Testamento y para toda la Biblia. Génesis indica que Dios creó todo cuanto existe, y Sus propósitos para Su creación.

El libro de Génesis cubre dos períodos de la historia de la humanidad. El primer período trata de la raza humana desde el principio de la creación hasta su rebelión contra Dios y la dispersión de las naciones en los eventos relacionados con la torre de Babel (Gn. 1-11). El segundo período se inicia con el llamado de Abraham y termina con la muerte de José en Egipto (Gn. 12-50). En esta unidad usted estudiará el primero de estos períodos.

**TEMA**

**BOSQUEJO**

### Génesis

I. Principios (Gn. 1–11)
   A. Creación
   B. La Caída
   C. El Diluvio
   D. La Torre de Babel

II. Patriarcas (Gn. 12–50)

### Palabras Clave

*Mientras estudia esta unidad preste atención especial a las siguientes palabras clave:*

**Pentateuco**—significa *cinco libros,* y se refiere a los cinco primeros libros del Antiguo Testamento.

**Patriarcas**—significa *padres,* y se refiere a Abraham, Isaac, Jacob y José.

El libro de Génesis es también el principio de la historia del gran drama de la redención. A partir de la desobediencia de la primera pareja humana, prosigue a lo largo de la historia de Israel. Ese drama llegará a su momento culminante en los eventos de la cruz de Cristo.

# $\mathcal{DIA}$ 1 El Libro de Génesis *(Gn. 1:1–2:3)*

**Génesis**, (del latín *genesis,* y del griego *génesis,* engendramiento, producción). Origen o principio de una cosa.

▶ **Antes de empezar su estudio de este día, complete la siguiente prueba para verificar cuánto sabe usted ya. Marque la respuesta correcta en cada una de las preguntas. Las respuestas se dan al pie de la página.**

1. Génesis fue llamado así por
□ a. el deseo de Moisés.
□ b. la palabra griega que significa "principios."
□ c. la palabra hebrea que significa "crear."

2. Pentateuco significa
□ a. Génesis, Exodo, Levítico, Números y Deuteronomio.
□ b. La "Torah."
□ c. "cinco libros."

3. El personaje que con mayor frecuencia se considera como el escritor de los primeros cinco libros de la Biblia es
□ a. Adán
□ b. Moisés
□ c. Josué

*El pentateuco son los cinco primeros libros de la Biblia: Génesis, Exodo, Levítico, Números y Deuteronomio.*

El nombre castellano del primer libro del Pentateuco viene de la palabra griega *génesis,* que significa engendramiento, o producción. El libro no identifica quién lo escribió. Sin embargo, tradicionalmente se ha considerado que Moisés escribió los cinco libros del Pentateuco. Es claro, además, que algunas porciones fueron escritas por otras personas, tales como la narración de la muerte de Moisés en Deuteronomio 34.

**Pentateuco,** del griego: *penta–significa cinco teucos–significa libro*

### La Creación en Génesis 1:12:3

El relato de la creación que encontramos en Génesis no fue escrito para presentar una descripción científica de cómo el mundo empezó a existir. La historia de la creación es una declaración teológica que afirma que Dios es el único Creador. El libro de Génesis está interesado en el principio de la historia de la humanidad, en el principio de la rebelión humana contra Dios y en el principio de la redención de todos los seres humanos.

**Bara**=crear de la nada, hacer que exista algo que no existía anteriormente.

Desde su primer versículo Génesis presenta a Dios como el Creador de todo cuanto existe. *"En el principio creó Dios."* Esta declaración expone el acto inicial de la creación del universo y de todo lo que en él hay. La expresión "los cielos y la tierra" significa todas las cosas.

*Creación por la palabra.* Un elemento central en la creación presentada en Génesis 1 es que el mundo fue creado por la palabra poderosa de Dios. El salmista proclama: "Por la palabra de Jehová fueron hechos los cielos,/ Y todo el ejército de ellos por el aliento de su boca" (Sal. 33:6). La palabra *crear* es la traducción del vocablo hebreo *bará,* y aparece tres veces en Génesis 1. Se usa

*Respuestas 1-b; 2-c; 3-b.*

exclusivamente para describir la acción de Dios al crear algo nuevo que no existía antes, y que Dios lo creó de la nada.

▶ **El vocablo hebreo** *bará* **se usa tres veces en Génesis 1. Lea los versículos que se señalan a continuación, y describa lo que cada uno de ellos dice que Dios creó:**

Génesis 1:1: Dios creó _____

Génesis 1:21: Dios creó _____

Génesis 1:27: Dios creó _____

Como usted lo comprobó al realizar la actividad anterior, Génesis 1 utiliza la palabra *bará* para describir la creación de la materia, de los animales, y de los seres humanos.

**Satisfacción de Dios.** Otro elemento central en la obra de la creación es la satisfacción de Dios con Su creación. La declaración de que el universo que Dios creó es bueno aparece siete veces en el relato de la creación (Gn. 1:4,10,12,18,21,25,31). La afirmación final, "Y vio Dios todo lo que había hecho, y he aquí que era bueno en gran manera" (v.31), enfatiza la satisfacción del Creador con Su obra.

▶ **Llene los espacios en blanco. Use los párrafos precedentes para verificar sus respuestas.**

1. *Bará* significa _____ .

2. El verbo hebreo *bará* siempre se refiere exclusivamente a

_____

3. En Génesis 1 se usa _____ veces la palabra *bará*.

4. La afirmación de que la creación era buena indica que Dios

quedó _____ con Su obra creadora.

▶ **Ahora lea con cuidado todo el pasaje de Génesis 1:12:3. Luego, complete la siguiente actividad. Trace una línea uniendo cada día con lo que fue creado en ese día. Las respuestas se hallan al pie de la página.**

Día 1. Gn. 1:3-5       A. Tierra y plantas
Día 2. Gn. 1:6-8       B. Aves y criaturas marítimas
Día 3. Gn. 1:9-13      C. Luz
Día 4. Gn. 1:14-19     D. Animales y seres humanos
Día 5. Gn. 1:20-23     E. Firmamento
Día 6. Gn. 1:24-31     F. Sol, luna y estrellas
Día 7. Gn. 2:1-3       G. Dios terminó su obra y descansó.

En la primera parte de la creación, Dios creó el mundo y sus partes individuales. Luego, Dios empezó a poblar el mundo, cada criatura en su esfera, en preparación para la corona de la creación divina: el ser humano. Los seres humanos fueron creados a la imagen y semejanza de Dios. Ellos recibieron del Creador Su bendición y la responsabilidad de mantener, cuidar y señorear la obra que El había hecho. La creación de los seres humanos como la conclusión

*Respuestas: Día 1-C; Día 2-E; Día 3-A; Día 4-F; Día 5-B; Día 6-D, Día 7-G.*

de la obra divina, separada de los otros actos creadores, enfatiza la relación especial que ellos tienen con el Creador.

Al hombre y a la mujer Dios mandó: "Fructificad y multiplicaos" (Gn. 1:28). Dios bendijo a la pareja que había creado, y les concedió ser prolíficos. La relación sexual entre esposo y esposa es parte del plan divino para la satisfacción mutua y para el crecimiento de la raza humana.

La historia de la creación en Génesis es una declaración de que el mundo fue creado por un Dios bueno y que depende de El para su existencia. Las teorías modernas y las investigaciones científicas no pueden probar o contradecir las declaraciones bíblicas acerca de la creación.

---

**RESPONDA A LA PALABRA DE DIOS**

\* Mencione dos maneras específicas en que usted está obedeciendo el mandato de Dios de "señorear" sobre Su creación.

1. _____

2. _____

\* En su opinión, ¿qué tan bien está la humanidad cumpliendo su responsabilidad de administrar todo lo que Dios creó? Escriba su respuesta e indique sus razones:

_____

_____

_____

# *DIA 2*  LA CREACION *(Gn. 2:4-25)*

**GENESIS**

**1. Principios**

_____
La Caída
El Diluvio
La Torre de Babel
**2. Patriarcas**
Abraham
Isaac
Jacob
José

◗ **Recuerde el bosquejo del libro de Génesis que se indicó al principio de esta unidad. Se halla otra vez en la columna a la izquierda. Escriba el título del primer evento en la línea en blanco.**

**Ahora lea Génesis 2:4-25 para continuar el estudio de la actividad creadora de Dios. Luego numere los siguientes eventos de la creación en el orden correcto. Las respuestas se hallan también al pie de la página.**

_____ Dios creó a la mujer.
_____ El hombre y la mujer estaba desnudos, pero no se avergonzaban.
_____ Dios prohibió que comieran del árbol de la ciencia del bien y del mal.
_____ Un vapor regaba la superficie de la tierra.
_____ El hombre dijo que la mujer es "hueso de mis huesos y carne de mi carne."
_____ Dios formó al hombre del polvo de la tierra.
_____ Dios indicó que el hombre necesitaba una ayuda apropiada para sus necesidades.

**Dos relatos de la creación**

En Génesis 1 y 2 encontramos dos relatos diferentes del mismo evento. Una comparación de los dos capítulos revela esta diferencia. La narración de Génesis 1 enfoca la creación del universo físico, en tanto que Génesis 2 narra la creación específica del hombre y de la mujer. Ambos relatos hacen hincapié en que la creación fue un acto de Dios exclusivamente.

**La creación de los seres humanos**

El relato de la creación de los seres humanos en Génesis 2 señala la relación del ser humano a la tierra. Dice el versículo 7: "Entonces Jehová Dios formó al hombre del polvo de la tierra." Esto significa que hay una relación íntima entre los seres humanos y la tierra. La palabra que se traduce "hombre" es el vocablo hebreo *adam,* que significa humanidad. A su vez el vocablo *adam* proviene de una raíz que significa "tierra" o "polvo."

El relato continúa diciendo que Dios sopló en la nariz del hombre "aliento de vida, y fue el hombre un ser viviente" (Gn. 2:7). Esto nos indica que el ser humano tiene dos naturalezas. Es humano, o carne, porque tiene un cuerpo que procede del polvo; y es espiritual porque tiene el aliento de vida infundido en su cuerpo directamente por Dios. El ser humano es un ser espiritual, y fue creado para gozar de una relación íntima y personal con el Creador.

◗ **¿Cómo explicaría usted, en sus propias palabras, la diferencia entre los relatos de Génesis 1 y Génesis 2?**

*Respuestas: La numeración, de arriba hacia abajo debe ser: 5, 7, 3, 1, 6, 2, 4.*

### El huerto en Edén

Después de formar al hombre del polvo de la tierra, Dios preparó un lugar especial para que viviera. Dice el texto bíblico que "Dios plantó un huerto en Edén, al oriente;" (v. 8). El jardín del Edén estaba, pues, en una tierra fértil, regada por cuatro grandes ríos. Los ríos Tigris y Eufrates estaban en el valle de Mesopotamia. Los ríos Pisón y Gihón todavía no han sido identificados.

El hombre fue creado y colocado en una situación ideal, y en un huerto que suplía en abundancia todas sus necesidades. En medio del huerto estaba el "árbol de la vida" y el "árbol de la ciencia del bien y del mal" (v. 9). El árbol de la vida ponía a la disposición del hombre la inmortalidad y una vida eterna de comunión con el Creador. El árbol de la ciencia o conocimiento del bien y del mal probablemente se refiere a la facultad de distinguir entre el bien y el mal. Dios puso a la disposición del hombre toda la abundancia del huerto (v. 16), con excepción del árbol del conocimiento del bien y del mal. Esto quería decir que el hombre no podía actuar como soberano del jardín, porque el huerto le pertenecía a Dios. La expresión clave aquí sería que Dios le concedió al hombre también **la libertad de escoger.**

▶ **Escriba una frase de resumen sobre lo que significa que Dios le dio al hombre la libertad de escoger.**

_____

_____

Dios creó a los animales y los trajo al hombre para que les diera nombres. En el Antiguo Oriente el dar nombre era señal de dominio. Al nombrar a los animales el hombre actuaba como representante de Dios y como administrador de la creación (1:28). El ser humano tenía una tarea, un **trabajo** que desempeñar. Dios puso al hombre "en el huerto de Edén, para que lo labrara y lo guardase" (2:15). Dios le asignó al hombre la responsabilidad de cuidar y proteger el mundo en que había sido colocado.

▶ **Piense en lo que significa que el trabajo es algo que Dios asignó al ser humano. Luego escriba un resumen de una frase sobre ese significado.**

_____

_____

### La creación de la mujer

Todo lo que Dios había creado era bueno (1:31), sin embargo, no era conveniente para el hombre estar solo (2:18). En el huerto el hombre vivía con los animales, pero estaba solo porque los animales no podían llenar su necesidad espiritual, moral y física. El hombre necesitaba alguien que fuera **semejante** a él y que lo ayudara. Dios hizo que el hombre cayera en un profundo sueño, tomó una parte de su cuerpo e hizo una persona "idónea" (2:20), es decir, semejante y apropiada para él.

Después Dios presentó la mujer al hombre, quien, al verla, exclamó jubiloso que había encontrado la compañera y la ayuda que necesitaba. El hombre dijo: "Esta será llamada Varona, porque del varón fue tomada" (2:23). La mujer fue creada para ser compañera y ayuda del hombre, no su sierva. En su naturaleza esencial, hombre y mujer fueron creados para vivir en compañerismo. El ser humano fue creado en pareja, un hombre y una mujer que no pueden vivir el uno sin el otro. La mujer fue tomada del hombre y él no está completo hasta que encuentre su **complemento** en su compañera.

La fuerza que impulsa al hombre a unirse a su esposa también lo lleva a cortar la relación con sus padres para tornarse una sola carne con su esposa y formar con ella una nueva familia (2:24-25). Esta unión indisoluble entre el hombre y su esposa a través del matrimonio se usa en la Biblia como ejemplo supremo de la relación entre Cristo y Su iglesia.

◗ **Escriba las dos palabras claves en cuanto a la relación entre el hombre y la mujer, según las enseñanzas que hemos revisado. ¿Puede usted pensar en otras palabras claves que describirían la relación entre ellos?**

---

---

---

---

---

**RESPONDA A LA PALABRA DE DIOS**

\* **Piense en algunas razones por las cuales la creación del ser humano fue buena "en gran manera" (Gn. 1:31). Agradézcale a Dios por esa creación buena. Luego, indique tres cosas que usted puede hacer para demostrar una respuesta apropiada a lo que Dios nos enseña mediante Su creación.**

# *DIA 3* EL PECADO *(Gn. 3)*

▶ Lea Génesis 3:1-6 para ver la naturaleza progresiva de la tentación a rebelarse contra Dios. En el espacio en blanco escriba el número del versículo en que se hace cada declaración.

1. Se afirma que Dios dictó una prohibición que nunca dijo. _____
2. Se contradice la advertencia que Dios había dado. _____
3. Se acusa a Dios de querer privar a los seres humanos de algo beneficioso _____

**La decisión de rebelarse contra Dios (Gn. 3:1-6)**

Los eventos narrados en el capítulo 3 de Génesis son de suprema importancia para la interpretación correcta del mensaje del Antiguo Testamento y de la obra de Dios en la historia de Israel. Este capítulo explica por qué el mundo se halla en un estado de constante rebelión contra el Creador, y lleno de problemas y sufrimiento. En el mundo que Dios creó había armonía entre los seres humanos y la creación, pero esta armonía fue destruida por la rebelión de los seres humanos contra los designios del Creador.

Dios colocó en una situación ideal a los seres humanos que había creado, y en un huerto que suplía en abundancia todas sus necesidades vitales. Sin embargo, tan pronto se le presentó la oportunidad, el ser humano escogió rebelarse contra el Creador. En lugar de obedecer las instrucciones específicas de Dios, escogieron dar oído a las insinuaciones de la serpiente.

La serpiente le insinúa a la mujer que Dios es muy exigente, porque no permite que coma de todos los árboles del huerto. También le sugiere que Dios le ha prohibido algo que sería de gran beneficio para ella. La mujer contesta diciendo que Dios le había permitido a ella y a su esposo comer del fruto de todos los árboles del huerto. Sólo el fruto del árbol que estaba en medio del huerto ellos no podían tocar ni comer. Si lo hacían, la consecuencia sería la muerte. La serpiente niega esa declaración, y le dice que no morirán, sino que sus ojos se abrirán y serán como Dios, conociendo todas las cosas.

La mujer, seducida por su deseo de obtener conocimiento, volvió a mirar al fruto del árbol, pero ahora lo vio apetitoso y deseable. Entonces lo tomó, comió de él, y le dio también a su marido. El comió igualmente del fruto. La mujer no fue la única persona culpable. El hombre lo fue por igual. Cada persona es responsable de sus propios actos.

El deseo de ser igual a Dios indica la rebeldía que anida en el corazón del ser humano, el anhelo de ser independientes de Dios.

*Respuestas: 1-v. 2; 2-v. 4; 3-v. 5.*

▶ **¿Existe todavía en el ser humano ese deseo de librarse de Dios? ¿Cuáles son algunas evidencias de esa rebeldía?**

_____

_____

### Las consecuencias del pecado (Gn. 3:7-24)

Como resultado de su acción de desobediencia, sus ojos fueron abiertos y descubrieron que estaban desnudos. Algunos intérpretes piensan que esto indica que el pecado consistió en el acto sexual; sin embargo, tal interpretación contradice el texto bíblico. La Biblia afirma directamente que el hombre y su esposa serían una sola carne (2:24). La narración de Génesis 3 enfatiza que el pecado de los seres humanos fue la rebelión y la desobediencia al mandato del Creador. La desnudez era una indicación del rompimiento de la relación mutua entre las criaturas, y del rompimiento de la relación entre Creador y criatura. Como consecuencia de su pecado ellos estaban separados entre sí y de Dios.

El hombre y su esposa se dieron entonces cuenta de que necesitaban cubrirse. Pero no sólo eso, sino que también pensaron que debían huir de la presencia de Dios. Las consecuencias de su pecado fueron mucho más serias de lo que se imaginaron.

◗ **Examine Génesis 3:7-13 y haga una lista de las evidencias que usted puede encontrar allí sobre el cambio que ocurrió en las relaciones entre Dios y el ser humano, y entre Adán y Eva.**

_____

_____

_____

Después de su acto de desobediencia, Adán pretendió justificar su rebelión culpando a la mujer que Dios le había dado. La mujer le echó la culpa a la serpiente que Dios había creado y así los dos indirectamente culparon a Dios por lo que había sucedido. Pero no pudieron evadir la responsabilidad de sus acciones. La excusa que ofrecieron no fue suficiente para eximirlos del juicio del Creador.

◗ **Estudie de nuevo el pasaje de las Escrituras, y luego anote en el cuadro que aparece abajo las consecuencias que recayeron sobre cada participante en la rebelión.**

| CONSECUENCIAS DEL PECADO | |
| --- | --- |
| PERSONAJE | CONSECUENCIA |
| Adán | |
| Eva | |
| Serpiente | |

Cada pecado acarrea su propia consecuencia.

El castigo divino cayó sobre cada uno de los protagonistas de este acto de rebelión. La serpiente recibió la maldición de Dios y se tornó repugnante, arrastrándose por el polvo de la tierra. Dios puso enemistad entre la descendencia de la mujer y la de la serpiente, hasta que la descendencia de la mujer lograra herir mortalmente la cabeza de la serpiente. Muchos piensan que en Génesis 3:15 se halla la primera mención del evangelio de Cristo. Aunque el texto no menciona específicamente a Jesucristo, se entiende el versículo como una profecía de la victoria contra el mal que encontró su realización máxima en la cruz del Calvario.

◗ **¿Cuál piensa usted que fue la parte más significativa del castigo que Dios impuso sobre la serpiente? Escriba su respuesta en las líneas a continuación.**

_____

_____

Por su desobediencia la mujer fue condenada a sufrir dolor al dar a luz (3:16). Además, perdió la condición de igualdad de que gozaba anteriormente con respecto a su marido. Esta condición de sumisión de la mujer se reflejaría más tarde en la comunidad judía, en la que la mujer era considerada como propiedad de su esposo. El hombre, por su parte, fue condenado a trabajar arduamente para conseguir el pan de cada día para su esposa y sus hijos. El castigo no fue el trabajo, sino la aspereza y dificultad en el trabajo.

Dios expulsó al hombre y su esposa de Su huerto, y cerró con querubines el camino de regreso para proteger el árbol de la vida. Así el ser humano, en lugar de llegar a ser como Dios, quedó finalmente privado de la comunión con Dios.

◗ **¿Cuál piensa usted que fue lo más grave del castigo que fue impuesto sobre la mujer? Escriba su respuesta a continuación.**

_____

_____

◗ **¿Cuál piensa usted que fue la parte más grave del castigo impuesto sobre el hombre? Escriba su respuesta a continuación.**

_____

_____

### RESPONDA A LA PALABRA DE DIOS

* **Todos nosotros hemos pecado, y por eso todos somos pecadores. Los que hemos recibido la gracia de Dios al entregarle la vida y el corazón al Señor Jesucristo, somos pecadores salvados. Los que no se han entregado a Cristo son pecadores condenados. Si usted ya es salvo, agradézcale a Dios por el perdón que le ha concedido, y por la nueva relación que tiene con El por medio de Jesucristo. Si usted todavía no ha recibido la salvación, arrepiéntase hoy mismo de sus pecados, y entréguese por fe al Señor Jesucristo. Su líder del curso _Paso a Paso_, o su pastor estarán gustosos de ayudarle en esta decisión.**

# *DIA 4*   EL PROGRESO DEL PECADO
## *(Gn. 4–5)*

Hemos llamado **Principios** a la primera parte del libro de Génesis. Usted ya ha estudiado la creación y la caída. El estudio de este día muestra la aflicción que el pecado trajo sobre la humanidad.

**Aflicción para la familia (Gn. 4:1-18)**

**1. Principios**

_____

_____

_____

La Torre de Babel

▶ **Lea Génesis 4. Preste atención especialmente a los principales personajes que se mencionan. Después, haga la siguiente actividad de concordancia. Escriba sobre la línea la letra que corresponde a la descripción correcta. Las respuestas se hallan también al pie de la página.**

_____ 1. Caín          A. Esposas de Lamec
_____ 2. Abel          B. Tercer hijo de Adán
_____ 3. Lamec         C. Hijo de Caín
_____ 4. Enoc          D. Mató a Abel, vivió en Nod
_____ 5. Ada y Zila    E. Su ofrenda agradó a Dios
_____ 6. Set           F. Mataría a quien lo ofendiera

A partir de Génesis 4 se registran una serie de eventos que exponen las consecuencias del pecado humano. La rebelión contra Dios produce violencia contra el prójimo, aflicción para la familia y para la sociedad. La rebelión del ser humano resultó en una inmensa corrupción del orden moral y espiritual que Dios había establecido en este mundo. La única esperanza para el ser humano era la gracia y la misericordia de Dios.

Después que el hombre y su mujer salieron del jardín, Eva concibió y dio a luz dos hijos. Al primero lo llamó Caín, y al segundo, Abel. Los muchachos crecieron, y aun cuando para ese tiempo todavía no había ninguna instrucción de parte de Dios al respecto, en algún momento ellos sintieron la necesidad de traer una ofrenda a Dios. Caín, como agricultor, ofreció del fruto de la tierra. Abel, por su parte, como pastor, ofreció de lo mejor de su rebaño. La ofrenda de Abel agradó a Dios, pero la ofrenda de Caín no. Caín se llenó de envidia y amargura, y acabó matando a su hermano.

El texto no dice por qué Dios aceptó la ofrenda de Abel y rechazó la ofrenda de Caín. Algunos piensan que fue porque él no ofreció una ofrenda de sangre. Otros piensan que fue porque Caín trajo lo primero que encontró, en tanto que Abel se tomó su tiempo para seleccionar lo mejor que tenía. Más tarde, cuando se señalaron las regulaciones sobre los sacrificios (Lv. 2:1), tanto el sacrificio de animal como la ofrenda de productos agrícolas fueron ofrendas válidas.

*Respuestas: 1-D; 2-E; 3-F; 4-C; 5-A; 6-B.*

Pero nótese en el texto que Dios miró primero al hombre, y luego su ofrenda. La razón principal por la cual Dios no aceptó la ofrenda de Caín fue por su mala actitud (véase He. 11:4). Las palabras de Jehová a Caín reflejan la actitud de Caín. Antes de que Dios acepte la ofrenda de una persona El tiene que aceptar a la persona que presenta la ofrenda.

▶ **Lea en Génesis 4:11-18 el castigo que Dios impuso sobre Caín. Luego marque las declaraciones que mejor describen ese castigo.**

_____ 1. Caín no podría tener hijos.
_____ 2. La labranza de la tierra sería más difícil.
_____ 3. Caín sería condenado a la pena de muerte.
_____ 4. Caín sería maldito de la tierra.
_____ 5. Dios lo condenó a andar errante en la tierra.
_____ 6. Dios permitió que cualquiera podía vengarse de Caín.
_____ 7. Caín perdió el privilegio de estar en la presencia de Dios.
_____ 8. Caín no podría vivir en ninguna ciudad.

Así como Dios había castigado a Adán y Eva, así también castigó a Caín. La tierra que había bebido la sangre de su hermano, ahora no produciría para Caín. Dios lo condenó a andar como nómada, un fugitivo en la tierra. Caín reconoció que su castigo era muy grande. Su conciencia culpable le haría huir de la presencia de Jehová. Pero temía también la mano del vengador que procuraría vindicar la muerte de Abel matándolo a él. Pero la vida de Caín le pertenecía a Dios, quien no lo abandonó. Ni el mismo primer asesino en la historia universal fue separado completamente de la compasión y la gracia divina. Dios no quería la muerte de Caín, y por eso le puso una marca para protegerlo. Desde aquel momento en adelante Caín viviría bajo la protección de Dios. Es imposible identificar la señal que Dios puso en Caín.

▶ **En la experiencia de Caín podemos ver grandes lecciones en cuanto a la aflicción que produce el pecado. También vemos lecciones preciosas acerca de cómo la justicia de Dios es atenuada por Su misericordia. Marque las declaraciones que identifican alguna lección que aprendemos sobre la misericordia de Dios en este episodio.**

_____ 1. A final de cuentas, el pecado siempre tiene su paga.
_____ 2. Dios ama y se interesa en la persona, incluso aun cuando ésta haya fracasado.
_____ 3. Un fracaso no tiene necesariamente que ser el fin.
_____ 4. Dios está dispuesto a cancelar las consecuencias del pecado.
_____ 5. Dios bendice incluso a quienes tienen que sufrir las consecuencias de su pecado.

### Aflicción para la sociedad (Gn. 4:19-24)

Lamec fue el primer polígamo en la historia humana, casándose con dos mujeres, Ada y Zila. Pero no sólo eso, sino que Lamec vivía según su propia ley. Usaba de la violencia para vengarse por cualquier causa. En el poema registrado en los versículos 23 y 24, Lamec se jacta de su violencia. Le importaba poco los sentimientos o razones de los demás. El pecado siempre produce este tipo de respuesta entre los seres humanos.

_Respuestas: 2, 4, 5, 7._

▶ **Mencione algunos pecados del tiempo actual que producen aflicción en la sociedad.**

_____   _____

_Respuestas: 2, 3, 5._   _____   _____

_____   _____

**Su lista puede incluir cosas tales como el tráfico de drogas, el alcoholismo, la pornografía, el terrorismo, la prostitución, y otros males por el estilo.**

**Aflicción para el mundo (Gn. 5)**

En el capítulo 5 el escritor sagrado presenta un recuento organizado de la descendencia de Adán hasta Noé y sus hijos. Nótese que todos los personajes que se mencionan murieron, tal como Dios lo había dicho (2:17). Hay una excepción: Enoc (5:24).

La larga vida de los patriarcas ha creado un problema de interpretación para muchas personas. Adán vivió 930 años y Matusalén vivió 967 años. ¿Cómo explicar la larga vida de esos personajes? Una posible explicación sería que usaban una forma distinta para contar los años, como por ejemplo, el uso del año lunar en vez del año solar. Otra opinión sostiene que los años se refieren no a la vida de un individuo sino a la existencia de una familia o clan. Otra explicación sería que el cuerpo de los primeros seres humanos todavía no mostraba el efecto acumulativo del pecado. La declinación de la longitud de la vida de los seres humanos muestra la tragedia progresiva del pecado.

Dios creó a Adán y Eva para que vivieran, no para que murieran. El pecado, trágicamente, trajo consigo la muerte. Antes del diluvio los individuos vivieron entre 700 y mil años. Desde Noé hasta Abraham la gente vivía entre 200 y 600 años. Los patriarcas vivieron entre 100 y 200 años. Después de ellos, la gente vive cuando mucho hasta los 100 años. Esto indica que el pecado tuvo su efecto trágico sobre la raza humana. La rebelión del ser humano destruyó lo que Dios había señalado como propósito para su existencia. Génesis 5 nos enseña que el pecado ocasiona aflicción y sufrimiento. Cuando pecamos, perdemos aquellas cosas que Dios había querido que fueran para nosotros.

Génesis 5 nos da, por lo menos, tres lecciones para la vida:
(1) El pecado trae la muerte.
(2) Los individuos y las familias son importantes para Dios. El capítulo es un registro de individuos y sus familias.
(3) Incluso en el peor de los tiempos es posible tener comunión con Dios. Aun cuando todo mundo rechazaba a Dios, Enoc caminó con Dios y hacía Su voluntad. Por eso Dios se llevó a Enoc, y así Enoc no sufrió la muerte (5:24).

---

**RESPONDA A LA PALABRA DE DIOS**

\* Vaya a dar una caminata con Dios. Mientras camina, haga lo siguiente:
  • Medite en la grandeza de Dios y renueve su comunión con El.
  • Piense en algún momento de fracaso en su vida, y agradézcale a Dios por la misericordia que El mostró cuando usted cayó en pecado.
  • Piense en alguna persona que está batallando con las consecuencias del pecado cometido. Piense en alguna manera en que usted podría ayudar a esa persona a comprender la misericordia de Dios y darle esperanza.

# $\mathcal{DIA}$ 5 EMPEZANDO DE NUEVO (Gn. 6—11)

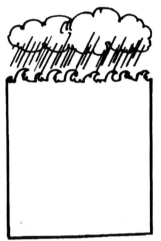

**El Diluvio** (Gn. 6:19:29)

El diluvio marca el final de una era y el principio de otra. La corrupción humana se había propagado por toda la tierra. Primero fue la desobediencia de Adán y Eva, luego el fraticidio de Caín, la venganza cruel de Lamec y finalmente la corrupción de toda la tierra.

◗ **Lea Génesis 6:1-13, y seleccione las palabras que se refieren a la maldad de los seres humanos. Escríbalas en el espacio blanco del dibujo a la izquierda.**

**Conteste las siguientes preguntas, de acuerdo a lo que dicen los versículos señalados. Las respuestas se hallan también al pie de la página.**

1. ¿Qué fue lo que Dios vio? (v. 5). _____

_____

2. ¿Qué fue lo que Dios sintió? (v. 6)._____

_____

3. ¿Qué decidió Dios? (v. 7) _____

_____

4. ¿Por qué Dios hizo una excepción con Noé? (vv. 8,9). _____

_____

La situación era tan seria que Dios "se arrepintió de haber hecho hombre en la tierra" (6:5) y se propuso destruir el mundo por medio del diluvio. Pero decidió salvar a Noé porque era un hombre íntegro e irreprochable en su conducta moral y religiosa. Dios iba a preservar a Noé y su familia para con ellos empezar otra vez Su propósito de redención.

◗ **Examine de nuevo los versículos 8 y 9, y busque las cualidades de Noé que hicieron que Dios decidiera preservarle la vida. Escriba esas cualidades en el espacio del dibujo a la izquierda.**

**Las naciones del mundo (Gn. 10)**

El capítulo 10 registra cómo Noé y su familia repoblaron la tierra después del diluvio. Este es un capítulo importante por cuatro razones.

*Sus respuestas pueden ser similares a las siguientes: 1. La enormidad de la maldad de los seres humanos. 2. Pesar, o dolor. 3. Destruir la raza humana. 4. Noé era justo y caminaba con Dios.*

**GENESIS 10**

• Registra los detalles del nuevo comienzo de la raza humana.
• Muestra la unidad de la raza humana.
• Prepara para la reaparición del pecado y la consecuente separación de la humanidad.

### La Torre de Babel (Gn. 11:1-9)

La torre de Babel es otra evidencia de la rebelión de los seres humanos contra los propósitos del Creador. Dios deseaba que la nueva generación humana pudiera restaurar la tierra después del diluvio y repoblarla. Pero la nueva generación no quiso dispersarse por el mundo. En lugar de eso, decidieron reunirse en un sólo lugar, construir una ciudad y edificar una torre como un monumento perpetuo de su identidad.

Dios desciende del cielo para evaluar este desafío de Su poder y como castigo por el arrogante orgullo de sus constructores, Dios confunde los idiomas y dispersa la humanidad por toda la tierra. Por esta razón la ciudad fue llamada "Babel," porque allí Jehová confundió el lenguaje de toda la tierra (11:9).

### Conclusión

El tema principal de Génesis 1–11 es el problema radical del pecado que desfigura a los seres creados a la imagen de Dios y que corrompe la buena obra de Dios. Al final de estos capítulos los seres humanos están viviendo en un estado de rebelión contra el Creador, separados de Dios por sus pecados, alienados entre sí, esparcidos por el mundo, condenados a morir. Pero en el relato de Génesis 1–11 aparece también el tema de la gracia de Dios, como un rayo de esperanza para la humanidad alejada de su Creador. A pesar de la rebelión humana, Dios procura la salvación de los seres humanos y El mismo toma la iniciativa para redimir a Sus criaturas.

⧫ **Repase mentalmente las lecciones clave que usted ha aprendido en esta unidad. Luego, escriba en sus propias palabras una lección que se destaca para usted en lo que ha estudiado sobre los siguientes temas:**

1. La obra creadora de Dios:_____

_____

2. La caída:_____

_____

3. El diluvio:_____

_____

4. La torre de Babel: _____

_____

Prepárese para compartir sus respuestas con el grupo en la próxima sesión de estudio.

### ▶ RESUMEN DE REPASO

Para repasar el estudio de esta semana, trate de contestar mentalmente las siguientes preguntas. Tal vez usted quiera escribir las respuestas en una hoja de papel aparte. Señale su nivel de aprovechamiento en las letras a la izquierda: trace un círculo alrededor de la "C" si usted puede responder correctamente, y alrededor de la "R" si necesita repasar el asunto.

C  R    **1.** ¿Cuáles son dos de los nombres que se han dado a los primeros cinco libros de la Biblia?

C  R    **2.** ¿Cuál es el enfoque del relato de la creación en Génesis 1, y cuál el enfoque en el capítulo 2?

C  R    **3.** ¿Cuáles son tres enseñanzas claves que encontramos en Génesis 2 acerca de los seres humanos?

C  R    **4.** ¿Cuál fue el aspecto más severo del castigo que Dios impuso sobre Adán y Eva? ¿Qué fue la pérdida más grande que sufrieron por causa de su pecado?

C  R    **5.** Mencione dos posible razones por las cuales Dios no aceptó la ofrenda de Caín.

C  R    **6.** ¿Por qué Dios libró a Noé cuando envió el diluvio?

C  R    **7.** ¿Cuál fue el pecado básico de la gente que trató de construir la torre de Babel?

---

### RESPONDA A LA PALABRA DE DIOS

* De las lecciones que se destacan en el material que usted ha estudiado esta semana, ¿cuál es la que usted piensa que más le llega al corazón? _____

Dedique un tiempo para orar sobre la manera en que usted pondrá en práctica esa lección durante la semana entrante.

# *Unidad* 3   Dios y los Patriarcas *(Génesis 12—50)*

Cuando Dios empezó a proclamar Su amor al mundo, empezó con personas. Toda la obra de Dios gira alrededor de personas. Dios escogió a Abraham y a sus descendientes para que realizaran Su obra en este mundo. En el estudio de esta semana, procure observar cómo usa Dios a las personas para realizar Su obra. Más específicamente, procure ver cómo quiere Dios usarlo a usted en esa obra.

**Génesis**

I. Principios (Gn. 1—11)

II. Los Patriarcas (Gn. 12—50)
- A. Abraham
- B. Isaac
- C. Jacob
- D. José

Cuatro temas se destacan en la historia de los patriarcas: *elección, revelación, pacto y promesa.* Dios *escogió* a los patriarcas y *se reveló* personalmente a cada uno de ellos. Asimismo, Dios hizo un *pacto* con Abraham, y le *prometió* hacer de él una gran nación y darle a su descendencia la tierra de Canaán como herencia perpetua.

# $\mathcal{DIA}$ 1 Abraham *(Gn. 12:1-9)*

---

El estudio de esta semana enfoca la actividad de Dios durante el período de los patriarcas. El primero de ellos fue Abraham. Se le conoce como Abram hasta 17:5, en donde su nombre cambia para Abraham. El nombre de Saraí es cambiado para Sara en 17:15. En este estudio usaremos simplemente los nombres Abraham y Sara.

**▶ Escriba a continuación los nombres de los patriarcas:**

A _ _____

I _____

Ja_____

Jo_____

Después de que Dios esparció a la humanidad y confundió sus lenguas en Babel, los seres humanos siguieron rebelándose contra Dios, y alejándose de los propósitos divinos. Dios llamó a un individuo, prometió estar con él y, a través de él, bendecir a todas las naciones de la tierra. Así, la historia de Abraham nos enseña que Dios escogió hacer Su obra de redención en el mundo a través de un hombre y de un pueblo.

**El Llamamiento de Abraham (Gn. 12:1-9)**

Después de la muerte de Taré en Harán (Gén. 11:32), Dios se le apareció a Abraham y le ordenó dejar a su familia y su tierra, para ir a una tierra extraña. La orden divina estaba acompañada de cuatro promesas. En primer lugar, Dios le prometió que le daría a Abraham y a su descendencia la tierra de Canaán (12:1,7). En segundo lugar, Dios prometió hacer de Abraham y de su descendencia una nación grande y numerosa (v. 2). Tercero, Dios prometió bendecirle, y colmarle de abundancia temporal y material (v. 2). Cuarto, Dios prometió engrandecer su nombre (v. 2). Así, como resultado exclusivo de la gracia divina, Abraham obtuvo lo que la soberbia humana había intentado en vano en la torre de Babel.

**▶ Vuelva a leer Génesis 12;1-9. Luego, escriba en la línea en blanco la letra que corresponde a la porción bíblica que describe cada bendición indicada.**

_____ 1. Benefactor a muchos     A. "Haré de ti una nación grande."

_____ 2. Poder, prosperidad     B. "Engrandeceré tu nombre."

_____ 3. Propiedades     C. "Bendeciré a los que te bendijeren."

_____ 4. Protección     D. "A los que te maldijeren maldeciré."

_____ 5. Buena reputación     E. "Y serán benditas en ti todas las familias de la tierra."

_____ 6. Respaldo     F. "A tu descendencia daré esta tierra."

**Las respuestas se hallan también al pie de la página.**

Pero la promesa de Dios impone también condiciones para su cumplimiento. Primero, Abraham debía cortar los lazos con la tierra de su nacimiento, y también con sus antepasados. La nueva nación sería identificada con una tierra recibida como una dádiva divina y con un pueblo distinto. En segundo lugar, tenía que responder en obediencia y creer en la promesa de Dios. Tenía que estar dispuesto a abandonar lo humanamente cierto y seguro, y confiar en lo que Dios le iba a dar en el futuro. Finalmente, para gozar la promesa divina Abraham tenía que ser un modelo vivo de la bendición divina. Dios le dijo a Abraham: "Y serás bendición" (v. 2). Abraham recibiría la bendición divina pero para trasmitirla a todas las demás naciones. "Y serán benditas en ti todas las familias de la tierra" (12:3).

▶ **¿Cree usted que las condiciones que Dios impuso para el cumplimiento de Su promesa eran demasiado severas? ¿Podría Dios haber hecho pro - mesas sin imponer condiciones? ¿Por qué?**

_____

_____

_____

_____

**Prepárese para compartir su razonamiento con el grupo en la sesión de esta semana.**

**El Viaje de Abraham**

Abraham salió de Harán con Sara su esposa y Lot su sobrino, se dirigió hacia Canaán, y llegó hasta donde vivía Siquem. Más tarde este lugar se convertiría en un centro importante de la población israelita. Allí Dios se le apareció otra vez, y le renovó la promesa de darle esa tierra (12:7). Abraham edificó un altar, y adoró a Dios. Tres veces Abraham edificó un altar en Canaán: en Siquem, en Bet-el, y más tarde, en Hebrón (13:18).

**1. En el mapa del interior de la cubierta anterior, localice Ur de los Caldeos, cerca de la desembocadura de los ríos en el Golfo Pérsico. Luego ubique Harán, y note el desierto que existe entre Ur y Canaán. Note cómo el de - sierto impedía el viaje directo. La ruta normal iba primero hacia Harán, y luego a Canaán.**

**2. En el mapa de la izquierda examine la ruta que siguió Abraham. Ubique los lugares que se mencionan en el pasaje estudiado hoy. Piense en las dificultades que Abraham debe haber enfrentado, al realizar ese viaje hace como cuatro mil años, y escríbalas en las líneas a continuación.**

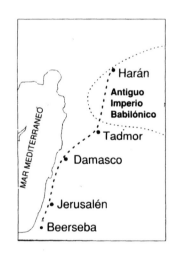

*Respuestas: 1-E; 2-A; 3-F; 4-D; 5-B; 6-C.*

## RESPONDA A LA PALABRA DE DIOS

* Examine las siguientes posibilidades, y luego, en oración, marque aquellas a las cuales usted siente que Dios podría estarle llamando:

_____ 1. Ofrecerse para servir voluntariamente en alguna organización de la iglesia.

_____ 2. Prepararse para el ministerio del evangelio.

_____ 3. Empezar a dar el diezmo, o aumentar sus ofrendas.

_____ 4. Hablarle de Cristo a una persona.

_____ 5. Participar en la visitación de la iglesia.

_____ 6. Empezar a leer la Biblia y orar todos los días.

_____ 7. Tratar de reconciliarse con una persona.

_____ 8. Tratar de ayudar a solucionar las necesidades de una persona, sea amigo, o hermano en la fe.

_____ 9. Otra_____

* Ore pidiendo al Señor que le ayude a ponerlo en práctica.

* Fije un día específico en el cual usted empezará a ponerlo en práctica, y luego escríbalo aquí:_____

# $\mathcal{D}I\mathcal{A}$ 2   Abraham *(Gn. 12:10—14; 16)*

**Abraham en Egipto (12:10-20)**

En razón de la sequía y el hambre que hubo en la tierra, Abraham fue a Egipto, buscando refugio para su familia y pasto para su ganado. Por temor a los egipcios a causa de la belleza de Sara, convinieron en que ella diría que era su hermana. Debido a esto Sara fue llevada al harén del faraón, y Abraham recibió beneficios en forma de ganado y esclavos (Gn. 12:16). Dios intervino para rescatar a Sara. Cuando faraón descubrió la verdad por medio de las plagas que Dios le envió, expulsó de Egipto a Abraham y a su familia.

Dios estuvo con Abraham, a pesar de que él no siempre buscó la dirección divina para sus decisiones. La vida de Abraham estuvo marcada por un círculo de fe y duda, de obediencia e incredulidad.

◗ **Probablemente usted ha atravesado dificultades y sufrimiento. Marque las declaraciones que indican cómo reacciona usted en esas ocasiones.**

1. A veces dudo del amor de Dios, o de Su justicia o misericordia.
2. A veces siento que mi fe se fortalece por la dificultad.
3. A veces me pregunto si acaso Dios se ha olvidado de mí.
4. A veces me parece que Dios no escucha mis oraciones.
5. A veces me siento furioso.
6. A veces simplemente decido resistir, pase lo que pase.
7. A veces le entrego la situación a Dios y El me da paz.
8. Generalmente es un proceso que incluye varias de estas cosas, o todas.

**Abraham y Lot (Gn. 13—14)**

◗ **Lea Génesis 13:1-7. Trace un círculo alrededor de la respuesta correcta, sea que la declaración sea cierto o falso. Las respuestas se hallan también al pie de la página.**

C F   **1.** Abraham y Lot tenían personalidades incompatibles.

C F   **2.** Ambos eran muy ricos y tenían muchísimo ganado.

C F   **3.** Los canaanitas eran un problema para Abraham y Lot.

C F   **4.** Un resentimiento profundo surgió entre Abraham y Lot.

C F   **5.** Hubo una contienda entre los pastores de Abraham y de Lot.

*Respuestas: 1-Falso; 2-Cierto; 3-Falso; 4-Falso; 5-Cierto; 6-Falso; 7-Cierto.*

C F   **6.** Abraham y Lot tenían mucha tierra en propiedad.

C F   **7.** Abraham y Lot se separaron debido a que tenían mucha riqueza.

Después de su salida de Egipto, Abraham regresó a la tierra de Canaán. Era ya muy rico, con mucho ganado, plata y oro. Pero como su sobrino Lot también tenía mucho ganado, estalló una contienda entre los pastores de Abraham y los de Lot. Abraham pidió a Lot que escogiera la tierra que prefiriera, para que no hubiera conflicto entre los dos. Lot se dirigió hacia la llanura del Jordán (13:10), en dirección a la tierra fértil en el área de Sodoma. Abraham avanzó para establecerse en Hebrón (v. 18). Allí Dios le ratificó una vez más la promesa de darle la tierra y mucha descendencia.

Lot vivía en Sodoma cuando hubo una guerra en la región y Lot y su familia fueron tomados prisioneros. La noticia llegó a Abraham, y después de un ataque nocturno, rápido e inesperado, Abraham rescató a Lot y el botín.

**El Nacimiento de Ismael (Gn. 16)**

♦ **Lea Génesis 16 para hallar las respuestas a las siguientes preguntas:**

1. ¿De quién fue la idea de que Abraham tuviera un hijo en Agar?

_____

_____

2. ¿Cómo se sintió Sara cuando Agar quedó encinta?

_____

_____

3. ¿Qué le prometió Dios a Agar?

_____

_____

4. ¿Cómo se llamó el hijo de Agar?

_____

_____

5. ¿Piensa usted que Abraham y Sara pecaron en esta experiencia?

_____

_____

En su desesperación de dar hijos a Abraham, Sara tomó a su esclava egipcia Agar y la dio a Abraham, para ofrecerle un hijo por medio de ella. Esta acción refleja una costumbre usual en ese tiempo. El hijo de la esclava era adoptado por la dueña y era considerado como su propio hijo. Aunque la acción era legal y socialmente aceptable, no quiere decir que contaba con la aprobación de Dios. El pecado no estuvo tanto en la costumbre de la época, sino en la incredulidad de Sara y Abraham.

Agar concibe, pero su fecundidad la hizo insolente hacia Sara porque ella era estéril. Sara empezó a maltratarla, y Agar salió huyendo. El ángel del Señor se le apareció, y le ordenó regresar. Dios prometió bendecir y engrandecer a su hijo porque él también era un hijo de Abraham. Al nacer su nombre sería Ismael.

Así lo hizo. Esto ocurrió cuando Abraham tenía 86 años (16:16), once años después de haber salido de Harán.

---

**RESPONDA A LA PALABRA DE DIOS**

* ¿Alguna vez se ha sorprendido a usted mismo dudando de las promesas de Dios? ¿Se ha sentido como si Dios se hubiera olvidado de usted? Después de haberle entregado a Dios el asunto en oración, ¿se ha sentido obligado a tomar el asunto en sus propias manos?

* Medite en los siguientes versículos, y determine lo que Dios le está diciendo por medio de ellos:

> "Aguarda a Jehová;
> Esfuérzate, y aliéntese tu corazón;
> Sí, espera a Jehova"
> (Sal. 27:14).

> "Esperé yo a Jehová, esperó mi alma;
> En su palabra he esperado"
> (Sal. 130:5).

* Escriba un breve resumen de lo que usted piensa que Dios le está diciendo mediante estos versículos:

_____

_____

* ¿Cómo debería, entonces, usted orar? Haga una pausa y eleve una oración aplicando lo que ha aprendido.

# *DIA 3*   Abraham e Isaac *(Gn. 15; 17—22)*

**Principios**
Creación
La Caída
El Diluvio
La Torre de Babel

**Patriarcas**
_____
_____

Jacob
José

**El Pacto de Dios con Abraham (Gn. 15; 17).**

Dios se reveló una vez más a Abraham y le repitió la promesa de bendecirle. Al renovar la promesa de que la descendencia de Abraham sería innumerable, Dios hizo un pacto con Abraham. Los pactos tenían un papel muy importante en el mundo antiguo. En el pacto con Abraham, Dios expresaba Su fidelidad.

---

**CARACTERISTICAS DEL PACTO DE DIOS CON ABRAHAM**

1. Fue la gracia de Dios la que estableció el pacto.
2. Las estipulaciones del pacto varían entre Génesis 15 y 17.
3. Dios dio algunas señales para que Abraham tuviera la seguridad, y para estimularle en su fidelidad a Dios.
4. El pacto divino proveía bendiciones.
5. El pacto divino sería eterno (17:12,19).

---

*1. La gracia de Dios estableció el pacto.* El pacto no fue iniciativa de Abraham. Fue Dios quien tomó la iniciativa y estableció un pacto con Abraham.

▶ **1. Según 15:18-21, ¿qué fue lo que Dios se comprometió a hacer?**

_____

_____

▶ **2. Ahora compare las estipulaciones del pacto que se señalan en el capítulo 15, con las que se indican en el capítulo 17. ¿En qué se diferencian?**

_____

_____

*2. Las estipulaciones del pacto.* En Génesis 15 lo que Dios exige de Abraham es que tenga fe y confianza en Dios (15:6). En el capítulo 17, Dios le exige que viva una vida de obediencia e integridad (17:1), y todo varón debía ser circuncidado (v. 10).

*3. Las señales del pacto.* Cuando Abraham tenía 99 años el Señor se le apareció otra vez y renovó Su pacto con Abraham. Dios exigía de él completa obediencia. Como señal de Su pacto Dios cambió su nombre de Abram, que quiere decir "padre enaltecido," y le llamó Abraham, que significa "padre de una multitud." La demostración visible de la obediencia de Abraham sería su circuncisión y la de todos los varones de su familia. La circuncisión era un ritual común entre los egipcios y otros pueblos, pero para Israel sería la señal del pacto perpetuo que Dios hacía con Su pueblo.

La promesa de Dios de que Sara tendría un hijo era tan increíble, que Abraham se rió, dudando que un hombre de 100 años de edad, y una mujer de 90, pudieran tener hijos (17:17, 18). Cuando Sara oyó que ella sería madre también se rió (18:12). Dios reprochó a Abraham y a Sara declarándoles que para Dios nada es imposible. La promesa de Dios no sería anulada por la incredulidad humana.

**4. El pacto de Dios es eterno (17:13, 19).** La promesa del heredero se cumplió con el nacimiento de Isaac. La risa de duda (18:12) se transformó en risa de júbilo (21:6, 7).

La vida de Abraham encontró su momento de crisis suprema cuando Dios le pidió que ofreciera a su único hijo en sacrificio. El sacrificio de niños era práctica común en muchas de las naciones de los días de Abraham. Abraham estaba convencido que Jehová deseaba que ofreciera a Isaac en sacrificio, y así, en obediencia a la voz de Dios, se preparó para sacrificar a su hijo. En el momento mismo cuando Abraham levantó su mano para sacrificar a su único hijo, Dios intervino y reveló la víctima para el sacrificio: un carnero enredado por sus cuernos en un zarzal.

▶ **Lea Génesis 22:1-18, y luego marque cada declaración que usted pueda verificar por lo que encuentra en ese pasaje.**

1. Cuando Abraham recibió la orden de ofrecer a Isaac en sacrificio se dispuso de inmediato a obedecer.
2. La prontitud con que Abraham emprendió su viaje para ofrecer a su hijo en holocausto demuestra que su consagración a Dios era completa.
3. La orden de Dios a Abraham de que ofreciera a su hijo en holocausto indica que lo que Dios desea es la completa lealtad de los Suyos.
4. Cuando Abraham empuñó el cuchillo, se disponía a matar a Isaac.
5. Dios dijo que la disposición de Abraham para ofrecer a su hijo Isaac en sacrificio demostraba que en verdad quería obedecer y servir a Dios.

La historia de Abraham condena el uso de sacrificios humanos. Asimismo, presenta a Abraham como un hombre de auténtica fe (He. 11:17-19), que confía plenamente en la palabra de Dios. Abraham salió adelante en la prueba de obediencia a la que Dios le sometió.

**RESPONDA A LA PALABRA DE DIOS**

* **Lea Génesis 22:16 y Juan 3:16.**

1. ¿Cómo piensa usted que Abraham se sintió ante la perspectiva de tener que ofrecer en sacrificio a su único hijo?

2. ¿Cómo piensa usted que Dios se sintió ante la perspectiva de ofrecer a Su único Hijo en sacrificio?

* **Lea Romanos 12:1-2, y medite especialmente en la frase: "por las misericordias de Dios," del versículo 1. ¿Qué nos toca hacer, según lo que se nos dice en el versículo 2?**

# *DIA 4*   Isaac y Jacob *(Gn. 24—27)*

La historia de Isaac forma un interludio entre la historia de Abraham, de quien es el heredero legítimo, y la de Jacob su hijo, quien será el padre de las doce tribus de Israel. De todos los patriarcas, Isaac es el que menos recibe atención en el relato de Génesis. Se le presenta como una persona tímida, dominado por la personalidad más fuerte de su esposa.

El capítulo 24 registra la hermosa historia de la búsqueda de una esposa para Isaac. Abraham envió a su esclavo de confianza a la casa de sus padres expresamente para conseguir esposa para su hijo. Con el esclavo Abraham envió regalos escogidos para la familia de la novia. El criado llegó a la ciudad de Nacor (24:10), y allí encontró a Rebeca. Por la providencia divina la mujer hizo las cosas que el criado había pedido como señales de la dirección de Dios. Rebeca decidió regresar con el criado, y así Isaac la tomó por esposa cuando él tenía 40 años de edad.

▶ **¿Cómo le ha indicado Dios Su dirección en alguna situación específica?**

_____

_____

### La historia de Jacob

La historia de Jacob ocupa la mayor parte de la historia de los patriarcas. Jacob usaría sus propios medios, no siempre correctos. Pero Dios actúa misteriosamente, y a pesar de las debilidades de Jacob, lo usó para que fuera el portador de la promesa dada a Abraham.

▶ **¿Cuánto sabe usted ya acerca de Jacob y Esaú? Lea Génesis 25:19-34. En la línea en blanco escriba una "J" para las frase que se aplican a Jacob, y una "E" para las que se aplican a Esaú. Las respuestas se hallan también al pie de la página.**

_____ 1. El primer hijo de Isaac.
_____ 2. Serviría a su hermano.
_____ 3. Sus descendientes serían más fuertes.
_____ 4. Velludo y rubio, o rojizo.
_____ 5. Le gustaba estar en casa.
_____ 6. Le encantaba vivir en el campo.
_____ 7. El favorito de la mamá.
_____ 8. Manipulador.
_____ 9. Su sobrenombre era Edom.
_____10. Menospreció un gran honor.

*Respuestas: 1-E; 2-E; 3-J; 4-E; 5-J; 6-E; 7-J; 8-J; 9-E; 10-E.*

Rebeca era estéril y no podía concebir. Isaac oró a Jehová y así Rebeca, después de veinte años de casada, por la providencia divina concibió. Pero eran dos los niños, y luchaban en su vientre. De modo que Rebeca fue a consultar al Señor. Dios le reveló que los niños representaban dos naciones, y que la lucha de ellos en el seno materno representaba el conflicto que habría de existir entre ambos pueblos. Al nacer los niños, Jacob, el menor, salió sujetando el talón del mayor, Esaú.

*La Primogenitura (Gén. 25:27-34).* Esaú era hombre del campo y un experto cazador; y fue el favorito de su padre. Jacob, por su parte era el favorito de su madre, y una persona más tranquila, dedicado a ser pastor. Esaú, como el primogénito de Isaac, tenía el derecho de recibir una doble porción de la herencia de su padre. Además tenía el derecho de recibir la bendición de su padre y ser el líder de su clan. En esto consistía la primogenitura.

Un día cuando Esaú regresaba del campo cansado y con hambre, Jacob estaba preparando una comida. Esaú pidió a su hermano que le diera de comer del guisado. Jacob aprovechó la oportunidad y le propuso que le vendiera la primogenitura a cambio de un plato de lentejas. Esto era una acción legal, y Esaú podía renunciar a su derecho de primogénito y pasar este derecho a Jacob. Así Jacob obtuvo ese derecho, y Esaú despreció su primogenitura (v. 34; He. 12:16).

▸ **Lea otra vez Génesis 25:27-34 y observe cómo Jacob consiguió que Esaú le cediera la primogenitura. Aun cuando esa acción era correcta legalmente, ¿piensa usted que era moralmente correcta? Explique su respuesta en las líneas que siguen:**

_____

_____

_____

Habiendo Isaac envejecido, y sintiendo que la muerte le llegaría en cualquier momento, decidió bendecir en una manera especial a su hijo mayor, Esaú. En muchas sociedades del Antiguo Oriente la bendición paternal era de monumental importancia, y el regalo más grande que un padre podía dar a su hijo. Esta bendición incluía la responsabilidad del hijo de mantener el nombre de la familia y de ser el líder del clan.

Aprovechándose de la edad avanzada de Isaac y de su ceguera, Rebeca conspiró con Jacob para engañarle y conseguir para Jacob la bendición que le pertenecía a Esaú.

▸ **Lea Génesis 27 y luego trace un círculo alrededor de la respuesta correcta, según la afirmación sea cierto o falso.**

C  F  **1.** Isaac quería dar una bendición especial a su hijo Esaú porque era su primogénito y su hijo favorito.

C  F  **2.** Fue Rebeca la que tomó la iniciativa para engañar a su marido Isaac, y la que dirigió todo el asunto.

C  F  **3.** Sin la intervención de Rebeca es probable que Jacob no hubiera recibido la bendición especial de su padre.

C  F  **4.** Isaac sospechó que el hijo que le traía comida no era Esaú porque la carne no tenía buen sabor.

C  F  **5.** Isaac verificó la identidad de su hijo mediante el olor de sus vestidos.

C F **6.** La bendición del padre incluía posesiones materiales, poder de autoridad y el liderazgo sobre la familia.

C F **7.** Cuando Esaú se enteró del engaño se alegró de haberse librado de la responsabilidad.

C F **8.** Cuando Rebeca supo que Esaú había jurado matar a Jacob, decidió expulsar a Esaú de la casa.

**Las respuestas se hallan también al pie de la página.**

Alguien tal vez preguntará por qué Isaac simplemente no se retractó de la bendición pronunciada sobre Jacob. Pero en el mundo antiguo se consideraba que la palabra hablada tenía poder, y que una bendición, una vez pronunciada, era irrevocable.

La reacción de Esaú fue violenta. Con lágrimas y gritos insistió que su padre también le bendijera. Isaac, reconociendo que le había dado todo a Jacob, dio a Esaú una bendición que tiene más características de maldición.

Esaú decidió que mataría a su hermano después de la muerte de su padre. Rebeca se enteró de sus intenciones e intervino para salvar la vida de Jacob. Persuadió a su esposo de que enviara a Jacob a la casa de su padre para conseguir una esposa de entre las hijas de Labán, su hermano. Isaac bendijo a Jacob, le prohibió casarse con una mujer cananea y lo envió a Padan-aram.

Jacob cometió muchos errores; no obstante, Dios lo usó para Sus propósitos divinos. Lo asombroso no son las debilidades y fracasos del patriarca, sino la misericordia y la paciencia de Dios para usar al hombre a pesar de los fracasos de éste.

*Respuestas: 1-Cierto; 2-Cierto; 3-Cierto; 4-Falso; 5-Cierto; 6-Cierto; 7-Falso; 8-Falso.*

**RESPONDA A LA PALABRA DE DIOS**

* Haga una pausa en este mismo momento para agradecerle a Dios por Su paciencia con usted, al usarlo para Sus propósitos a pesar de sus errores. Renueve su compromiso de seguir Su voluntad para su vida.

# *DIA 5*  Jacob y José *(Gn. 28—50)*

Jacob, forzado a huir de la casa de su padre por causa de la ira de su hermano, salió en dirección a Harán (28:10). Jacob llegó a un sitio al norte de Jerusalén, y allí pasó la noche. Mientras dormía tuvo un sueño de una escalera que llegaba hasta los cielos. Jehová le apareció a Jacob, identificándose como el Dios de Abraham y el Dios de Isaac, prometiendo darle una descendencia innumerable, posesión de la tierra y la bendición dada a Abraham. Jehová también prometió protegerle en su viaje y traerlo de regreso a la tierra de Canaán. Jacob reconoció la presencia divina en aquel lugar y usando la piedra que había usado como almohada, la ungió con aceite y dedicó aquel lugar para Dios.

Jacob hizo una promesa de dar a Dios el diezmo de todos sus bienes si Dios lo protegía y le cuidaba en todo su viaje. Pero esta promesa condicional era contraria a la demanda divina de obediencia absoluta. Jacob tendría que aprender que en la relación entre Dios y los seres humanos, es Dios quien impone las condiciones, y no el ser humano.

Jacob continuó su viaje hasta Harán, en donde vivió por veinte años. Catorce años trabajó por sus dos esposas y seis años por su ganado. Dios bendijo a Jacob dándole una familia numerosa, y mucha riqueza. Por causa de la actitud de Labán y de sus hijos (31:1-2), Jacob reconoció que la ocasión para regresar a Canaán había llegado. Jehová se le apareció y le ordenó regresar a la casa de sus padres.

Aunque habían pasado más de veinte años, Jacob estaba muy preocupado por su encuentro inminente con Esaú, así que oró a Dios suplicando protección y auxilio. Génesis 32:6-12 nos muestra cuatro maneras en las cuales Jacob reconoció que Dios estaba con él, y cómo él creció en servicio y devoción al Señor.

▶ **Lea las siguientes preguntas y medite en las respuestas que usted daría.**

- ¿Hay algún pecado en su vida que usted necesita reconocer delante de Dios ahora mismo?
- ¿Qué promesas de la Palabra de Dios le han ayudado cuando usted ora a Dios?
- ¿Cuáles son cinco de las más grandes bendiciones que Dios le ha concedido?
- ¿Hay algún hábito, influencia o circunstancia sobre la cual usted necesita hoy que Dios le conceda victoria?

---

**Jacob Responde a Dios**
- Jacob reconoció su pecado (32:6-8).
- Jacob elevó una oración espontánea, basándose en las promesas de Dios (32:9,12).
- Jacob confesó su indignidad delante de Dios (32:10).
- Jacob pidió sinceramente que Dios lo librara (32:11).

Junto al río Jaboc, Jacob tuvo un encuentro personal y extraordinario con Dios (32:24-32), que duró toda la noche. Es una historia de transformación. Jacob, el suplantador, salió del encuentro con Dios como Israel, el príncipe de Dios. Un gran cambio había ocurrido en su vida. Como recordatorio de su lucha con Dios, Jacob llamó el nombre de aquel lugar *Peniel,* que significa "El rostro de Dios." Dios bendijo a Jacob y le preservó la vida. Esaú se reconcilió con él.

A pesar de sus fracasos, errores y debilidades, Dios usó a Jacob para llevar a cabo los propósitos del pacto que había establecido con Abraham.

**La Historia de José**

La historia de José ocupa un lugar central en la historia de los patriarcas. Génesis 37–50 relata la historia de la familia de Jacob, enfocándose mayormente en José.

José era el favorito de Jacob porque fue el primer hijo de Raquel, la esposa a quien más amaba. Por esta preferencia sus hermanos tenían celos de José y lo odiaban. Ese rencor los llevó a buscar la manera de vengarse de él. Esa venganza desencadenaría una serie de eventos que determinarían el futuro del pueblo escogido por cientos de años.

**Algunos de los eventos claves en la vida de José son los siguientes:**

* Sus hermanos lo vendieron a los ismaelitas, los cuales lo vendieron a Potifar, un funcionario del gobierno de Egipto.

* Con el tiempo, José llegó a ser el mayordomo de la casa de Potifar, pero la mujer de éste le acusó falsamente de haber intentado seducirla.

* José fue a parar en la cárcel, pero luego interpretó los sueños del faraón.

* El consejo de José le pareció sabio a faraón, y por eso nombró a José como el administrador supremo de Egipto.

* José llegó a ser el segundo en autoridad en Egipto. Después, sus hermanos vinieron a él buscando alimentos debido a la hambruna.

* José perdonó a sus hermanos, y finalmente hizo traer a toda su familia a Egipto.

**GENESIS**

1. P_____
   La C_____
   La C_____
   El D_____
   La T____ __ _____

2. **Patriarcas**

   _____
   _____
   _____
   _____

La historia de los patriarcas nos recuerda que Dios es el soberano Señor del universo. Cuando le permitimos a Dios que obre en nuestra vida, El realiza obras maravillosas de acuerdo a Sus divinos planes y propósitos.

‣ **Usted acaba de completar el estudio del libro de Génesis, con sus dos períodos de la historia del Antiguo Testamento. ¿Puede completar el esquema del margen a la izquierda?**

‣ **Para repasar el estudio de esta semana, compruebe si puede contestar mentalmente las siguientes preguntas. Tal vez querrá escribir las res-**

puestas es una hoja de papel aparte. **Marque su nivel de aprendizaje trazando un círculo alrededor de la "C" si puede contestar correctamente, y alrededor de la "R" si necesita repasar el material.**

C  R  **1.** ¿Cuáles son las tres promesas que Dios le hizo a Abraham cuando le llamó para que fuera a la tierra que le mostraría?

C  R  **2.** ¿En qué acción de Abraham y Sara se puede ver que dudaron de la promesa de Dios de darles un hijo?

C  R  **3.** Indique tres características del pacto que Dios hizo con Abraham (Gn. 15; 17).

C  R  **4.** ¿Qué revela la decisión de Abraham de ofrecer a su hijo en sacrificio?

C  R  **5.** Describa en una palabra a la familia de Rebeca.

C  R  **6.** ¿En qué circunstancias Jacob recibió el nombre de *Israel?*

C  R  **7.** ¿Cuál de los patriarcas demostró el carácter más piadoso?

---

**RESPONDA A LA PALABRA DE DIOS**

* **Medite por unos momentos en el patriarca José. ¿Puede observar en la vida de él algunas características similares a las del Señor Jesús? Anótelas a continuación.**

_____

_____

* **Anote una lección importante para su vida que usted aprendió al estudiar acerca de los siguientes patriarcas:**

**Abraham:** _____

_____

**Isaac:** _____

_____

**Jacob:** _____

_____

**José:** _____

_____

**TEMA**

**BOSQUEJO**

En esta unidad usted estudiará la primera parte del libro de Exodo: la salida del pueblo de Israel de Egipto. El resto del libro de Exodo, así como Levítico y Números, será el tema de la próxima unidad.

El libro de Exodo nos muestra la obra de redención que Dios obró con el pueblo de Israel, y Su llamado para que le sirviera en obediencia. Para Israel el éxodo fue un momento crucial en su historia. La poderosa intervención de Dios para sacar a Su pueblo de la esclavitud en Egipto, sirvió para interpretar los eventos históricos y religiosos en Israel, y para darle esperanza al pueblo en el tiempo de juicio.

**Exodo:**

    I. Liberación de Egipto (Ex. 1:1—19:2)
    II. El Pacto (Ex. 19:3—24:18)
    III. Moisés recibe instrucciones con respecto al tabernáculo (Ex. 25:1—31:18)
    IV. Ruptura y renovación del pacto (Ex. 32:1—34:35)
    V. Moisés da instrucciones con respecto al tabernáculo (Ex. 35:1—40:38).

# DIA 1   El Libro de Exodo *(Ex. 1)*

## LA LEY

**▶ A los primeros cinco libros de la Biblia se les conoce como el Pentateuco, o los libros de la ley. Complete los títulos de los libros en el dibujo del margen izquierdo.**

El libro de Exodo continua la historia del pueblo de Dios en Egipto, y la obra de Dios para rescatar a Su pueblo de la dura esclavitud en que se encontraba, y hacer de ellos un pueblo especial. El relato de Exodo nos muestra cómo el pueblo de Israel llegó a ser el pueblo escogido de Dios, y cómo llegó a convertirse en una nación. También registra cómo el pueblo de Israel aprendió a seguir y obedecer al Dios que los rescató de Egipto.

### Israel en Egipto (Ex. 1)

José había llegado a ser el gobernante segundo en mando en Egipto. Debido a la hambruna y sequía, sus hermanos habían venido para comprar alimentos. Después, con el permiso del faraón, José hizo venir a su padre y a su familia a Egipto. Israel y sus descendientes se instalaron en la tierra de Gosén, un área en el delta del río Nilo. Durante los años que el pueblo de Israel vivió en Egipto, se multiplicó grandemente. "Y los hijos de Israel fructificaron y se multiplicaron, y fueron aumentados y fortalecidos en extremo, y se llenó de ellos la tierra" (Ex. 1:7).

Con el correr del tiempo, los egipcios llegaron a considerar que la presencia de una gran multitud de extranjeros constituía una amenaza muy seria para la seguridad de la nación. Los nuevos gobernantes se olvidaron por completo de lo que José había hecho por el país, y sólo vieron el posible peligro que podría existir. Cualquier ataque que viniera del norte, necesariamente tendría que atravesar la región en donde habitaban los israelitas, y era concebible que los israelitas rápidamente se unirían a los atacantes. Así, para evitar esa posibilidad, el faraón decidió someterlos a trabajo forzado.

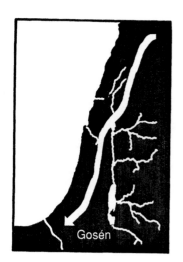

Gosén

**▶ Lea Exodo 1:11-22. Busque tres maneras en que Faraón oprimió al pueblo de Israel. Escriba una frase corta que describa cada una de esas maneras.**

1. _____

2. _____

3. _____

### El nacimiento de Moisés (Ex. 2:1-10)

En razón de que la esclavitud no consiguió detener el crecimiento de la población hebrea, el faraón ordenó entonces matar a todos los niños varones que nacieran. Frente a la desobediencia de las parteras, el faraón ordenó que se echara al río a todo niño varón que naciera de los hebreos.

Moisés nació después del decreto de exterminar a los niños. Nótese la simplicidad del relato. No se mencionan los nombres de los padres de Moisés. Es sólo en el capítulo 6 que se nos dice que fueron Amran y Jocabed. Tampoco se indica el nombre del farón reinante. Aunque nosotros quisiéramos saber estos detalles, lo que el escritor sagrado quería era mostrar que Dios estaba obrando en todos los acontecimientos.

▶ **En su opinión, ¿por qué no se incluyeron muchos detalles históricos en el registro bíblico? Escriba una respuesta breve:**

_____

_____

**Prepárese para discutir este asunto en la reunión del grupo.**

Jocabed tuvo escondido a su hijo por tres meses. Cuando ya no era posible seguirlo escondiendo, ideó un bello plan para salvarle la vida. Decidió llevar a su hijo al río Nilo. En sutil ironía, el mismo río que se suponía debía ser la tumba del niño (1:22), fue el medio que Dios usó para salvarle la vida.

Así Jocabed colocó a su hijo en una canasta que había preparado especialmente, y la puso en el río. También puso a María, hermana mayor del niño, para que vigilara a poca distancia para ver lo que iba suceder con el niño. La hija del faraón venía entonces a bañarse en el río. Al ver la cesta, mandó a una criada que la trajera, y al abrirla vio al niño que lloraba y se compadeció de él. Por supuesto que se dio cuenta de que el niño era hebreo. Entonces la hermana del niño se ofreció a buscar una mujer hebrea para que lo cuidara, y así fue y trajo a su propia madre para criar al niño. La hija de faraón lo adoptó como su propio hijo y lo nombró Moisés.

---

**RESPONDA A LA PALABRA DE DIOS**

* **Medite en las tres maneras en que el pueblo de Dios fue oprimido en Egipto. Trate de imaginarse cómo se sentiría usted si usted fuera esclavo de un patrón déspota, o si usted estuviera esperando el nacimiento de su primer hijo.**

* **Recuerde que muchas personas del pueblo de Dios han pagado un alto precio para cumplir con el papel que les correspondía en el plan de salvación que Dios estaba obrando. ¿Alguna vez se ha dado cuenta usted de los sacrificios que hicieron las personas que le ayudaron a entregarse a Cristo? ¿Está usted dispuesto a pagar el precio que requiere para que otros vengan a conocer al Salvador?**

* **En oración, agradézcale a Dios por las personas que fueron fieles y le ayudaron a recibir la salvación. Pídale a Dios que le muestre cómo quiere El usarle para que otros vengan a El.**

# *DIA 2*   Moisés *(Ex. 2:11—3:5)*

Por la divina providencia Moisés creció como hijo adoptivo de la hija de faraón. Así Moisés recibió la mejor educación que Egipto podía ofrecer, en preparación para el gobierno. Todo esto fue un excelente adiestramiento para el trabajo que le tocaría desempeñar en el futuro. Asímismo, habiendo sido criado por su propia madre en sus primeros años, Moisés aprendió de la promesa de Dios al pueblo de Israel.

*Entre el versículo 10 y el versículo 11 pasaron aproximadamente 40 años.*

Entre Exodo 2:10 y 2:11 Moisés creció y llegó a ser un hombre maduro. Con todo el privilegio recibido en la corte de Egipto, Moisés nunca se olvidó de su origen. Por eso, ya siendo hombre, se identificó con su pueblo, con sus hermanos que vivían oprimidos por los egipcios, trabajando duramente en la obra de construcción, tratados como esclavos, ciudadanos sin ningún derecho en la sociedad en que vivían. En el siguiente ejercicio usted estudiará la acción de Moisés y las consecuencias del incidente.

▶ **Lea Exodo 2:11-22. Luego marque la respuesta correcta para cada una de las siguientes preguntas.**

1. Cuando Moisés vio a un egipcio maltratando a un hebreo,
❑ a. se sintió avergonzado.
❑ b. se irritó.
❑ c. se enfureció.

2. Después que Moisés mató al egipcio,
❑ a. se sintió culpable.
❑ b. estaba seguro de que nadie lo sabía.
❑ c. se arrepintió de haberlo hecho.

3. Cuando Moisés quiso intervenir en la pelea de dos hebreos,
❑ a. ellos le agradecieron por su ayuda.
❑ b. ellos le amenazaron con contar lo que había hecho con el egipcio.
❑ c. rechazaron su intervención y le preguntaron si quería matarlos como lo había hecho con el egipcio.

4. Cuando el faraón supo lo que Moisés había hecho,
❑ a. trató de matar a Moisés.
❑ b. envió a Moisés al exilio.
❑ c. trató a Moisés con compasión por causa de su hija.

5. Moisés salió de Egipto y se fue a,
❑ a. Moab.
❑ b. Grecia
❑ c. Madián.

6. Como resultado final de su intervención para defender a las hijas de Reuel, Moisés
❑ a. recibió una comida de agradecimiento.

☐ b. se casó con una hija de Reuel.
☐ c. se ganó la reputación de ser buen luchador.

7. El nombre *Gersom,*
☐ a. significa "Forastero soy en tierra ajena."
☐ b. significa "Un nuevo comienzo."
☐ c. es el nombre del lugar donde Moisés vivió.

**Las respuestas se hallan también al pie de la página.**

Así, la acción impulsiva e impaciente de Moisés sólo causó problemas. Evidentemente, los hebreos no apreciaron lo que Moisés trataba de hacer. Cuando el faraón se enteró del crimen que Moisés había cometido, procuró matarlo. Moisés entonces huyó de Egipto y se fue a Madián.

Allí en Madián Dios continuó preparando a Moisés para la tarea que debería realizar más adelante. Trabajando como pastor de ovejas, aprendió muchas cosas acerca de la vida en las regiones desérticas. Más tarde se casó con Séfora. Esa estadía de Moisés entre la familia de su suegro Reuel, o Jetro, influyó grandemente en el desarrollo espiritual de Moisés, y le ayudó a descubrir muchó más en cuanto al Dios de sus padres.

**El Llamamiento de Moisés (Ex. 2:23—6:1)**

▶ **Lea Exodo 2:23-25, y luego llene los espacios en blanco de las siguientes frases con las palabras que se indican en la columna de la izquierda.**

a. Jacob
b. compadeció
c. Isaac
d. servidumbre, o esclavitud
e. Dios
f. Abraham
g. pacto

1. Los israelitas gemían a causa de su _____ .

2. Los israelitas clamaron a _____ que les ayudara.

3. Dios se acordó de Su _____ con _____,
_____ , y _____ .

4. Dios se _____ de los israelitas.

En estos versículos vemos que Dios estaba enterado de la miseria que atravesaba Su pueblo en Egipto. Dios había oído el grito de angustia de Israel suplicando auxilio por causa de la opresión a que estaban sometidos. Dios conocía el sufrimiento de Su pueblo. Por otro lado, el tiempo propicio para liberarlos ya había llegado. Dios usaría a Moisés como Su instrumento de liberación, para con mano fuerte y poderosa sacar a Israel de la esclavitud.

*Respuestas: 1-c, 2-b, 3-c, 4-a, 5-c, 6-b, 7-a.*

**Moisés en el monte Horeb (Ex. 3:1-10)**

En el monte Horeb, o Sinaí, Dios se reveló a Moisés por medio de una llama de fuego en un zarzal. La zarza ardía, pero el fuego no la consumía. Dios se identificó como el Dios de los padres, el Dios de Abraham, de Isaac y de Jacob. Esta identificación era de suma importancia para Moisés y para el pueblo de Israel. El Dios que se reveló en el monte Sinaí era el mismo Dios de los patriar-

*Respuestas: 1-d, 2-e, 3-g,f,c,a, 4-b.*

Nuestras vidas están llenas de zarzales ardiendo. Todo lo que necesitamos es sensibilidad para verlos.

Un amigo en necesidad

Una vacante en un comité

Un servicio que la comunidad necesita

Una discusión en el auto

Un problema en el trabajo

Un vecino enfermo

cas, el mismo que había hecho la promesa a Abraham y a su descendencia de darles la tierra de Canaán como una herencia perpetua.

El llamamiento que recibió Moisés ocurrió en un día ordinario de trabajo, mientras cumplía sus actividades rutinarias pastoreando las ovejas de su suegro. Es maravilloso pensar que Dios a menudo nos habla en las experiencias rutinarias de la vida, y a través de ellas. Dios llamó a Moisés para enviarlo a que sacara al pueblo de Israel de Egipto.

▶ **¿Alguna vez ha escuchado usted a Dios hablándole mediante las experiencias rutinarias de su vida? Alístese para compartir con el grupo alguna experiencia personal en la sesión de esta semana. Puede escribir en las líneas que siguen cualquier anotación sobre lo que le gustaría decir.**

_____

_____

_____

▶ **Lea Exodo 3:1-5**

Dios llamó a Moisés desde el fuego de la zarza. Cuando Moisés se iba a acercar, Dios le dijo que se quitara las sandalias porque estaba en tierra santa. La tierra era santa debido a que Dios estaba allí. Cada vez que estamos en la presencia de Dios, estamos en tierra santa. Mediante la acción de quitarse las sandalias Moisés mostraba reverencia ante la presencia divina.

**RESPONDA A LA PALABRA DE DIOS**

* ¿Estaría usted de acuerdo con la afirmación de que Dios tiene no solamente un propósito, sino también el tiempo apropiado para la realización de ese propósito? ¿Piensa usted que Dios tiene Sus propios métodos designados claramente para el cumplimiento de esos propósitos?

* ¿Alguna vez usted ha tratado de servir a Dios y no ha visto los resultados que esperaba? ¿Se ha sentido entonces listo a abandonar la idea de servir a Dios en esa manera? Pídale a Dios que le muestre el ministerio en el cual El quiere que usted le sirva, y pídale también la sabiduría necesaria para saber cuándo y cómo empezar. El le dará la dirección y la fortaleza necesarias.

# DIA 3

## El Llamamiento y las Excusas de Moisés
### (Ex. 3:6—9:35)

*Cuando ponemos nuestra vida en las manos de Dios tenemos la misma protección, dirección y cuidado que tuvieron Abraham, Isaac, Jacob y Moisés. Adoramos al mismo Dios. El es fiel hoy, tanto como lo fue entonces.*

Dios llamó a Moisés para enviarlo a Egipto con un mensaje de liberación. Moisés sería el instrumento humano para la liberación de Israel de la esclavitud en que se encontraba.

Al escuchar el llamamiento divino, y considerando la perspectiva de representar a Dios ante el rey de Egipto, Moisés vaciló entre la obediencia y el temor. Cuando quiso tomar el asunto en sus manos, estaba listo para matar si era necesario con tal de ayudar a su gente. Luego, cuando Dios quiso enviarlo, y le prometió éxito, Moisés no quería. Temiendo la gran responsabilidad que tenía que llevar a cabo, y para no responder al llamamiento de Dios, Moisés presentó cinco objeciones o excusas por las cuales él pensó que no debía regresar a Egipto. Como usted podrá comprobar, las excusas suenan como si fueran dichas hoy.

---

**Las Excusas de Moisés**

1. Yo no sirvo para eso.
2. No sé mucho acerca de Dios.
3. Nadie me va a creer.
4. Yo no sirvo para hablar en público.
5. Mejor búscate otro.

---

*Primera excusa: Yo no sirvo para eso (3:11-12).* La primera excusa que presentó Moisés fue que él no servía para tan grande obra. A decir verdad, ya había tratado una vez, y había fracasado. Además, en Egipto había precio sobre su cabeza.

▶ **¿Alguna vez se ha visto usted dando razones para no servir a Dios en cierta manera específica? Algunas razones son válidas; otras son simplemente excusas. Las respuestas que Dios dio a Moisés demostraron que las excusas no eran razones genuinas. ¿Qué indican las respuestas divinas acerca de las razones que usted ha presentado para no servir a Dios en ocasiones específicas?**

Dios respondió a cada objeción de Moisés. Por un lado, Dios prometió estar con él. Cuando Moisés dijo que no servía para la tarea, Dios le dijo: "Vé, porque yo estaré contigo;" (3:12). La respuesta a la insuficiencia que Moisés sentía era la presencia del mismo Dios con él. Adicionalmente, Dios le dio una señal para confirmar su misión.

▶ **En Exodo 3:12 Dios le prometió a Moisés darle una señal que confirmaría el llamamiento que le daba.**

¿Cuál era la señal que Moisés recibiría?

_____

_____

¿Cuándo recibiría Moisés esa señal?

_____

_____

_____

▶ **¿Alguna vez se ha sentido usted inseguro acerca de lo que Dios quiere que usted haga? En tales momentos, ¿actuó usted según consideraba mejor actuar para cumplir la voluntad de Dios? Después de haber obedecido, ¿vio confirmada su decisión o se vio reprendido por su temeridad? Prepárese para discutir esta cuestión en la sesión semanal del grupo.**

Observe que Moisés no recibió la señal sino *después* de haber obedecido. Tres meses después de que el pueblo hubo salido de Egipto llegaron al monte Horeb. Fue entonces allí que Moisés *supo* que en realidad fue Dios quien le había llamado. Con frecuencia resulta que no podemos estar completamente seguros de la voluntad de Dios sino hasta después de que hemos obedecido, y hecho lo que Dios quería que hiciéramos. Dios espera y quiere que actuemos y le obedezcamos por fe.

***Segunda excusa: No sé mucho acerca de Dios (3:13-23).*** La segunda excusa que Moisés presentó fue que él no sabía mucho acerca de Dios. Dijo que desconocía el nombre del Dios de Israel. En tiempos del Antiguo Testamento el nombre de una persona era una indicación del carácter de esa persona. Moisés quiso excusarse aduciendo que no sabía mucho acerca de Dios.

Dios respondió a esta objeción mediante una de las más profundas declaraciones en cuanto a Su carácter. Dios le dijo: "YO SOY EL QUE SOY" (3:14). También le ordenó a Moisés que dijera al pueblo que YO SOY le había enviado. Nótese que Dios no responde con un sustantivo o nombre propio, sino con un verbo, indicando actividad continua. Dios estaba diciéndole a Moisés que así como El había sido fiel en el pasado, así lo sería también en el futuro. La respuesta de Dios a la objeción de Moisés era una promesa de la presencia divina continua. Moisés podía depender en Dios.

▶ **Piense en algunas cosas que usted sabe que Dios ha hecho para guiarle, protegerle o bendecirle, sea a usted mismo o a otras personas que usted conoce. Anótelas a continuación.**

_____

_____

_____

**Observando la lista que usted acaba de hacer, ¿qué piensa usted que Dios puede hacer por usted en el futuro?**

_____

_____

*¿Qué tal si hacemos lo mejor que podemos, y sin embargo, la gente todavía se rehúsa a creer y a seguir?*

***Tercera excusa: Nadie me va a creer (4:1-9).*** La tercera excusa de Moisés fue que el pueblo no iba a creer en sus palabras. Otra vez, y en verdad, Moisés hasta tenía razón en pensar que nadie iba a creerle. Ya antes intentó intervenir a favor de la gente, y la gente no le creyó. ¿Por qué razón iba a creerle ahora? Para afirmar la fe de Moisés y responder a su objeción, Dios le dio tres señales visibles.

▶ **Lea Exodo 4:2-9 y luego anote las tres señales que Dios le dio a Moisés para confirmar que era El quien le enviaba.**

1. _____

2. _____

3. _____

Dios no siempre nos da señales automáticamente. Dios quiere que avancemos por fe. Las señales que le dio a Moisés servirían como evidencia de que el Dios de Abraham, el Dios de Isaac y el Dios de Jacob, en realidad se le había aparecido. Cada señal tenía el objetivo de convencer a los israelitas que la palabra que Moisés traía procedía verdaderamente de Dios. Sin embargo, el pueblo de Israel tendría que creer igualmente cómo Moisés, por fe; y obedecer también por fe.

**RESPONDA A LA PALABRA DE DIOS**

* Medite por unos momentos en algo a lo cual usted siente que Dios le está guiando para hacer. Si usted ha estado buscando excusas, examine la validez de ellas. ¿Está usted dispuesto a obedecer a Dios por fe? Dígaselo en oración. Dígale que las respuestas que El dio a Moisés también se aplican a su propia vida en muchos sentidos. Escriba a continuación lo que usted piensa hacer al respecto en las siguientes dos semanas:

_____

_____

_____

# DIA 4    Las Excusas de Moisés y las Plagas (Ex. 4:10—12:51)

En el estudio de ayer usted consideró tres de las cinco excusas que Moisés presentó cuando Dios le llamó. Hoy usted estudiará las dos excusas restantes, y también la manera en que Dios actuó a través de Moisés para libertar al pueblo de Israel.

**Las Excusas de Moisés, continuación (Ex. 4:10-20)**

**¡EXCUSAS! ¡EXCUSAS!**

1. _____

_____

2. _____

_____

3. _____

_____

4. _____

_____

5. _____

_____

▶ **Como repaso, anote en la tabla del margen izquierdo las excusas de Moisés que ya hemos estudiado. Anote las otras dos según avanza en el estudio del hoy.**

*Cuarta excusa: Yo no sirvo para hablar en público (4:10-12).* Moisés persiste en encontrar pretextos para no obedecer a Dios. La siguiente excusa que indicó fue que no servía para hablar en público. No se sabe cuál era el problema que tenía en el habla. Posiblemente lo que quería decir es que no era elocuente, y que sería incapaz de expresarse bien ante el faraón.

La respuesta del Señor es decisiva, y debería haber sido suficiente para convencerlo: "Ahora pues, vé, y yo estaré con tu boca, y te enseñaré lo que hayas de hablar" (4:12).

Dios concede a las personas las habilidades necesarias para el servicio que les pide rendir. No todos sirven para predicar con elocuencia, ni todos tienen el pensamiento teológico que tenía el apóstol Pablo. Lo que esto quiere decir es que debemos servir a Dios con lo que El nos ha dado. Pero Moisés todavía pensaba que su misión era imposible.

▶ **¿Puede usted mencionar la evidencia que ha encontrado, en su propia vida o en otros, de que Dios equipa a cada persona para el servicio que El espera de esa persona?**

_____

_____

_____

**Prepárese para conversar sobre esta cuestión en la reunión del grupo.**

*Quinta excusa: Mejor búscate otro (4:13-17).* La quinta excusa de Moisés revela el verdadero motivo de su resistencia: Moisés en realidad no quería ir. Moisés pidió a Dios que enviara a otra persona. Entonces el Señor le dijo que Aarón iría con él para ayudarle. Aarón sería su portavoz ante el faraón.

Finalmente, después de que Dios dio respuesta a todas sus objeciones, Moisés decidió obedecer. Después de su encuentro con Dios en el monte, Moisés se preparó para regresar a Egipto. Dios le indicó que los que querían matarlo ya habían muerto. Así Moisés podría ir, confiado en que Dios cuidaría de él.

**Busque la concordancia entre las excusas y las respuestas.**

_____ 1. Yo no sirvo para eso       a. Te enseñaré a hablar.
_____ 2. No sé mucho acerca de Dios   b. Yo estaré contigo.
_____ 3. Nadie me va a creer         c. Aarón irá contigo.
_____ 4. No sirvo para hablar        d. Puedes depender en mí.
_____ 5. Mejor búscate otro          e. Tres señales.

### Las Plagas (Ex. 6—12)

Moisés y Aarón fueron a ver al faraón como representantes del Dios de Israel y presentaron al gobernante las demandas de Dios. Jehová, el Dios de Israel deseaba que Su pueblo fuera al desierto, una caminata de tres días, para celebrarle una fiesta y ofrecer sacrificios en Su nombre (5:3). La respuesta de faraón fue sencillamente intransigente. Solamente un poder superior al del opresor puede romper las cadenas de la opresión. La confrontación entre Moisés y faraón era en realidad una confrontación entre el Dios de Israel y los dioses de Egipto.

***Faraón endureció su corazón (Ex. 6:26—7:5).*** En algunos pasajes se dice que Dios endureció el corazón del faraón, mientras que en otros se indica que el mismo faraón endureció su corazón. La expresión que dice que Dios endureció el corazón del faraón debe ser entendida en relación a los eventos del éxodo. Faraón endureció su corazón porque no quiso permitir que el pueblo saliera de Egipto. Las plagas revelaron la verdadera disposición del corazón de faraón y lo llevaron a ser más opresivo. El endurecimiento del corazón de faraón fue una confirmación de su obstinada decisión de no oír la voz de Dios.

Es después de la sexta plaga que encontramos una declaración específica de que Dios endureció el corazón del faraón (9:12). Esto quiere decir que Dios sencillamente dejó que el faraón obedeciera los dictados de su propio criterio. Para el faraón el Dios de Israel era simplemente otro dios entre una multitud de dioses. El tenía sus propios dioses, y no tenía ninguna intención de someterse a un dios ajeno, mucho menos al Dios de los esclavos. Además, el mismo faraón era considerado un dios por parte de los egipcios. Desconociendo, por tanto, al Dios de Israel, el faraón simplemente optó por rechazar las demandas que se pretendía imponerle. Faraón hizo sus propias decisiones, y con eso acarreó el desastre sobre su pueblo.

▶ **Escriba en sus propias palabras cómo explicaría usted la afirmación de que Dios endureció el corazón del faraón. Alístese para compartir con el grupo su opinión.**

_____

_____

_____

**La Naturaleza de las Plagas.** Las plagas fueron eventos reales que el Señor usó para convencer al faraón de que dejara al pueblo salir de Egipto. Algunas de las plagas tuvieron un elemento natural y un elemento sobrenatural. Por ejemplo, en la plaga de las langostas, los piojos, las moscas o la muerte del ganado puede verse el elemento de la naturaleza. Pero a la vez tenían un elemento sobrenatural, que indicaba sin duda alguna que eran una manifestación poderosa de la mano de Dios.

*1-b. 2-d, 3-e, 4-a, 5-c.*

**Factores que Declaran el Carácter Sobrenatural de las Plagas**

* El tiempo en que sucedieron
* La intensidad con que sucedieron
* El conocimiento anticipado que Moisés tuvo de ellas
* El hecho de que los hebreos fueron librados de ellas.

**RESPONDA A LA PALABRA DE DIOS**

* ¿Conoce usted a alguna persona, tal vez familiar o amigo, que parece estar endureciendo su corazón contra Dios? Escriba las iniciales de su nombre en las líneas que siguen, y comprométase a orar por esa persona todos los días la próxima semana. Ofrézcase usted mismo a Dios como instrumento que El pudiera usar para tocar esas vidas.

_____

_____

_____

# *DIA 5*  Las Plagas y la Salida de Egipto
# *(Ex. 14:5-22)*

### El Propósito de las Plagas

Las plagas fueron obra de Dios y tuvieron un propósito doble. Primero, fueron para demostrar a los egipcios que el Dios de Israel, Jehová, es Dios soberano; y segundo, libertar al pueblo de Israel de la cruel opresión egipcia. En este estudio usted podrá ver cómo las plagas consiguieron ese propósito doble.

***Jehová el Señor es Dios.*** Cada plaga fue un golpe muy duro contra la religión y los dioses de Egipto. Ya indicamos que la confrontación no fue solamente entre Moisés y el faraón. Fue una lucha entre el Dios de Israel y los dioses de los egipcios.

*Para los egipcios:*
* El faraón era un dios.
* El río Nilo era también un dios, y hacía posible la vida.
* El sol era considerado otro dios.
* Los animales tenían también significación religiosa.

La narración de las plagas describe el juicio que Dios trajo sobre los egipcios. Las plagas fueron demostraciones del poder del Dios de Israel, para hacer ver a los egipcios que el Dios de los hebreos era más poderoso que sus propios dioses, y que tenía poder para liberar a Su pueblo de sus manos. Las plagas fueron evidencias de la soberanía de Jehová, incluso sobre aquellos a quienes los egipcios consideraban dioses.

▶ **Trace una línea desde la plaga hasta la creencia religiosa egipcia que fue desacreditada por esa plaga. Las respuestas se hallan también al pie de la página.**

| | |
|---|---|
| 1. Faraón era dios | A. Sangre |
| | B. Ranas |
| 2. El Nilo era dios y | C. Piojos |
| hacía posible la vida | D. Moscas |
| | E. Muerte del ganado |
| 3. El sol era un dios | F. Ulceras |
| | G. Granizo |
| 4. Los animales tenían | H. Langostas |
| significado religioso | I. Obscuridad |
| | J. Muerte del primogénito |

Cuando Moisés y Aarón entraron por primera vez a hablar con el faraón, la actitud del rey fue despótica e intransigente. El resultado fue que la opresión creció (5:1-10). Después de la muerte de los primogénitos, el faraón llamó a Moisés y a Aarón y ordenó al pueblo de Israel que saliera de Egipto. Los egipcios apuraban a los israelitas que se fueran, porque pensaban que todos iban a morir (12:31-33).

### La Salida de Egipto

*La Ruta del Exodo.* Al salir de Egipto, el pueblo de Israel se fue hacia el desierto, camino del monte Sinaí, el monte donde Dios había aparecido a Moisés. La narración bíblica no presenta el detalle completo de la ruta que siguió el pueblo al salir de Egipto. Sin embargo, podemos notar que Dios no los guió por el camino más corto y directo a la tierra de Canaán, el cual les hubiera tomado apenas unos diez días de viaje. La Biblia dice que la razón fue que ese camino pasaba por el territorio de los filisteos (13:17), y Dios quería evitar el peligro de que tuvieran que librar una guerra demasiado pronto.

Golfo de Suez

*Respuestas: 1-Cualquiera, o todas, puesto que en conjunto todas las plagas le llevaron a obedecer a Dios y a libertar a los Israelitas; 2-A; 3-I; 4-B,C,D,E.*

▶ **Lea Exodo 14:5-22 y trate de ubicar en el mapa los lugares que se mencionan.**

Al salir de la tierra de Gosén, el pueblo de Israel marchó hacia el sur, y luego hacia el este. No sabemos la ubicación exacta de algunos lugares que se mencionan. Luego Dios mandó a Moisés a que estableciera el campamento junto al mar. Mientras tanto, el faraón se arrepintió de haber dejado salir a sus esclavos, y decidió perseguirlos para obligarlos a volver.

Dios habló a Moisés y mandó al pueblo a marchar en dirección al mar. Por obra de Dios un fuerte viento del desierto sopló toda la noche y dividió las aguas, y así los israelitas pasaron el mar por tierra seca. Cuando los egipcios entraron en el mar, en persecución, Dios ordenó a Moisés que extendiera su mano y las aguas regresaron a su lugar, cubriendo el ejército del faraón, sus carros de guerra y sus caballos.

La victoria de Israel al cruzar el mar fue un evento histórico que causó gran júbilo entre el pueblo y transformó profundamente su relación con Jehová. La destrucción del ejército del faraón confirmó que Jehová era realmente Dios fuerte y poderoso, y que había libertado a Su pueblo de la esclavitud de Egipto.

**La Fecha del Exodo**

Es imposible fijar con exactitud la fecha del éxodo. Sin embargo, basándose en los datos bíblicos disponibles, los eruditos han propuesto por lo menos dos ideas en cuanto a tal fecha.

1. Algunos piensan que el éxodo ocurrió alrededor de 1450 A.C. Usando 1 Reyes 6:1 como base, añaden 480 años a la fecha del reinado de Salomón (alrededor de 970 A.C.), y eso da como resultado la fecha de 1450 A.C. Si esto es así, entonces el faraón que ordenó la muerte de los niños hebreos fue Tutmosis III y el faraón del éxodo fue Amenofis II.

2. Otros eruditos usan Exodo 1:11 como base, y piensan que el nuevo rey que no conocía a José fue Seti I, y que Ramesés II fue el faraón del éxodo. Esta opinión es la más ampliamente aceptada. Por un lado Exodo 1:11 explícitamente declara que los hebreos trabajaron en la construcción de Pitón y Ramesés. Según la evidencia arqueológica, estas ciudades fueron construídas por Ramesés II. Esto coloca, entonces, al éxodo alrededor de 1200 A.C. Asimismo la evidencia arqueológica con respecto a la conquista de Canaán respalda esta opinión.

Nos gustaría en realidad saber todos estos detalles con exactitud. Pero la verdad es que no los tenemos. Lo que tenemos en el relato bíblico es exactamente lo que Dios consideró importante que supiéramos, y que es crucial para la revelación de Sí mismo. Por consiguiente, en el relato de la salida de Israel de Egipto tenemos toda la información que Dios quiso que supiéramos, de modo de que aprendamos la lección de que sólo El es Dios, y no hay ningún otro fuera de El.

▶ **Para repasar el estudio de esta semana, procure contestar mentalmente las siguientes preguntas. Tal vez usted querrá escribir sus respuestas en una hoja de papel aparte. Marque su nivel de aprovechamiento trazando un círculo alrededor de la "C" si puede contestar correctamente, o alrededor de la "R" si necesita repasar el material.**

C    R    **1.** ¿Cuál es el propósito del libro de Exodo?

C    R    **2.** ¿Qué ocurría con los hebreos cuando Moisés nació?

C    R    **3.** ¿Por qué huyó Moisés de Egipto?

C   R   **4.** ¿En qué trabajaba Moisés cuando Dios lo llamó?

C   R   **5.** ¿A quién envió Dios para que ayudara a Moisés?

C   R   **6.** ¿Por qué envió Dios las plagas sobre Egipto?

C   R   **7.** ¿Cómo fueron finalmente libertados los israelitas de la esclavitud de Egipto?

**RESPONDA A LA PALABRA DE DIOS**

\* **En su opinión, ¿por qué será que algunas veces la Biblia no registra la información que en nuestra curiosidad quisiéramos saber?**

_____

_____

_____

\* **¿Cuál debería ser nuestro propósito básico al estudiar un pasaje de la Biblia?**

_____

_____

# DIOS Y SU LEY (Exodo 19—Números)

En esta unidad usted estudiará varios eventos importantes en la vida del pueblo de Israel, que también son de mucha significación para el pueblo cristiano. Estudiaremos el pacto, la promulgación de la ley, el tabernáculo, algunas de las instrucciones en cuanto a la adoración, y las experiencias en el peregrinaje por el desierto.

Esta unidad empieza en el capítulo 19 del libro de Exodo, y cubre también Levítico y Números.

*Levítico* registra los principios básicos en cuanto a la manera de acercarse a Dios, y cómo vivir vidas santas. Estos principios son tan válidos hoy como lo fueron en tiempo de Israel.

*Números* empieza con el pueblo acampado al pie del monte Sinaí, y relata la historia del peregrinaje por el desierto, mientras Dios lo preparaba para el futuro.

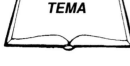

**Exodo:**
I. La liberación de la esclavitud en Egipto (Ex. 1:1—19:2)
II. El establecimiento del pacto (Ex. 19:3—24;18)
III. Dios da instrucciones acerca del tabernáculo (Ex. 25:1—31:18)
IV. El rompimiento y el restablecimiento del pacto (Ex. 32:1—34:35)
V. Moisés da instrucciones acerca del tabernáculo (Ex. 35:1—40:38)

**Levítico:**
I. Pautas para el ofrecimiento de sacrificios (Lv. 1—7)
II. El establecimiento del sacerdocio (Lv. 8—10)
III. Leyes acerca de la pureza o impureza ritual (Lv. 11—15)
IV. El día de la expiación (Lv. 16)
V. Leyes acerca de la santidad (Lv. 17—27)

**Números:**
I. Preparación para salir del Sinaí (Nm. 1:1—10:10)
II. Desde Sinaí a Moab (Nm. 10:11—22:1)
III. Las profecías de Balaam (Nm. 22:2—25:18)
IV. Instrucciones y preparación para entrar a la tierra prometida
   (Nm. 26:1—36:13)

*Observe con especial atención las siguientes palabras:*

*Sacerdote/sacerdocio*—Estas palabras describen un privilegio y una responsabilidad, más que un oficio o posición. Es una relación dinámica establecida en forma única entre Dios y Su pueblo. En tal relación, servir como sacerdote es servir como el conducto mediante el cual el uno es llevado hasta el otro.

# *DIA 1* El Pacto

*Exodo 19:3 es la señal que Dios le prometió a Moisés en Exodo 3:12.*

*Cuando seguimos a Dios con fe, siempre llegará el día en que podemos mirar hacia atrás y verificar que hicimos bien al obedecer.*

**Pacto:**
   Contrato . . .
   Compromiso . . .
   O relación . . .

**Dios Establece Su Pacto con el Pueblo**

Después de haber libertado a Israel de las manos opresoras de faraón, y haberlo sacado de Egipto, Dios condujo al pueblo hasta el monte Sinaí. Allí Dios estableció Su pacto con el pueblo.

El capítulo 19 de Exodo registra ese evento, que es uno de los episodios centrales en Exodo.

▶ **Complete esta prueba preliminar, a fin de notar cuánto sabe usted ya acerca de este evento tan importante. Verifique las respuestas correctas al estudiar el material que viene luego.**

1. En los vv. 4-6 el que habla es _____ .

2. El acto más grande de Dios que los israelitas habían presenciado era

   _____ .

3. Dos condiciones que Dios exigió de los israelitas eran:

   A. _____  _____

   B. _____

4. Si los israelitas cumplían esas dos condiciones, Dios dijo que ellos serían llamados las siguientes tres cosas:

   A. _____

   B. _____

   C. _____

*La Naturaleza del Pacto.* Algunas personas definen el término *pacto* como un contrato, o como una obligación. Otros prefieren pensar del pacto como un compromiso que adquieren las partes. En el Antiguo Testamento se habla del pacto como una *relación*.

La palabra *pacto* o *alianza* significa un convenio u obligación entre dos partes o personas que se comprometen mutuamente a respetar las demandas que se establecen. En el Antiguo Testamento el pacto se refiere a la relación única que, por Su gracia y Su amor, Dios estableció con Israel para beneficio y bendición del pueblo.

El pacto fue un elemento básico en la fe israelita. Dios había escogido a Israel de entre todas la naciones de la tierra para hacer Su obra. Israel aceptó por su propia y libre voluntad las demandas del pacto, y se comprometió a ser fiel a todas ellas. Dios sería para Israel su único Dios e Israel sería Su pueblo.

*Los Elementos del Pacto.* El pacto establecido en el monte Sinaí tenía tres elementos esenciales:

**Pacto:** se basaba en lo que Dios ya ha hecho.

**PRIMERO,** la base histórica del pacto fue la redención de Israel de la esclavitud de Egipto por el poder de Jehová: "Vosotros visteis lo que hice a los egipcios, y cómo os tomé sobre alas de águilas, y os he traído a mí" (Ex. 19:4). La elección de Israel, su liberación de Egipto y su viaje por el desierto fue parte del propósito de Jehová para el pueblo.

**Pacto:** exigía dos requisitos o condiciones.

**SEGUNDO,** en Su pacto con Israel Dios impuso dos demandas muy importantes. En primer lugar, Dios exigía verdadera obediencia. En segundo lugar, Israel tenía que guardar el pacto. El pacto entre Israel y Jehová era una manera de vivir. Era el vínculo que unía a Dios e Israel en una relación personal, y controlaba y mantenía dicha relación.

**Pacto:** prometía tres bendiciones

**TERCERO,** la obediencia de parte de Israel a las demandas del pacto resultaría en tres promesas: sería un "especial tesoro" de Jehová sobre todos los pueblos, serían para Dios "un reino de sacerdotes," y "gente santa" (Ex. 19:5-6).

A. *Especial tesoro.* La expresión del vocablo hebreo significa un tesoro de mucho valor para su dueño. Dios prometió que Israel sería una comunidad que pertenece a Jehová, de una manera distinta a las demás naciones. Significaba que sería un pueblo cuya vocación era vivir una vida dedicada a hacer la voluntad de Dios.

B. *Reino de sacerdotes.* La segunda promesa que Dios le dio a Israel es que lo haría un reino de sacerdotes. El sacerdocio va mucho más allá del privilegio de entrar a la presencia de Dios en oración. La función del sacerdote era representar a Dios ante la gente, y representar a cada persona en la presencia de Dios. Israel sería el representante de todas las naciones delante del trono de la gracia, tanto como tendría la enorme responsabilidad de representar a Dios ante las demás naciones.

C. *Gente santa.* Dios prometió hacer de Israel gente santa. La palabra *gente* se traduce también *nación.* Ser santo significaba haber sido separado o apartado para un servicio específico. Israel fue separado del mundo, y enviado al mundo para enseñar a las demás naciones la revelación que había recibido de Dios.

Dios llamó al pueblo a la obediencia y a la fe. Cuando Moisés presentó al pueblo las demandas del pacto, ellos respondieron: "Todo lo que Jehová ha dicho, haremos" (19:8). Tristemente, muy pronto se olvidaron de lo que se habían comprometido a hacer. El pacto fue roto por Israel. Muy pronto desobedecieron a Dios.

▶ **Marque la mejor respuesta en las siguientes afirmaciones. Las respuetas se hallan también al margen de la página siguiente.**

1. Dios estableció Su pacto con Israel
❏ a. por Su gracia y por Su amor.
❏ b. porque estaba disgustado con Egipto.
❏ c. porque Israel se lo merecía.

2. La base histórica del pacto que Dios estableció era
❑ a. la promesa que le hizo a Abraham.
❑ b. las necesidades del pueblo de Israel.
❑ c. los actos de Dios en la historia.

3. Las dos condiciones que Dios exigió de los israelitas eran
❑ a. que siguieran fielmente a Moisés.
❑ b. que obedecieran a la voz de Dios.
❑ c. que ofrecieran sacrificios y holocaustos.
❑ d. que observaran la pascua todos los años.
❑ e. que guardaran el pacto de Dios.

4. Lea Exodo 19:5-6 y también 1 Pedro 2:9. Marque las expresiones que se usan para el pueblo de Dios en ambas porciones de las Escrituras.
❑ a. Reino de sacerdotes.
❑ b. Tesoro especial.
❑ c. Nación santa.

---

**RESPONDA A LA PALABRA DE DIOS**

* Medite por unos momentos en lo que significa ser "especial tesoro" de Dios.

* En oración renueve su compromiso de obedecer a Dios y de vivir como alguien que ha hecho un pacto con El.

---

*Respuestas. 1-a; 2-c; 3-b y e; 4-todas.*

# $\mathcal{DIA}$ 2    Los Diez Mandamientos

### Los Diez Mandamientos

Los diez mandamientos son centrales tanto para el judaísmo como para el cristianismo. Aun cuando hay diferencias menores en cuanto a interpretación y división de los mandamientos, tanto el judaísmo como el cristianismo consideran que contienen requisitos éticos elevados que toda persona debe obedecer. Es por esta razón que empezamos aquí el estudio de los diez mandamientos, y dedicaremos dos días más para su consideración.

La tempestad, los truenos, relámpagos y la nube espesa que cubría la cumbre del monte Sinaí, indicaban la presencia de Dios. La grandeza y la majestad de Dios se manifestaban por medio de estos fenómenos. Dios dio órdenes específicas de que nadie debía traspasar los límites fijados. Dios habló con Moisés, y le dio los diez mandamientos. Luego Moisés se los explicó al pueblo.

▶ **Lea Exodo 20:1-17. Estudie el pasaje, y decida cuáles mandamientos**

**tienen que ver primordialmente con nuestra relación con Dios, y cuáles tienen que ver principalmente con nuestra relación con otras personas.**

En primer lugar, el gran Rey se identificó a Sí mismo: "Yo soy Jehová tu Dios" (Ex. 20:2). Luego indicó los actos de benevolencia que el gran Rey había hecho para con su pueblo. Jehová dijo: "*Yo* te saqué de la tierra de Egipto, de casa de servidumbre" (v. 2). Luego siguieron las órdenes que Dios dictaba, y que Israel, al aceptar el pacto, se comprometía a obedecer. Hay dos tipos de condiciones. El primer grupo tiene que ver principalmente con la relación del pueblo hacia el gran Rey. Estos son los primeros cuatro mandamientos (vv. 3-11). El segundo grupo tiene que ver mayormente con las relaciones entre los miembros de la comunidad. Son varias leyes designadas para mantener la paz y la armonía en la comunidad. Estos son los mandamientos desde el cinco hasta el décimo (vv. 12-17).

Por consiguiente, los diez mandamientos no son simplemente reglas que aseguran la correcta relación entre los seres humanos. Pueden proveer esa buena calidad de relación entre los seres humanos debido a que Dios es un participante esencial en tal relación.

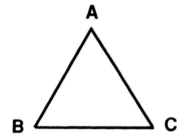

▸ **En el diagrama del margen izquierdo, A representa a Dios; B y C representan a dos personas. ¿Qué ocurre a medida que las dos personas se acercan más a Dios? Escríbalo en las líneas a continuación.**

_____

_____

_____

**La manera en que una persona se relaciona con otra depende de su propia relación con Dios. Para acercarnos a otros, es preciso que primero nos acerquemos a Dios.**

Otra manera de considerar los diez mandamientos es colocarlos en parejas. Desde luego, ninguna clasificación logrará satisfacer a todas las personas. Sin embargo, la siguiente ordenación resulta útil en varios sentidos.

1. Dios (v. 3 y vv. 4-6)
2. Religión y el día de reposo (v. 7 y vv. 8-11)
3. Familia (v. 12 y v. 14)
4. Relación entre seres humanos (v. 13 y v. 15)
5. Vida social (v. 16 y v. 17).

▸ **Lea los versículos en el orden indicado, en parejas, y luego piense por qué se clasificó a cada uno en cada categoría. Anote sus observaciones en las líneas a continuación, y tenga sus ideas listas para presentarlas en la sesión semanal del grupo.**

1. _____

2. _____

3. _____

4. _____

**"No tener dioses ajenos" incluye:**

DINERO

NEGOCIO

FAMILIA

AGILIDAD FISICA

POSESIONES

PODER          SEXO

ACTIVIDAD RELIGIOSA

Placer

**Celoso:** La palabra hebrea significa tener un deseo intenso de algo.

5. _____

**Los diez mandamientos y su significado para hoy (Ex. 20:1-17)**

Los diez mandamientos no fueron pautas únicamente para la vida de Israel, en el tiempo antiguo. Son pautas válidas también para la gente de la actualidad. Para poder obedecerlos, sin embargo, debemos hallar lo que esos mandamientos verdaderamente significan para las personas de hoy.

***Primer Mandamiento: Ningún otro Dios (20:3).*** "*No tendrás dioses ajenos delante de mí.*" El primer mandamiento establece que no hay otro Dios sino Jehová. Israel debía adorar y dar toda su devoción tributada exclusivamente al Señor Jehová Dios. Ningún otro Dios existe. Los israelitas debían adorar y obedecer únicamente a Jehová Dios. A nosotros nos toca hacer lo mismo.

**A. ¿Qué otras religiones siguen las personas en su vecindario o ciudad?**

_____

**B. ¿Adoran otros dioses las personas que usted conoce? Considere los dioses indicados en el margen.**

_____

**C. ¿Cómo debe usted tratar a las personas que adoran otros dioses?**

_____

**Prepárese para presentar sus respuestas en la sesión semanal del grupo.**

***Segundo Mandamiento: No hacer ni adorar imágenes (20:4-6).*** El segundo mandamiento prohibe hacer imágenes. Esta prohibición se debe a la inclinación humana hacia la idolatría, es decir, la adoración de las imágenes. Dios no puede ser representado por obra alguna del ser humano. Dios es Espíritu. Nótese que la prohibición es doble: no se debe hacer imágenes, y no se debe adorarlas. Esto significa que hacer imágenes de otros dioses también está prohibido.

***Tercer Mandamiento: Reverenciar el nombre de Dios (20:7).*** El tercer mandamiento prohibe el uso del nombre de Jehová en vano. Este mandamiento prohibe mucho más que el uso del nombre de Dios en forma blasfema o con lenguaje soez. Prohibe también el usar el nombre del Señor a la ligera, sin tomar en cuenta Su carácter santo.

En el Antiguo Testamento el nombre indicaba el carácter del individuo. Tomar el nombre de Dios en vano significa, entonces, difamar Su carácter, atribuirle cosas o acciones que no son apropiadas a Su santidad, sabiduría y pureza.

▸ **¿Está usted de acuerdo con la idea de que se toma el nombre de Dios en vano cuando se le atribuye obras o cosas que no están de acuerdo con Su carácter Santo? ¿Puede mencionar algunas cosas o acciones por las cuales usted, consciente o inconscientemente, pudiera haber estado tomando el nombre de Dios en vano?**

_____

"El primer día de la semana, reunidos los discípulos para partir el pan."
Hechos 20:7

"Cada primer día de la semana cada uno de vosotros ponga aparte algo, según haya prosperado."
1 Corintios 16:2

**Cuarto Mandamiento: Guardar el día de reposo (20:8-11).** El cuarto mandamiento ordena que se observe el día de reposo en una manera especial. El mandamiento ordena que en ese día se descanse del trabajo diario. Para los judíos el día de reposo empezaba a la puesta del sol del día viernes, y se extendía hasta la puesta del sol del día sábado. El versículo 11 indica que Dios descansó de Su obra de creación, y que los israelitas debían recordar esto. Los cristianos no guardan el sábado judío, sino que celebran la resurrección de Cristo en el primer día de la semana.

La Biblia no indica específicamente cómo se debe guardar el día de reposo, aparte del mandamiento claro y directo a descansar del trabajo diario. Jesús adoraba en el día de reposo, tanto como ministraba a las personas en necesidad. Esto indica que el día de reposo debe ser un día en que honramos al Señor, y ministramos en Su nombre al mundo.

---

**RESPONDA A LA PALABRA DE DIOS**

* **No todos los cristianos concuerdan en cuanto a la manera en que se debe guardar el día de reposo. Haga una lista de las maneras en que usted piensa que los cristianos podrían observar el día de reposo de modo de agradar a Dios y darle honor.**

1. _____

2. _____

3. _____

4. _____

5. _____

* **Tenga sus ideas listas para presentarlas en la sesión semanal del grupo.**

# *DIA 3* Los Diez Mandamientos (continuación)

▶ **Escriba una palabra o frase corta que indique cada uno de los primeros cuatro mandamientos. Mire la lección del día de ayer si necesita ayuda.**

1. _____

2. _____

3. _____

4. _____

*Quinto Mandamiento: Honrar a los padres (20:12).* El quinto mandamiento sirve como una especie de puente entre los que tienen que ver con la relación del ser humano con Dios, y los que tienen que ver con la relación de un ser humano con otro. En este mandamiento se ordena dar honor y respeto a los padres. Nótese que este mandamiento fue dado a los adultos, y es el único que contiene una promesa. El mandamiento promete que la sociedad que da el debido honor y respeto a las personas mayores disfrutará de las bendiciones de Dios.

▶ **Si este mandamiento fue dado a adultos, ¿significa, entonces, que los jóvenes y niños no tienen ninguna obligación de obedecer a sus padres? Escriba su respuesta en las líneas a continuación.**

_____

_____

"Guarda, hijo mío, el mandamiento de tu padre, y no dejes la enseñanza de tu madre."
Proverbios 6:20

Numerosos pasajes del Antiguo Testamento enseñan muy claramente que los hijos deben obedecer y dar honor a sus padres. El Nuevo Testamento lo señala directamente en Efesios 6:1..

*Sexto Mandamiento: No asesinar (20:13).* El sexto mandamiento establece que ninguno puede quitar a propósito la vida de otra persona. Por todo el Antiguo Testamento se proclama la santidad de la vida humana. El vocablo hebreo indica también la intención que produjo la acción. Por eso quizá sería más exacto traducirlo: No asesinarás.

▶ **Lea Mateo 5:21-26. Teniendo en mente el comentario que Jesús hizo sobre el sexto mandamiento, explique lo que este mandamiento significa para el ser humano de hoy.**

_____

_____

_____

*Séptimo Mandamiento: No adulterar (20:14).* El adulterio destruye la vida de la familia. Este mandamiento prohibe toda relación sexual entre un hombre y una mujer que no están casados entre sí. El adulterio destruye los elementos vitales de confianza y respeto en la vida familiar. La sociedad de nuestros días exhibe la tragedia que ocurre cuando se rompe este mandamiento. La inmoralidad sexual destruye a la sociedad.

▶ **Lea Mateo 5:27-28. Trace un círculo alrededor de la respuesta correcta en las siguientes afirmaciones. Las respuestas se hallan también al pie de la página.**

C  F  **1.** El mandamiento que prohibe el adulterio ya no es aplicable a nuestros días debido al cambio constante de valores morales.

C  F  **2.** Como todo otro pecado, el adulterio empieza en el corazón.

C  F  **3.** En razón de que el impulso sexual es tan poderoso, deberíamos ser menos severos cuando se viola el séptimo mandamiento.

C  F  **4.** El adulterio es el pecado imperdonable.

C  F  **5.** Una persona puede ser culpable de adulterio sin siquiera haber tocado a una persona del sexo opuesto.

C  F  **6.** Puesto que Jesús se refirió a la acción de un hombre al codiciar a una mujer, esta advertencia no se aplica a las mujeres.

C  F  **7.** La pureza sexual es imposible en nuestros días.

*Octavo Mandamiento: No robar (20:15).* El octavo mandamiento proteje los bienes que pertenecen a otra persona. Prohibe la apropiación deshonesta de la propiedad de una persona, la cual era no sólo el fruto de su trabajo, sino también esencial para su subsistencia diaria.

▶ **Marque el cuadro en cada afirmación con la que usted está de acuerdo:**

❏ 1. Haraganear en el trabajo es robarle al empleador.
❏ 2. Llevarse para su uso personal materiales de la oficina es robar.
❏ 3. Pedirle al médico que anote una enfermedad en lugar de un examen de rutina, en el formulario para la compañía de seguros para poder cobrar, es robar.
❏ 4. Si no se paga una cuenta legítima, se está robando.
❏ 5. Pedir algo prestado y no devolverlo es robar.
❏ 6. No dejar propina en un restaurante es robar.
❏ 7. No llamar la atención de la cajera al error a su favor en el cambio es robar.
❏ 8. Pagar salarios inferiores a los normales para ese trabajo es robar.

*Noveno Mandamiento: No dar falso testimonio (20:16).* El noveno mandamiento protege la reputación y buen nombre de la persona. Este mandamiento prohibe el falso testimonio en una corte de justicia. Siendo que el testimonio en la corte de ley era indispensable para la administración de la justicia, la credibilidad de un testigo era de suprema importancia para el bienestar social. La ley exigía la presencia de por lo menos dos testigos antes de condenar a alguien por algún crimen.

Pero el perjurio en una corte legal es solamente una de las formas de dar falso testimonio. El chisme, la difamación, la mentira y, peor en muchos casos, las medio verdades, son también falso testimonio, e igualmente destructivas.

*Respuestas: 1-Falso; 2-Cierto; 3-Falso; 4-Falso; 5-Cierto; 6-Falso; 7-Falso (vea Gá. 5:16,19,22-25).*

◗ **Piense en alguna ocasión en que usted, o alguno de sus seres queridos, fue víctima de algún falso testimonio. ¿Cómo le afectó ese testimonio falso?**

_____

_____

**¿Cuándo fue la última vez que usted dijo un falso testimonio acerca de otra persona? ¿Qué podría hacer, a la luz del mandamiento que acaba de estudiar?**

_____

_____

*Décimo Mandamiento: No codiciar (20:17).* Este mandamiento prohibe no solamente el acto de apropiarse injustamente de lo que pertenece a otra persona, sino inclusive el simple deseo interno de apropiarse de la propiedad ajena. Alguien dijo que este es el mandamiento que llega más adentro. Si usted no codicia la propiedad ajena, no se la robará. Si usted no codicia la mujer de su prójimo, lo más seguro es que no va a cometer adulterio con ella. Rehusar codiciar algo es el primer paso en guardar los mandamientos.

◗ **Para hacer un repaso final, escriba una palabra o frase corta para cada mandamiento, en orden. Vuelva a repasar el material, si fuera necesario.**

1. _____        6. _____

2. _____        7. _____

3. _____        8. _____

4. _____        9. _____

5. _____        10. _____

### El Libro del Pacto (Ex. 20:22—23:33)

Al pasaje de Exodo 20:22 a 23:33 comúnmente se le conoce como el libro del pacto. Este nombre proviene de Exodo 24:7. A veces se le conoce también como el código de la alianza. Mientras que los diez mandamientos están dados en forma de imperativos a "no" hacer ciertas cosas, las leyes que se incluyen en el libro del pacto se refieren primariamente a las decisiones que debían tomarse en situaciones específicas en la vida de la comunidad. Estas leyes generalmente empiezan con un "si" o un "cuando" condicionales. "Si" o "cuando" ocurriera alguna cosa, la ley prescribía el castigo o consecuencia que debería seguir.

Las leyes que aparecen en el libro del pacto eran una aplicación de los diez mandamientos a situaciones particulares. Eran también un recordatorio para Israel de que la vida sujeta al pacto debía estar bajo el escrutinio de Dios, y de que la vida de cada individuo estaba bajo el cuidado providencial de Jehová. Algunos detalles específicos no son aplicables a la sociedad moderna, pero los principios básicos que las respaldan son indispensables hoy tanto como en ese tiempo.

**Principios Reflejados en el Libro del Pacto**

•Las leyes religiosas y civiles proceden de Dios.
•La vida humana es de supremo valor.
•Se prohibe la venganza exagerada.
•Se prohibe la distinción de clases.
•Se debe proteger a los débiles.

**RESPONDA A LA PALABRA DE DIOS**

* 1. ¿Cuáles son algunas de las enseñanzas nuevas en cuanto a los diez mandamientos que ha aprendido en este estudio?

_____

_____

* 2. ¿Qué diferencias podrían hacer esas enseñanzas en su vida?

_____

_____

_____

* Ore y haga un pacto con Dios para poner en práctica en su vida las enseñanzas que usted ha aprendido.

# $\mathcal{DIA}$ 4 El Tabernáculo *(Exodo 25—31; 35—40)*

Es muy significativo que una de las primeras cosas que Dios hizo por la nueva nación fue darles instrucciones para la construcción del tabernáculo. El tabernáculo era el símbolo de la presencia de Jehová en medio del pueblo, y también un templo portátil donde Israel le rendía adoración. Exodo 25 a 31 contiene las instrucciones que Dios le dio a Moisés en cuanto al tabernáculo, y los capítulos 35 a 40 registran las instrucciones que Moisés le dio al pueblo tocante al mismo asunto.

El siguiente diagrama condensa esos tres capítulos. Estudie el arreglo del tabernáculo, así como el mobiliario. Note luego el rico simbolismo en cada una de sus partes.

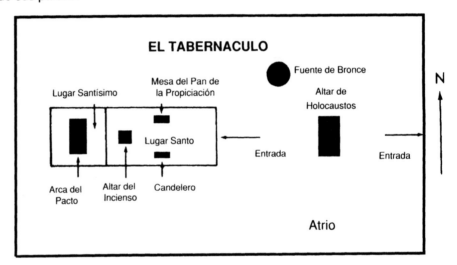

El tabernáculo era una tienda de campaña o carpa, dividida en dos cámaras: el lugar santísimo y el lugar santo. Esta tienda se erigía en un espacio cercado por cortinas de lino, sostenidas por postes de bronce y plata.

***El lugar santísimo (25:10-22; 26:1-37).*** El lugar santísimo era el recinto más interno del tabernáculo, y contenía el arca del pacto. El arca del pacto era una caja construída de madera y recubierta de oro. Representaba la presencia de Dios con Su pueblo. Se consideraba que el arca era el trono de Jehová. Una sola vez al año, y únicamente el sumo sacerdote, en el día de la expiación, entraba al lugar santísimo para hacer expiación por los pecados del pueblo. Una cortina muy espesa, sostenida por cuatro columnas y adornada con querubines, separaba el lugar santo del lugar santísimo. Este velo fue el que se rasgó en dos, de arriba abajo en el momento en que Cristo murió en la cruz (Mt. 27:51), como un símbolo de que ahora el creyente tiene acceso directo al trono de la gracia.

***El lugar santo (26:1-37).*** El lugar santo era la primera habitación al entrar en el tabernáculo propiamente dicho. Solamente los sacerdotes podían entrar al lugar santo, para ejercer su ministerio diariamente. Allí estaban la mesa para el pan de la propiciación, el candelero de oro y el altar del incienso.

***La mesa del pan de la propiciación (25:23-30).*** Esta mesa contenía también los utensilios para las ofrendas. El pan recordaba al pueblo que Dios estaba presente en medio de ellos proveyéndoles para sus necesidades de la vida.

***El candelero (25:31-40).*** El candelero recordaba al pueblo que el camino a Dios siempre es luz. El Nuevo Testamento describe a Jesús como la luz del mundo.

***El altar del incienso (30:1-10).*** El humo y el aroma del incienso que se quemaba en este altar representaba la eterna presencia de Dios entre Su pueblo.

***El atrio (27:8-19).*** El atrio era el patio exterior del tabernáculo. En el atrio estaba el altar del holocausto y la fuente de bronce o lavatorio.

***El altar del holocausto (27:1-8).*** Este altar era lo primero que se encontraba al entrar al recinto del tabernáculo. Servía para quemar las ofrendas y holocaustos, y simbolizaba la necesidad de perdón del pueblo.

***La fuente de bronce (30:17-21).*** Esta fuente contenía el agua que los sacerdotes usaban para lavarse, y significaba la necesidad de pureza para poder acercarse a Dios.

▶ **Medite en el simbolismo del tabernáculo. Luego, escriba una breve descripción de cómo el simbolismo de cada parte del tabernáculo es importante para su vida.**

1. La presencia de Dios _____

_____

2. El acceso o entrada que tiene a Dios _____

_____

3. La necesidad de perdón _____

_____

4. La necesidad de pureza personal _____

_____

### La Violación del Pacto (Exodo 32—34)

La historia del becerro de oro describe la violación del pacto en el desierto, la apostasía de Israel y su tendencia hacia la idolatría. Mientras Moisés estaba en el monte recibiendo la ley de Dios, Aarón, el hermano de Moisés, ante la insistencia del pueblo, fabricó un ídolo de oro en forma de becerro. En la fiesta de dedicación de la imagen, el pueblo atribuyó al ídolo la redención que Jehová había obrado al sacarlos de Egipto. Fue un evento trágico y terrible en la vida de Israel.

▶ **Lea Exodo 32—34. Luego, trace un círculo alrededor de la respuesta correcta. Las respuestas se hallan también al pie de la siguiente página.**

C   F   **1.** Aarón se opuso a la idea de fabricar un dios.

C F **2.** Josué le contó a Moisés acerca de la idolatría del pueblo.

C F **3.** Dios dijo que destruiría a la nación y que levantaría otro pueblo mediante Moisés.

C F **4.** Moisés oró por el pueblo, recordando a Dios las promesas que El había hecho a los patriarcas.

C F **5.** Dios no hizo caso de la oración de Moisés.

C F **6.** Moisés trajo dos tablas de piedra en las cuales Dios había escrito Sus leyes.

C F **7.** Moisés rompió las tablas por accidente.

Incluso en medio de tan funestos eventos, podemos ver la gracia y el amor de Dios perdonando a Su pueblo. Jehová dijo que iba a destruir a Israel, pero Moisés intercedió por el pueblo, y Dios permitió que el pueblo siguiera existiendo. Israel fue perdonado porque Dios salva por gracia. Exodo 34:6 es una poderosa revelación de Dios, que se revela a Sí mismo como misericordioso y clemente, pero que también juzga y condena a los que se rebelan contra El.

**El Libro de Levítico**

El libro de Levítico contiene una colección de leyes relacionadas con los deberes de la tribu de Leví, y diversas leyes y rituales que regulaban la vida religiosa de Israel.

El tema principal de Levítico es la santidad: "Santos seréis, porque santo soy yo Jehová vuestro Dios" (Lv. 19:2). La palabra santo en hebreo significa ser separado para el servicio de Dios. Todas las cosas y personas dedicadas al servicio de Dios eran santas. Los principios que se enuncian en Levítico, acerca de como un pueblo pecador puede acercarse a la presencia de un Dios santo, son tan válidos para el día de hoy como lo fueron en el tiempo de Moisés.

*Respuestas: 1-Falso; 2-Falso; 3-Cierto; 4-Cierto; 5-Falso; 6-Falso; 7-Falso.*

**Principios que Brotan del Libro de Levítico**

* Debemos llevar a Dios el problema de nuestro pecado, por cuanto El está dispuesto a perdonar y aceptarnos en Su presencia (caps. 1–7).
* Los líderes del pueblo de Dios deben vivir vidas piadosas y santas (caps. 8–9).
* Dios quiere que Su pueblo le conozca y que vivan en comunión y compañerismo con El (caps. 11–15).
* Dios es un Dios de gracia (cap. 16).
* Toda vida es valiosa para Dios. Ninguna área queda fuera de Su cuidado e interés (caps. 17–27).
* Nuestra gratitud a Dios debe guiarnos a adorarle, y a buscar Su perdón y limpiamiento (caps. 21–25).

**RESPONDA A LA PALABRA DE DIOS**

\* 1. Dos ceremonias especiales que se observan en las iglesias bautistas son el bautismo y la cena del Señor. Así como las ceremonias del Antiguo Testamento fueron establecidas para recordarle al pueblo de Dios acerca de ciertas verdades básicas, así también las ceremonias establecidas en el Nuevo Testamento. Medite en las verdades simbolizadas por el bautismo y la cena del Señor, y al considerar eso, renueve su dedicación al servicio del Señor.

\* 2. ¿Cuáles elementos de los cultos de adoración de su iglesia reflejan los principios en que se basan las diferentes leyes registradas en Levítico?

_____

_____

_____

_____

# *DIA 5*   El Libro de Números

*Respuestas: La ley; Génesis, Exodo, Levítico.*

▶ **¿Recuerda usted la primera división del Antiguo Testamento? Complete el diagrama a la izquierda. Las respuestas se hallan también al pie de la página.**

El libro de Números abarca un período de aproximadamente 40 años, y relata la peregrinación del pueblo por el desierto hacia la tierra prometida. En el capítulo 1 se indica que Dios ordenó que se tomara un censo del pueblo de Israel, y por eso a este libro se le llamó Números. Hay otro censo mencionado en el capítulo 26.

El libro de Números también relata el continuo descontento y rebeldía de Israel (11:1-12:16), y diversas experiencias del pueblo durante el viaje. Los israelitas llegaron a Cades, y allí Dios ordenó que enviaran espías para que exploraran la tierra de Canaán, y recogieran información acerca de la gente y las ciudades. Cuando los espías regresaron, diez de ellos dijeron que sería imposible conquistar la tierra, y que sería mejor regresarse a Egipto (13:27-33). La mayoría del pueblo estuvo de acuerdo, y por esta razón la generación que había salido de Egipto, los adultos de más de veinte años, quienes presenciaron las señales de Dios y que ahora dudaban del poder de Dios, fue condenada a caminar por cuarenta años en el desierto y allí morir (14:1-36). Solamente tres de esos adultos llegaron hasta el fin de la jornada: Josué y Caleb, quienes habían sido dos de los espías y los únicos que dieron un informe optimista y positivo, y Moisés.

▸ **Recuerde alguna ocasión en su vida cuando usted no siguió la dirección del Señor, por temor o falta de fe. Describa brevemente esa experiencia y las consecuencias que tuvo en su vida.**

_____

_____

_____

El libro de Números también registra cómo Israel, con la ayuda de Dios, venció a los enemigos. La victoria de Israel contra los amorreos (21:21-35) fue una demostración de la protección divina en favor de su pueblo. La bendición de Balaam fue una demostración de la soberanía de Dios sobre las naciones.

### Las Bendiciones de Balaam (Nm. 22:1—25:18).

Después de que hubieron muerto todos los adultos que habían salido de Egipto, Israel vino a las llanuras de Moab al este del río Jordán. Cuando Balac, el rey de Moab supo que Israel estaba en sus fronteras, tuvo miedo porque Israel era un pueblo muy numeroso. Balac y los ancianos de Madián decidieron contratar a un profeta llamado Balaam para que maldijera a Israel. La idea era que la maldición inmovilizaría a Israel y lo haría impotente en la batalla. Pero Dios intervino nuevamente a favor de Su pueblo y le ordenó a Balaam no maldecir a Israel. Balaam obedeció a la palabra de Jehová y cuatro veces bendijo a Israel.

### Preparativos para la Conquista

Después de este evento Moisés hizo preparativos para la entrada en la tierra. Levantó otro censo del pueblo y nombró a Josué como su sucesor. Asimismo, la petición de las hijas de Zelofehad señaló la necesidad de nuevas leyes relativas a la herencia de la tierra (26:33; 27:1-11).

*El cambio en las circunstancias exige un cambio en las direcciones.*

*El cambio en las circunstancias produce diferentes obstáculos y desafíos.*

*Los nuevos obstáculos y desafíos exigen nuevas estrategias.*

**A. Lea Números 27:1-11. Note que este pasaje tiene que ver con un asunto de ley civil. Marque el cuadro de las siguientes declaraciones que usted considera que son deducciones válidas según esta pasaje de las Escrituras.**

❑ 1. Leyes generales no pueden cubrir cada situación específica.
❑ 2. Es inútil luchar contra la burocracia.
❑ 3. Un cambio en las circunstancias puede exigir una revisión de las leyes civiles.
❑ 4. Cuando recibe trato injusto el pueblo de Dios debe sufrir en silencio.
❑ 5. Es necesario llamar la atención de los líderes a las situaciones de injusticia.

**B. Ahora lea 36:1-12 y note lo que ocurrió más tarde con las hijas de Zelofehad. Marque la respuesta correcta en las siguientes preguntas:**

1. Los líderes del clan de Zelofehad temían
❑ a. que la tierra de su herencia pasara a otra tribu.

❑ b. que las hijas de Zelofehad se quedaran sin casar.
❑ c. que llegara muy pronto el año del jubileo.

2. El Señor ordenó a Moisés que confirmara el siguiente principio:
❑ a. Los israelitas no debían casarse con paganos.
❑ b. La gente podía casarse con quien quisiera.
❑ c. La tierra no debía pasar de tribu a tribu.

Antes de que el pueblo cruzara el Jordán Dios les dio instrucciones especiales, y les recordó Su presencia y Su poder. La siguiente actividad le ayudará a descubrir varias cosas importantes que ocurrieron en esos días finales en el desierto.

▶ **Busque en el libro de Números las respuestas a lo siguiente:**

1. En el capítulo 27 busque dos cosas que Dios le reveló a Moisés en el monte Abarim.

   a. _____

   b. _____

2. En el capítulo 32 busque los nombres de las dos tribus que pidieron que se les permitiera establecerse al oriente del Jordán.

   a._____ y _____ .

3. ¿Qué prometieron hacer las dos tribus a cambio de que se les concediera lo que pedían?

   _____

   _____

   _____

4. Puesto que la tribu de Leví era la tribu sacerdotal, no recibiría tierra como herencia. En el capítulo 35 busque qué provisión hizo Dios para ellos.

   _____

   _____

   _____

*Respuestas: A:1,3,5; B: 1-a; 2-c.*

*Respuestas: 1-A Moisés no se le permitiría entrar en la tierra prometida, Josué debía ser su sucesor; 2-Rubén y Gad; 3-Prometieron ayudar a las otras tribus a conquistar la tierra; 4-Las otras tribus debían darles ciudades y tierra.*

Antes de que el pueblo cruzara el Jordán, Moisés distribuyó la tierra de Transjordania entre las tribus de Rubén, Gad y la media tribu de Manasés (Ex. 32—33). Estas dos tribus y media deseaban permanecer al oriente del Jordán porque la región tenía buenos pastos para sus ganados. Moisés les permitió establecerse al oriente del Jordán, con tal que ayudaran a sus hermanos a conquistar la tierra de Canaán.

▶ **RESUMEN DE REPASO**

**Para repasar lo que ha estudiado del Antiguo Testamento en esta semana, vea si puede contestar mentalmente las siguientes preguntas. Tal vez usted quiera escribir las respuestas en una hoja de papel aparte. Marque su nivel de aprovechamiento trazando un círculo alrededor de la "C" si**

puede contestar acertadamente, o alrededor de la "R" si necesita repasar
el material.

C  R   **1.** Dé un breve resumen del pacto que Dios hizo con Su pueblo en
Sinaí.

C  R   **2.** Haga una lista de siete de los diez mandamientos.

C  R   **3.** ¿Cuántos de los diez mandamientos tienen que ver con nuestra
relación con Dios, y cuántos con nuestra relación con otras personas?

C  R   **4.** ¿Cuáles son las tres partes principales del tabernáculo?

C  R   **5.** Mencione cuatro de los seis artículos de mobiliario que había en
el tabernáculo.

C  R   **6.** ¿Cuál era el principal significado del arca del pacto?

C  R   **7.** Describa en una sola frase el libro de Levítico.

C  R   **8.** ¿Por qué los israelitas tuvieron que vagar por el desierto por
cuarenta años?

---

**RESPONDA A LA PALABRA DE DIOS**

* ¿Sabe usted de alguna situación injusta o de desigualdad que existe
debido a las leyes actuales de su comunidad? Si es así, ore
pidiéndole a Dios dirección para saber qué podría hacer usted para
ayudar a las personas que están siendo afectadas por esas leyes in-
justas.

# Unidad 6 DIOS Y LA TIERRA PROMETIDA (Deuteronomio-Jueces)

**Cuando Dios llamó a Abraham prometió hacerle una gran nación, engrandecer su nombre, y darle una tierra en posesión perpetua (Gn. 12:1-3). En esta unidad estudiaremos cómo Dios le dio a Israel la tierra que les había prometido, y cómo les ayudó a conservarla.**

**En esta unidad usted estudiará los libros de Deuteronomio, Josué y Jueces.**

**TEMA**

*Deuteronomio* relata los preparativos que hizo Moisés para que el pueblo entrara en la tierra prometida.

*Josué* es el relato de la conquista militar. El mensaje principal es que Dios guió a Su pueblo y les dio la tierra de Canaán.

*Jueces* cubre el difícil período cuando el pueblo trataba de consolidar su posesión de la tierra, y establecerse en ella.

**BOSQUEJO**

**Deuteronomio:**
    I. Primer sermón de Moisés: Lecciones de la Historia (Dt. 1–4)
    II. Segundo sermón de Moisés: Lecciones de la Ley (Dt. 5—26)
    III. Tercer sermón de Moisés: Bendiciones y Maldiciones (Dt. 27—30)
    IV. Materiales diversos (Dt. 31—34)

**Josué:**
    I. La conquista de la tierra (Jos. 1—12)
    II. La división de la tierra (Jos. 13—23)
    III. El desafío de Josué (Jos. 24)

**Jueces:**
    I. Batallas finales y la muerte de Josué (Jue. 1–2)
    II. La obra de los jueces (Jue. 3—16)
    III. Vida sin liderazgo (Jue. 17—21)

*Observe con especial atención las siguientes palabras:*

*Shemá*—Esta palabra hebrea se refiere al pasaje de Deuteronomio 6:4-9. Es la palabra con que empieza el pasaje.

*Juez*—Esta palabra, según se usa en el libro de Jueces, significa algo completamente diferente a los jueces de nuestra sociedad. Los jueces del Antiguo Testamento fueron personas a quienes Dios llamó en forma especial durante tiempos de opresión política o militar. Su función era guiar al pueblo y librarlos de la opresión a que les habían sometido.

# *DIA 1* El Libro de Deuteronomio—El Primer Sermón de Moisés *(Dt. 1–4)*

**LA LEY**

▶ **A los primeros cinco libros de la Biblia se les llama el Pentateuco, la Torah, o los libros de la Ley. Complete los títulos en el dibujo al margen.**

El libro de Deuteronomio es el quinto libro del Pentateuco y forma una conclusión de la Torah o la ley de Moisés. Deuteronomio es un resumen de la religión de Israel, organizado alrededor de los tres sermones que Moisés predicó en los campos de Moab. El nombre *Deuteronomio* procede de la traducción griega del Antiguo Testamento, y significa "repetición o copia de la ley."

Moisés no podía entrar a la tierra prometida, pero podía preparar al pueblo para ese evento. En sus tres sermones o discursos Moisés les recordó lo que Dios había hecho por ellos en el pasado, y les animó a ser fieles en guardar la ley de Dios.

En esta sesión usted estudiará el primero de los discursos de Moisés. En este sermón Moisés recordó al pueblo su historia. Moisés veía a la historia como una ocasión para recordar el pasado y aprender de él. Al recordar su pasado, el pueblo de Israel podía comprobar que el mismo Dios que les había protegido y guiado en ocasiones anteriores, también les cuidaría y guiaría en los días que vendrían más adelante.

▶ **Lea Deuteronomio 2:7. Medite por unos momentos en este versículo, y vea si se aplica a su vida. Concluya su meditación con una oración de agradecimiento a Dios por la forma en que le ha cuidado.**

Al mirar a su propio pasado, usted puede recordar las maneras en que Dios ha mostrado Su cuidado sobre usted. Si usted puede testificar de las maravillosas bendiciones de Dios en el pasado, también puede tener esperanza para el futuro. El mismo Dios que cuidó de Moisés y del pueblo de Israel, cuida también de usted. El mismo Dios que le ha ayudado en el pasado, le ayudará en cualquier dificultad que pudiera haber en el futuro. Usted puede estar seguro de eso.

Ahora veamos lo que Moisés le dijo al pueblo que recordara, para ver qué podemos aprender para nuestra vida.

*Juicios justos y equitativos.* En 1:9-18 Moisés le recordó al pueblo cómo dividió al pueblo en grupos, y asignó jueces o dirigentes sobre cada grupo.

▶ **Lea Deuteronomio 1:9-18. Encierre luego en un círculo la respuesta correcta en las siguientes declaraciones. Las respuestas se hallan también al pie de la siguiente página.**

C   F   **1.** La cantidad numérica de los israelitas fue para Moisés un problema tanto como un motivo de alabanza.

C  F    **2.** Moisés escogió los líderes que debían servir como jueces sobre el pueblo.

C  F    **3.** Los jueces debían usar normas diferentes para decidir las disputas entre israelitas, de las que usaban para decidir problemas entre la gente extranjera.

C  F    **4.** Se esperaba que los jueces por lo general dictasen sentencia a favor de los pobres e indefensos.

C  F    **5.** Moisés atendería personalmente los casos demasiado difíciles para los otros jueces.

C  F    **6.** Mientras más grande llega a ser un grupo, más compleja es la organización y administración de sus asuntos.

*¿Qué ocurre cuando el miedo pesa más que la fe?*

**La tragedia de la falta de fe.** En una sesión anterior usted estudió cómo al pueblo le faltó la fe para seguir y obedecer a Dios. También se vieron las trágicas consecuencias de la decisión que tomaron motivados por su miedo.

▶ **¿Cuáles circunstancias de la vida utiliza hoy Satanás para tratar de llenarnos de miedo y hacer que se debilite nuestra fe? Escriba su respuesta en las líneas debajo de la balanza de la izquierda.**

**Ahora, medite en los siguientes pasajes de las Escrituras para fortalecer su fe:**

•2 Corintios 4:7-11        •Lucas 12:22-32
•Salmo 32                  •1 Corintios 10:13

Moisés les dijo a los israelitas que recordaran otra lección amarga que habían aprendido. El pueblo de Dios debe hacer **lo que** El les dice que hagan; y deben hacerlo **cuando** El lo dice. La siguiente actividad le guiará para estudiar lo que el pueblo aprendió en cuanto a decidirse a obedecer cuando ya es demasiado tarde.

▶ **Lea Deuteronomio 1:34-46 y luego marque la respuesta correcta. Las respuestas se hallan también al pie de la página.**

1. El pueblo cambió de opinión y decidió entrar en la tierra prometida
☐ a. porque recordaron lo que Dios ya había hecho en su favor.
☐ b. porque Moisés les convenció de que estaban equivocados.
☐ c. por el severo castigo que Dios les imponía.

*¿Qué ocurre si usted decide obedecer cuando ya es demasiado tarde?*

2. Cuando el pueblo decidió avanzar de todas maneras, Dios
☐ a. les advirtió que no lo hicieran.
☐ b. se alegró.
☐ c. les dijo que no iría con ellos.

3. Cuando el pueblo fue derrotado por los amorreos, Dios
☐ a. ignoró sus lamentos.
☐ b. les dijo que lo intentaran de nuevo.
☐ c. les dijo que esperaran un tiempo antes de volver a intentarlo.

*Respuestas: 1-Cierto; 2-Falso; 3-Falso; 4-Falso; 5-Cierto; 6-Cierto.*

*Respuestas: 1-c; 2-a,c; 3-a.*

El capítulo 2 de Deuteronomio describe los 38 años que Israel pasó en el desierto, después de los eventos ocurridos en Cades-barnea. Moisés les recordó cómo toda una generación había muerto, sin poder disfrutar de la tierra prometida.

▶ **Lea Deuteronomio 2:14-15. ¿Qué le enseñan estos versículos en cuanto a las advertencias y juicios de Dios?**

_____

_____

**Su respuesta debe indicar que Dios cumple lo que promete o advierte.**

En el capítulo 3 Moisés describió las dificultades que encontraron al entrar en la tierra prometida. Og, rey de Basán, les hizo la guerra.

▶ **Lea Deuteronomio 3:3-4 y luego complete la siguiente declaración: La clave para la victoria fue** _____

El pueblo de Israel venció porque Dios entregó a Og en sus manos. Dios fue la clave para la victoria. Hablando por medio de Moisés, Dios les llamó a que le sirvieran con diligencia e hicieran Su voluntad.

En el capítulo 4 de Deuteronomio Moisés instruye al pueblo a obedecer a Dios, para que así pudiera recibir todas las bendiciones que Dios quería darles. También les advirtió que no se olvidaran de que Dios les había guiado hasta ese punto, y les animó a que guardaran los mandamientos.

▶ **Lea Deuteronomio 4:1-2, y luego conteste las siguientes preguntas:**

1. ¿Piensa usted que la gente de hoy le añade algo a los mandamientos que Dios dio?

_____

_____

2. ¿Piensa usted que la gente de hoy le quita algo a los mandamientos que Dios dio?

_____

_____

La gente le añade algo a los mandamientos de Dios cuando insisten en exigir que los creyentes observen leyes y regulaciones que no son bíblicas (vea en Marcos 7:1-23 un ejemplo bíblico). Asimismo, la gente de hoy tratar de restarle a los mandamientos de Dios cuando los declaran anticuados o irrelevantes. En cierto sentido, toda desobediencia es restarle algo a los mandamientos de Dios.

El capítulo 4 de Deuteronomio también describe al Dios a quien adoraba el pueblo de Israel.

RESPONDA A LA PALABRA DE DIOS

* Medite en las siguientes afirmaciones acerca de Dios:
  El es incomparable (Dt. 4:32).
  Se revela a Su pueblo (Dt. 4:33).
  Es el Unico Dios y Señor (Dt. 4:35,39).
  Redime a Su pueblo (Dt. 4:37).
  Ofrece seguridad para el futuro (Dt. 4:39-40).

* En oración, alábele por lo que El es.
  ¡Alégrese de que puede confiar en El!

# DIA 2    El Segundo Sermón de Moisés (Dt. 5—26)

### La Ley

Moisés empezó su segundo discurso o sermón haciendo una exposición de la ley que Dios había dado en el monte Sinaí. Es asimismo una invitación al pueblo de Israel a dedicarse al pacto que Dios había establecido con el pueblo. Nótese que en Deuteronomio 5:5-21 Moisés repitió los diez mandamientos a la nueva generación de israelitas que se preparaban para entrar en la tierra prometida. Los mandamientos que se mencionan en Deuteronomio son los mismos que aparecen en Exodo 20, pero los comentarios muestran algunas diferencias. En Deuteronomio se indica una razón diferente para observar el sábado. Israel debía guardar el día de reposo como un recordatorio también de que había sido esclavo en Egipto.

Al pasaje de Deuteronomio 6:4-9 se le llama la *shemá* por la palabra hebrea con que comienza. Es la palabra traducida "oye," y es un imperativo para que se preste atención y se escuche.

▶ **¿Qué es eso tan importante que Dios quiere que oigamos? ¿Por qué no debe haber mal entendidos? Lea 6:4-9 y anote en el cuadro del margen izquierdo las cuatro cosas que Dios quiere que oigamos con toda atención.**

El fundamento de la fe de Israel era la convicción de que sólo hay un Dios vivo y verdadero. En segundo lugar, que hay que amar a Dios con todo el corazón, con toda el alma, y con todas las fuerzas. En tercer lugar, debemos transmitir a nuestros hijos ese conocimiento, y finalmente, debemos recordar constantemente la ley de Dios.

¡PONGAN ATENCION!

¡ESCUCHEME!

¡OIGAN ESTO!

**Tres Ideas Claves**

Los capítulos 7-11 presentan tres ideas claves que son esenciales para la relación entre Dios y Sus hijos. Complete la siguiente prueba previa para verificar cuánto sabe usted de esas ideas. Después, compruebe y corrija sus respuestas en el estudio del material que sigue luego.

**1. ¿Sobre qué base escogió Dios a Israel (cap. 7)?**

_____

**2. ¿Por qué la prosperidad es peligrosa para el pueblo de Dios (cap. 8)?**

_____

**3. ¿Qué factor determina si el pueblo de Dios recibirá la bendición que El quiere darle (cap. 11)?**

_____

Moisés explicó que la razón por la cual Dios había escogido a Israel para que fuera Su pueblo no era la grandeza de Israel, ni su genio ni religión. Dios amó a Israel con un amor especial, aun cuando Israel no merecía este amor. En ese amor Dios cumplía la promesa hecha a Abraham, Isaac y Jacob. Dios era fiel a Su pacto. El pueblo de Israel podía depender de El.

En segundo lugar, Moisés indicó que a veces las dificultades sirven para acercarnos a Dios, en tanto que la prosperidad a veces hace que nos alejemos de El. Cuando la vida es dura, parece que nos acercamos más a Dios. Cuando las cosas marchan bien, tenemos la tendencia a alejarnos del Señor, en lugar de darle gracias y alabarle por Su gracia y providencia. Moisés advirtió al pueblo a que fuera fiel y obediente incluso en los buenos tiempos.

Luego Dios indicó que la obediencia resultaría en bendición. La desobediencia quitaría la bendición y dejaría una maldición en su lugar.

**Fijar los Ojos en Dios**

Los capítulos 12 y 13 registran dos acciones que Dios realizó para que el pueblo de Israel fijara sus ojos en El.
* **Primero**, estableció un santuario central para la adoración, y ordenó la destrucción de todos los ídolos y santuarios paganos.

▶ **Explique en sus propias palabras ¿por qué era esto necesario?**

_____

**Compruebe su respuesta leyendo nuevamente 12:29-30.**

* **Segundo**, Dios estableció tres días de fiestas especiales:

1. *La pascua,* que se celebraba en marzo o abril de cada año. Era una conmemoración de la noche en que el ángel de la muerte pasó por encima de Israel pero mató a todos los primogénitos de Egipto.

2. *La fiesta de Pentecostés,* que se celebraba cincuenta días o siete semanas después de la pascua. Se le conocía también como la fiesta de las semanas, o la fiesta de las primicias, por cuanto caía poco después de la primera cosecha de la cebada.

3. *La fiesta de los Tabernáculos o Cabañas,* que era un recordatorio del viaje de los israelitas por el desierto. Esta fiesta era observada alrededor de octubre, y a veces se le llamaba de la cosecha, porque caía al final de la temporada de cosecha.

El libro de Deuteronomio recalca la fidelidad y la obediencia. Como pueblo escogido, el destino de Israel está relacionado con su obediencia a las demandas de Jehová. Israel vivirá por su obediencia a las demandas de Jehová, pero la desobediencia traerá juicio, sufrimiento y muerte.

Moisés exhortó al pueblo a que obedeciera a Dios. Después, Moisés murió, a los 120 años, sin entrar a la tierra prometida.

---

**RESPONDA A LA PALABRA DE DIOS**

* ¿Cuáles son algunas de las celebraciones anuales que observa su

   iglesia?_____

_____

* ¿Qué valor ve usted en esas celebraciones?

_____

* ¿Cuál celebración es la más significativa para usted?

_____

* ¿Qué es lo que la hace tan significativa?_____

_____

* Tómese unos momentos para agradecerle a Dios por esa celebración.

* Medite en la intensidad y calidad de su consagración a Dios. ¿Qué podría usted hacer para eliminar las distracciones, y ayudarle a fijar sus ojos en Dios?

_____

_____

# *DIA 3*   El Libro de Josué

El libro de Josué es el sexto libro de la Biblia, y el primero en la sección de historia. Esta división del Antiguo Testamento empieza con Josué, e incluye el libro de Jueces, los dos libros de Samuel, los dos libros de Reyes, los dos libros de Crónicas, Esdras, Nehemías y Ester. Los libros de Josué hasta Crónicas relatan la historia de Israel desde su entrada en Canaán en el siglo décimo tercero A.C. hasta la destrucción de la nación judía por las manos de los babilonios alrededor de 587 A.C.

▶ **En la introducción de esta unidad se indicaron las tres divisiones principales del libro de Josué. ¿Puede recordarlas? Anótelas a continuación. Si no las recuerda, vuelva a repasarlas en la página 89.**

1. Capítulos 1—12 _____

2. Capítulos 13—23 _____

3. Capítulo 24 _____

El libro de Josué relata la conquista de la tierra de Canaán bajo la dirección de Josué, la división de la tierra entre las doce tribus, y la renovación del pacto en Siquem.

### La Conquista de la Tierra (Jos. 1—12)

Los primeros doce capítulos del libro de Josué nos presentan la conquista de Canaán. Aunque el relato trata de campañas militares, el énfasis está en que la conquista de Canaán fue cumplimiento de las promesas de Jehová (Jos. 11:23). La invasión y ocupación de Canaán no fue algo que Israel logró por la fuerza de su ejército sino por el poder de Jehová. Cuando la nación obedecía fielmente las demandas del pacto, obtenía la victoria y podía derrotar a sus enemigos. Los muros de Jericó no cayeron por la habilidad del ejército israelita, sino por el poder de Dios.

### *La comisión de Josué (Jos. 1).*

Josué fue el nuevo líder escogido por Dios para continuar la tarea que Moisés había empezado. Desde la salida del pueblo de Israel de Egipto, Moisés había actuado como el líder principal. Después de su muerte, Josué fue oficialmente nombrado su sucesor (1:1-2). Josué sería el líder de Israel de allí en adelante.

▶ **Lea Josué 1:1-5. En esta parte de la comisión de Dios a Josué, ¿cuáles piensa usted que fueron la palabras que más animaron a Josué? En las líneas a continuación escriba esas frases, y explique por qué piensa usted que animaron a Josué.**

▶ **Lea Josué 1:6-9. Luego conteste las siguientes preguntas. Las respuestas se hallan también al pie de la página.**

1. En estos versículos, ¿cuántas veces le dijo Dios a Josué que se esforzara y fuera valiente?

2. En su opinión, ¿por qué se lo repitió Dios tantas veces?

3. ¿Cuáles fueron las tres instrucciones que Dios dio con respecto a Su ley?

La tarea que Dios había encargado a Josué era muy difícil. Tenía que preparar al pueblo de Israel para invadir la tierra de Canaán y conquistar a un enemigo más fuerte y poderoso que ellos. Aunque difícil, no era tarea imposible, pues Dios estaba con él. Dios había prometido que El iba a dar la victoria. Pero para tener éxito en su misión, Josué y el pueblo tenían que obedecer a Dios y ser diligentes en observar la ley que Dios había dado a Moisés. Si Josué y el pueblo estaban dispuestos a obedecer a Dios, Dios les daría la victoria y ellos conquistarían la tierra prometida, así como Dios lo había dicho.

***Espías en Jericó (2:1-24).*** Antes de cruzar el Jordán y entrar en la tierra de Canaán, Josué envió dos espías a Jericó para investigar la preparación que los habitantes de la ciudad habían hecho para pelear contra el ejército de Israel. Los espías llegaron a la casa de Rahab, una prostituta. Cuando los emisarios del rey de Jericó vinieron buscando a los espías, Rahab los escondió. Por esta acción, Rahab y su familia recibieron protección cuando los israelitas capturaron Jericó. Además, ella fue incorporada a las tribus de Israel y aparece en la genealogía de Cristo (Mt. 1:5) y en la lista de los héroes de la fe (He. 11:31, Stg. 2:25) como un ejemplo de la justificación de los gentiles por la fe.

▶ **Lea Josué 2:8-14, y luego conteste lo siguiente:**

1. ¿A quién atribuyó Rahab las victorias de Israel?

2. ¿Cómo describió Rahab el ánimo de los canaanitas?

3. ¿Qué trato hizo Rahab con los espías?

*Respuestas: 1-tres; 2-La tarea que Dios había encargado a Josué era muy difícil; 3-hablar de la ley, meditar en ella, y hacer lo que ella ordena.*

*Respuestas: 1-A Dios; 2-estaban muy asustados; su ánimo estaba por los suelos; 3-Ella y su familia recibirían protección, y no los matarían; 4-Ella actuó de acuerdo a su fe en Dios.*

4. Según Hebreos 11:31 y Santiago 2:23-26, ¿por qué razón ayudó Rahab a los espías de Israel?

_____

### El Cruce del Jordán (Jos. 3:1—5:15).

El cruce del Jordán fue una demostración del poder de Dios y de la fidelidad de Su promesa, y también una demostración de la fe y de la obediencia de Josué.

Los sacerdotes que llevaban el arca del pacto fueron los primeros en pisar el agua a la orilla del río. Dios hizo que las aguas del río se detuvieran, e Israel pasó en seco. Israel iba siguiendo el arca del pacto, la cual simbolizaba la presencia de Dios entre Su pueblo. Al seguir al arca, Israel, en un sentido muy real, estaba siguiendo a Dios.

▶ **Lea Josué 4:4-9 y luego llene los espacios en blanco:**

1. Josué designó a un hombre de cada_____.

2. Cada hombre decía recoger una piedra del_____.

3. Las piedras debían usarse para edificar un_____.

4. El monumento serviría para recordar a las futuras generaciones de

que _____.

Por orden de Dios doce piedras fueron recogidas de en medio del río y con ellas edificaron un monumento en Gilgal como un recordatorio de que Israel pasó en seco el Jordán, y que fue el poder de Dios que hizo esto. Este monumento fue levantado para recalcar la importancia de mantener viva y fresca la memoria de lo que Jehová había hecho por Israel.

El capítulo 5 registra que antes de entrar en la tierra de Canaán, Josué circuncidó a todos los israelitas varones, y que luego la comunidad de Israel celebró la pascua. Al día siguiente cesó el maná que había alimentado al pueblo durante su viaje por el desierto. Esto sirvió para indicar al pueblo que su jornada por el desierto había terminado. De allí en adelante comería de la abundancia que producía la tierra de Canaán.

*Respuestas: 1-tribu; 2-del medio del río que estaba seco; 3-monumento o recordatorio; 4-que el río se secó para que Israel pasara, y que fue el poder de Dios que hizo esto.*

> **RESPONDA A LA PALABRA DE DIOS**
>
> \* **Piense en las bendiciones más significativas que Dios le haya dado en su vida cristiana. Imagínese que cada bendición es una piedra. Escriba en cada piedra del dibujo a la izquierda una palabra que describa esa bendición. De este modo, el dibujo será *su propio* memorial recordatorio, edificado con *sus propias* bendiciones. Añada piedras, si es necesario.**
>
> \* **Alabe al Señor por esas bendiciones.**
>
> \* **Antes de que pase el día de mañana, cuéntele a alguien una de esas bendiciones.**

# *DIA 4*    La Conquista de la Tierra (continuación)

En el estudio de ayer usted empezó a estudiar la conquista de la tierra prometida. Recuerde que los israelitas todavía estaban del lado oriental del Jordán, y cruzaron el río en seco. La conquista de la tierra de Canaán se efectuó en tres etapas: una campaña central, una campaña al sur, y luego una campaña hacia el norte. En este día usted estudiará estas tres campañas militares, y también la división de la tierra y la exhortación final de Josué al pueblo.

**La campaña central (6:19:27).** La primera etapa fue la campaña central con la conquista de las ciudades de Jericó y Hai. Jericó, era una de las ciudades más antiguas de Canaán. Estaba bien fortificada, y situada estratégicamente. Al capturar Jericó, Josué dividió a la tierra de Canaán por la mitad.

Según lo que Dios había ordenado, los israelitas marcharon en silencio alrededor de la ciudad una vez por día, durante seis días. En el séptimo día, dieron siete vueltas alrededor de la ciudad. Al finalizar la séptima vuelta Josué dio la señal y el pueblo gritó, tocaron las bocinas, y el muro se derrumbó. El simbolismo religioso abunda en esta historia: siete sacerdotes, siete bocinas, siete días dando una vuelta alrededor de la ciudad, y siete vueltas en el séptimo día. Todo esto recalca con énfasis que la victoria sería un acto consumado por la voluntad y el poder de Dios.

▶ **Lea Josué 6:1-19 para descubrir cómo se ganó la victoria en Jericó. Luego, trace un círculo alrededor de la respuesta correcta, según la afirmación sea *cierta* o *falsa*. Las respuestas se hallan también al pie de la página.**

C  F    **1.** Josué ideó una estrategia excelente para derrotar a Jericó.

C  F    **2.** Los israelitas dieron una vuelta a la ciudad, durante seis días, tratando de convencer a los habitantes de Jericó que el ejército de Israel era más fuerte.

C  F    **3.** El arca del pacto estaba en un lugar prominente durante la marcha alrededor de Jericó.

C  F    **4.** El séptimo día el pueblo dio tres vueltas alrededor de la ciudad.

C  F    **5.** Nadie debía tomar nada del botín de Jericó.

*Respuestas: 1-Falso; 2-Falso; 3-Cierto; 4-Falso; 5-Cierto; 6-Falso.*

C  F    **6.** Ninguna persona de Jericó debía escapar con vida.

Después de esta increíble victoria contra Jericó los israelitas salieron con confianza para pelear contra Hai, una ciudad pequeña y con un ejército inferior.

Pero su intento terminó en un gran desastre. Los israelitas fueron derrotados y tuvieron que huir ante el enemigo.

▶ **Busque en 7:10-12,19-23 la causa de la derrota de Israel.**

Dios había ordenado que todo el oro, la plata y los objetos de bronce y hierro se destinaran al tesoro de Jehová, y que todas las demás posesiones de la ciudad debían ser destruidas (6:17-19,24). Acán, uno de los soldados del ejército israelita había escondido algunas ropas buenas, plata y oro de los despojos de Jericó. Como consecuencia de su infidelidad, Jehová había retirado su protección de Israel. Israel tuvo que aprender a través de este incidente que la victoria contra sus enemigos viene de su obediencia a Jehová.

▶ **Algunas personas defienden sus acciones pecaminosas diciendo que no hacen daño a nadie, y que es asunto personal de ellos. ¿Está usted de acuerdo con tal afirmación? Explique su respuesta.**

Después de la muerte de Acán los israelitas atacaron Hai otra vez y la conquistaron fácilmente. Luego Josué edificó un altar en el monte Ebal y el pueblo adoró al Señor ofreciendo sacrificios y holocaustos.

Los israelitas se dejaron engañar por la astucia de los gabaonitas e hicieron precipitadamente un pacto con ellos. Cuando Josué y los líderes de Israel se dieron cuenta de que habían sido engañados, condenaron a los gabaonitas a trabajar trayendo leña y agua para el pueblo, y en labores relacionadas con el santuario.

*La Campaña al Sur (10:1-43).* La segunda etapa fue la campaña contra las ciudades hacia el sur de Canaán. Cuando Adonisedec rey de Jerusalén oyó de la acción de los gabaonitas, hizo una confederación con los reyes de Hebrón, Jarmut, Laquis, y Eglón para atacar a Gabaón. Los gabaonitas pidieron la ayuda de Josué, e Israel los defendió conforme a la alianza que había pactado con ellos.

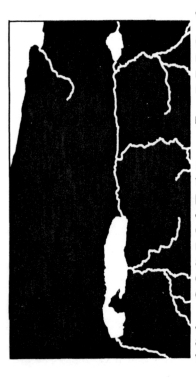

Con la ayuda divina los israelitas derrotaron a los amorreos. Esta victoria no resultó en la conquista total de la tierra, pero le dio a Israel superioridad en la región. Jerusalén no sería conquistada sino en el tiempo de David, muchos años más tarde.

▶ **Usando Josué 10, trace en el mapa una línea, siguiendo de ciudad a ciudad la ruta que siguió el ejército israelita en la campaña al sur.**

*La campaña hacia el norte (Jos. 11:1—12:24).* La tercera etapa en la conquista de Canaán fue la campaña contra la confederación de los cananeos dirigida por Jabín, rey de Hazor. Los reyes de las ciudades cananeas hacia el norte de Jericó, unieron sus fuerzas para hacer frente a los israelitas, y formaron un gran ejército que incluía numerosos caballos y muchos carros de guerra. Dios se manifestó nuevamente a Josué y le aseguró la ayuda divina en la batalla. Josué atacó a Hazor, mató al rey y quemó la ciudad. También derrotó a las otras ciudades pero no las quemó. El pueblo de Israel tomó entonces para sí el ganado y el botín de guerra de aquellas ciudades.

Josué 11:16—13:7 es un resumen breve de las áreas conquistadas por Israel, así como de las que quedaron sin conquistar. Dios le dijo a Josué: "Tú eres ya viejo, de edad avanzada, y queda aún mucha tierra por poseer" (13:1). Aun cuando Josué y el pueblo de Israel había conquistado mucho territorio, todavía quedaba mucha tierra por conquistar.

### La División de la Tierra (Jos. 13:8—23:16)

La distribución de la tierra entre las tribus fue una afirmación de la fidelidad de Dios. Josué 13:8–23:16 describe cómo fue dividida la tierra entre las diferentes tribus, cumpliendo así la promesa que Jehová les había hecho a los patriarcas. La tribus de Rubén y Gad y la mitad de la tribu de Manasés recibieron su herencia al lado oriental del Jordán. Los levitas no recibieron ninguna porción de la tierra, según la orden de Dios, sino que recibieron diversas ciudades entre la tribus de Israel.

### El Desafío de Josué (Jos. 24)

Después de la conquista y división de la tierra Josué convocó a las doce tribus de Israel, y los desafió a reafirmar su fidelidad al pacto hecho entre Jehová e Israel en el monte Sinaí. El desafío de Josué consta de tres partes:
    La base para su llamamiento: Lo que Dios había hecho por Israel (vv. 1-13).
    El desafío o exhortación: Temer a Dios y servirle (vv. 14-23).
    La renovación del pacto (vv. 24-28).

◗ **Lea los versículos indicados, y luego escriba una respuesta breve a cada una de las siguientes preguntas:**

1. ¿Cuál fue la fuente del desafío de Josué? (24:2)

_____

2. ¿Alguna vez Abraham adoró a otros dioses? (24:2)

_____

3. ¿Cómo podría usted resumir lo que Dios hizo por Israel? (24:13)

_____

4. ¿Por qué desafió Josué al pueblo a que fuera fiel a Dios? (24:23)

_____

5. ¿Qué significaba la piedra? (24:26-27)

_____

*Respuestas: 1-de Dios; 2-sí; 3-Dios les dio una tierra de abundancia y prosperidad; 4-algunos todavía se aferraban a sus ídolos, y no se habían rendido a Dios; 5-la piedra había "oído" el mensaje de Dios, y serviría de testigo si ellos se apartaban del Señor.*

---

**RESPONDA A LA PALABRA DE DIOS**

\* ¿Hay alguna cosa y objeto que simboliza y da testimonio de su compromiso de fidelidad a Dios?

_____

\* ¿Qué clase de testimonio podría dar ese objeto con respecto a su

fidelidad a Dios? _____

_____

\* En oración, renueve su consagración a Dios como el Señor de su vida.

# DIA 5 El Libro de los Jueces

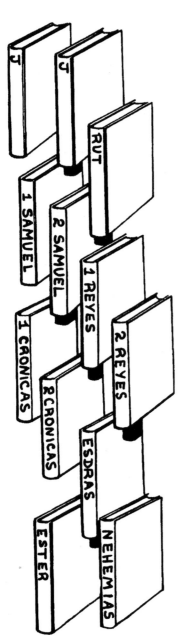

▶ **En este día usted estudiará el libro de los Jueces. Empiece escribiendo los nombres que faltan en los libros dibujados al margen.**

El libro de Jueces forma un período de transición entre los días de Josué y el principio de la monarquía en los días de Samuel. Empecemos aclarando algunas cosas importantes acerca del libro.

1. En primer lugar, es difícil determinar la fecha cuando fue escrito el libro. Sabemos que los eventos tuvieron lugar entre la conquista de Canaán (1400-1200 a.C.) y la destrucción de Silo (alrededor de 1050 A.C.).

2. Generalmente un juez no gobernaba a las doce tribus de Israel como lo había hecho Josué. La mayoría de los jueces fueron líderes militares regionales. Un juez organizaba a una o varias tribus, a fin de luchar contra un enemigo común.

3. En tercer lugar, lo más probable es que el relato no conste en estricto orden cronológico. Parece ser que la administración de un juez coincidía con la actuación de otro juez en alguna región diferente. Por consiguiente, es imposible calcular precisamente el número de años que los jueces gobernaron sobre Israel.

**Los Jueces**

El relato del libro de Jueces hace referencia a doce jueces; seis de ellos son llamados mayores, y los otros seis menores. Esta designación no tiene nada que ver con la importancia del personaje, sino simplemente que la narración de la obra de los jueces mayores es presentada con más detalles, y en mayor extensión, que la obra de los jueces menores.

▶ **Identifique a los seis jueces mayores y a los seis menores, según la referencia bíblica indicada en cada caso. Las respuestas se hallan también al pie de la página siguiente.**

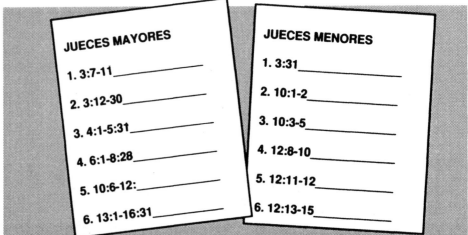

**JUECES MAYORES**

1. 3:7-11 _____

2. 3:12-30 _____

3. 4:1-5:31 _____

4. 6:1-8:28 _____

5. 10:6-12: _____

6. 13:1-16:31 _____

**JUECES MENORES**

1. 3:31 _____

2. 10:1-2 _____

3. 10:3-5 _____

4. 12:8-10 _____

5. 12:11-12 _____

6. 12:13-15 _____

El libro de los Jueces presenta un ciclo que se repite vez tras vez. Primero, el pueblo de Israel se rebelaba contra Dios y se dedicaba a servir a los dioses de los cananeos. Segundo, Dios castigaba al pueblo, entregándolos en las manos de sus enemigos quienes los oprimían con crueldad. La opresión a menudo procedía de parte de naciones extranjeras que los subyugaban. Tercero, el pueblo en su angustia clamaba a Jehová para que les diera libertad. Este grito de angustia suponía el arrepentimiento de parte del pueblo. Cuarto, Dios levantaba a un juez para librar a Israel de los opresores.

A. Versículo que muestra la REBELION:_____

B. Versículo que muestra la OPRESION:_____

C. Versículo que muestra el ARREPENTIMIENTO:_____

D. Versículos que muestran la LIBERACION:_____

▶ **Use el relato referente a Jefté (3:1-11) para identificar el ciclo. Escriba las referencias bíblicas que muestran cada frase a la izquierda.**

*Otoniel (3:7-11).* Otoniel era hermano menor de Caleb, uno de los doce espías que fueron a reconocer la tierra, y dieron un informe positivo. Debido a que Dios estaba con él, Otoniel liberó a Israel de las manos del rey de Mesopotamia, y la tierra estuvo en paz por cuarenta años.

*Aod (3:12-30).* Aod pertenecía a la tribu de Benjamín y era uno de los muchos hombres zurdos de aquella tribu. Eglón, rey de Moab, había oprimido a Israel por dieciocho años. Aod libertó al pueblo. Jueces 3:12 es un resumen típico que muestra la rebelión del pueblo y el castigo de Dios: "Volvieron los hijos de Israel a hacer lo malo ante los ojos de Jehová; y Jehová fortaleció a Eglón rey de Moab contra Israel, por cuanto habían hecho lo malo ante los ojos de Jehová" (3:12).

*Débora (4:15:31).* Débora, junto con Barac, libertó a Israel de la opresión de Jabín, rey de Canaán. Débora seleccionó a Barac, de la tribu de Neftalí, para que dirigiera al ejército en su lucha contra Sísara. Esta acción militar fue la que más se aproximó a ser un movimiento nacional de todas las tribus. Dios usó a la misma Débora para derrotar a Sísara. La victoria de Israel es celebrada en el cántico triunfal de Débora, registrado en el capítulo 5.

*Gedeón (6:18:28).* Gedeón libertó al pueblo de Israel de la opresión madianita. Esta opresión fue severa porque los madianitas atacaban durante el tiempo de la siega, y destruían la cosecha y el ganado. Dios llamó a Gedeón para que liberara a Israel. Dios usó a Gedeón y a un pequeño ejército de 300 hombres para derrotar al poderoso ejército madianita.

La historia de Gedeón ilustra el poder de Dios, y la importancia de la fidelidad al Señor. El pueblo de Israel quiso que Gedeón fuera su rey, pero él rehusó. Su respuesta fue: "No seré señor sobre vosotros, ni mi hijo os señoreará: Jehová señoreará sobre vosotros" (8:23).

*Respuestas:*
*Jueces mayores: 1-Otoniel;*
*2-Aod; 3-Débora; 4-Gedeón;*
*5-Jefté; 6-Sansón.*
*Jueces menores: 1-Samgar;*
*2-Tola; 3-Jair; 4-Ibzán; 5-*
*Elón; 6-Abdón.*

*Respuestas: A-3:1 ó 6;*
*B-3:8; C-9a; D-9b-11.*

*Jefté (10:612:7).* Jefté era un hombre de Galaad y un guerrero muy valiente. Los amonitas habían oprimido a Israel por dieciocho años, y Dios usó a Jefté para libertarlos de esa opresión. Jefté también es conocido por haber hecho una promesa necia e innecesaria. Jefté prometió que si Dios le daba la victoria, le ofrecería en sacrificio a cualquiera que saliera de su casa a recibirlo cuando regresara victorioso. Tristemente, la primera persona fue su única hija. Después de la derrota de los amonitas Jefté juzgó a Israel por seis años.

*Sansón (13:1—16:31).* Sansón pertenecía a la tribu de Dan. Los filisteos habían oprimido a Israel por cuarenta años. Dios usó a Sansón para librar a los israelitas de esa opresión. Sansón fue un hombre de enorme potencial, y de grandes debilidades. Realizó grandes hazañas, pero también tuvo serios fracasos. Dios le dio la responsabilidad de guiar a la nación, pero Sansón desobedeció, y así fracasó.

**Ausencia de Liderazgo Eficaz (Jue. 17—21)**

Los capítulos 17 al 21 del libro de Jueces reflejan cómo vive la gente cuando no hay buenos líderes, o el liderazgo es pobre. Estos capítulos registran algunos de los eventos más sórdidos relatados en la Biblia. Por tres veces se menciona que no había rey en Israel (18:1; 19:1; 21:25), lo cual parece ser un intento de justificar la necesidad de un rey. La semilla de la monarquía había quedado sembrada.

▶ **RESUMEN DE REPASO**

**Para repasar lo que ha estudiado esta semana en el Antiguo Testamento, vea si puede contestar mentalmente las siguientes preguntas. Tal vez usted quiera escribir las respuestas en una hoja de papel aparte. Marque su nivel de aprovechamiento trazando un círculo alrededor de la "C" si puede responder correctamente, o alrededor de la "R" si necesita repasar el material.**

C   R   **1.** ¿Qué palabra podría describir el contenido del primer discurso de Moisés en Deuteronomio 1–4?

C   R   **2.** ¿Qué palabra podría describir el contenido del segundo sermón de Moisés, en Deuteromonio 5–26?

C   R   **3.** ¿Qué cosa se enfatiza en el pasaje llamado la shemá?

C   R   **4.** ¿Por qué se puso tanto énfasis en un lugar central de adoración a Dios en la tierra prometida?

C   R   **5.** Mencione dos de las tres grandes festividades que Israel debía observar cada año.

C   R   **6.** ¿Cuál es el tema principal de cada una de las tres divisiones principales del libro de Josué?

C   R   **7.** Explique lo que quiere decir el término juez en el libro de los Jueces.

C   R   **8.** ¿Cuántos jueces mayores y cuántos jueces menores se mencionan en el libro de los Jueces?

C   R   **9.** ¿Cuáles son las cuatro partes del ciclo que se repite vez tras vez en el libro de los Jueces?

---

**RESPONDA A LA PALABRA DE DIOS**

\* Agradézcale a Dios por los mandamientos que El dictó, y por haberlos dado para nuestro bien.

# Dios y el Principio de la Monarquía (Ruth—2 Samuel)

El pueblo de Israel enfrentaba algunas preguntas muy serias. ¿Necesitaban en realidad un rey? Todas las naciones que los rodeaban los tenían. ¿Debían continuar dependiendo en Dios para la selección de sus líderes temporales? ¿Qué guardaba el futuro para el pueblo de Israel? En esta unidad usted verá cómo el pueblo se convirtió en una monarquía.

El estudio de esta semana se enfoca en libros de Rut y 1 y 2 de Samuel.

**Rut** es la historia de Noemí y su nuera Rut, y de su comportamiento en la tragedia que les vino encima. El propósito del libro es mostrar que Dios está presente con los Suyos incluso en los tiempos de profunda tragedia, que incluso en las horas más terribles se puede confiar en El, y que todas las personas son valiosas.

**1 y 2 de Samuel** describen cómo Israel obtuvo su rey. Los libros empiezan con la historia de Samuel, y concluyen con las experiencias de los familiares de David tratando de determinar quien le sucedería en el trono. Los libros nos relatan el principio de la monarquía, y cómo Dios continuaba formando a Su pueblo.

**Ruth:**

    I. Noemí y Rut (Rut 1)
    II. Rut y Booz (Rut 2:1–4:12)
    III. Genealogía de David (Rut 4:13-22)

**1 y 2 Samuel:**

    I. Samuel (1 S. 1—8)
    II. Samuel y Saúl (1 S. 9—15)
    III. Saúl y David (1 S. 16—2 S. 1)
    IV. David como Rey de Judá e Israel (2 S. 2—8)
    V. Eventos en la Corte de David (2 S. 9—20)
    VI. Varios Episodios en la Vida de David (2 S. 21—24)

*En esta unidad observe con atención las siguientes palabras:*

**Ungimiento** o **unción**—Era una ceremonia mediante la cual se apartaba algo o a alguien para un servicio especial. El ungimiento no otorgaba poder o la capacidad para obedecer a Dios en forma perfecta. Significaba que la persona designada había sido escogida por Dios para un servicio especial. Dios escogió a Saúl y a David para que sirvieran en la responsabilidad de reinar sobre Israel.

# $\mathcal{DIA}$ 1   El Libro de Rut

▶ **En este estudio usted estudiará el libro de Rut. Para empezar, escriba los nombres que faltan en los libros del dibujo en el margen izquierdo.**

*¿Con qué propósito se escribió el libro de Rut?* Es posible que el libro de Rut fue escrito para mostrar que Dios controla la historia. Dios, el Soberano del universo, obra en la vida de las personas, para que se cumpla Su voluntad, incluso en las peores circunstancias. Obró mediante la hambruna que obligó a Noemí y a su familia irse a vivir a Moab. Allí Rut se casó con uno de los hijos de Noemí, y así llegó a ser parte de la familia. Después, Dios obró mediante la fe de Rut, y su lealtad a su suegra, a pesar que Noemí no tenía absolutamente nada para ofrecerle. Dios obró juntando a Rut y Booz. De esa unión vendría más tarde David, el mejor rey que tuvo Israel. En Su divino plan, Dios obró para que de los descendientes de Rut saliera José, marido de María, la madre de Jesús (Mt. 1:1,5,16).

▶ **Explique brevemente cómo muestra el libro de Rut que Dios está en control de la historia.**

_____

_____

_____

**Verifique su información en el párrafo anterior.**

El libro de Rut también puede haberse escrito para mostrar que David, el más famoso de los reyes de Israel, tenía por bisabuela a una mujer moabita. Esto muestra que Dios ama y se interesa en todas las personas, incluso aun cuando no sean israelitas.

Finalmente, la historia puede ser una súplica para lograr la tolerancia de los extranjeros en Judá. Los israelitas después del exilio tenían la tendencia de excluir a ciertas personas. El libro demuestra que podían vivir perfectamente en paz con personas de diferente nacionalidad o raza, y juntos adorar y servir a Dios.

▶ **Marque las declaraciones que son correctas. Las respuestas se hallan también al pie de la página.**

❑ 1. El libro de Rut enseña a considerar a todas las personas como valiosas a los ojos de Dios.

❑ 2. El libro de Rut muestra que los israelitas no podían vivir en Moab.

❑ 3. El libro de Rut anima a la gente a confiar en Dios incluso en los tiempos dolorosos y difíciles.

❑ 4. El libro de Rut enseña que no se podía confiar en los moabitas.

*Respuestas: Usted debe haber marcado 1, 3 y 5.*

❑ 5. El libro de Rut demuestra que las personas que confían en el Señor pueden vivir juntos y en armonía, incluso cuando provengan de diferentes situaciones.

*¿Cuándo se escribió el Libro de Rut?* Es muy difícil determinar la fecha cuando fue escrito este libro. La historia que se narra tiene lugar en el tiempo de los jueces (1:1), pero el mismo pasaje señala claramente que los sucesos habían ocurrido en el pasado. Es posible que el libro haya sido escrito en su forma final muchos años después de los días de David (4:13-22).

Nótese, por ejemplo, en el capítulo 4 las referencias a costumbres que se practicaban desde tiempos atrás. Rut 4:7 describe la práctica en cuanto a la redención y contratos. Una de las personas que intervenían en un contrato se quitaba la sandalia y se la daba a la otra persona participante. Se indica que esto era costumbre "ya desde hacía tiempo." Se puede notar que para el tiempo en que se escribió el libro esta costumbre ya no se practicaba, y que el escritor sintió la necesidad de explicarla.

En Rut 4:17 se hace referencia al nacimiento de David. Es lógico suponer que para que se haga esta mención, el rey David ya se había ganado bien el prestigio de ser el rey famoso de Israel.

▶ **Los siguientes ejercicios le ayudarán a dar un vistazo ligero al libro de Rut.**

1. Lea Rut 1:1 y llene el espacio en blanco: La historia de Rut ocurrió durante el

   tiempo de los _____ .

2. Lea Rut 4:7 y marque la frase que completa la siguiente declaración: La conclusión que brota de Rut 4:7 es que

❑ a. el libro fue escrito mucho más temprano.
❑ b. la gente desconocía las leyes comerciales.
❑ c. los eventos que describe ocurrieron mucho tiempo antes de que se escribiera el libro.

3. Lea Rut 4:17 y marque la frase o frases que completan la declaración:

   A. El más famoso descendiente de Rut que se menciona en 4:17 fue
   ❑ a. Obed.
   ❑ b. Isaí.
   ❑ c. David.

   B. El libro de Rut obviamente fue escrito
   ❑ a. después de que David nació.
   ❑ b. después de que David alcanzó éxito y fama como rey de Israel.
   ❑ c. después de que Isaí murió.

4. Lea Rut 1:1-5,8,16-21; 2:2-3; 4:13-16, y escriba luego en la línea a la izquierda la letra que corresponde a la respuesta correcta.

_____ 1. Elimelec, Noemí y sus hijos se fueron de Judá

a. que se quedaran en Moab.

_____ 2. La familia de Noemí vivió en Moab por

b. Booz, quien era pariente del difunto marido de Noemí.

_____ 3. Noemí sentía amargura porque

c. los amigos de Noemí alabaron y bendijeron al Señor.

_____ 4. Noemí animó a sus nueras a

d. había perdido a su marido y a sus dos hijos.

_____ 5. Rut insistió en

e. diez años.

_____ 6. Rut recogió espigas en el campo de

f. seguir con Noemí.

_____ 7. Después de que Rut se casó y tuvo un hijo,

g. a Moab para vivir allí.

*Respuestas: 1-jueces; 2-c; 3A-c; 3B-a, b; 4: 1-g, 2-e, 3-d, 4-a, 5-f, 6-b, 7-c.*

**RESPONDA A LA PALABRA DE DIOS**

* ¿Puede usted, así como Rut y Noemí, mirar al pasado y ver cómo Dios ha usado los eventos en su vida, tanto buenos como dolorosos, para guiarle por ciertos canales que resultaron ser de bendición? ¿Vaciló su fe en algún momento en aquellas ocasiones?

* En oración alabe y agradezca al Señor por Su paciencia y misericordia que nunca le fallaron.

# *DIA 2*  Los Libros de 1 y 2 Samuel

*Relación entre los dos libros.* El primer y segundo libro de Samuel eran originalmente uno. El libro fue dividido en dos probablemente porque su contenido era demasiado extenso para escribirlo en un solo rollo que se pudiera manejar con comodidad.

▶ **Lea 1 Samuel 31:1-13 y 2 Samuel 1:1. Basándose en esos versículos ¿qué conclusión puede obtener en cuanto a la relación entre 1 Samuel y el segundo libro? Escriba su respuesta en las líneas a continuación.**

_____

_____

¿Escribió usted en su respuesta que el segundo libro empieza en el punto en donde concluye el primero? En realidad el contenido de los dos libros es continuo. La única razón para la división parece haber sido facilitar el manejo de los rollos en que estaban escritos.

*Fecha y Escritor.* Los libros no dan ninguna indicación en cuanto a quién los escribió. La tradición hebrea sostiene que fue Samuel. Sin embargo, el relato de su muerte en 1 Samuel 25:1 claramente indica que, por lo menos desde ese punto en adelante, el escritor debe haber sido otra persona. El libro recibió el nombre de Samuel por causa de la influencia de este personaje y sus discípulos en los eventos relacionados con el principio de la monarquía en Israel. 1 Crónicas 29:29 declara que los hechos de David fueron escritos en los libros de las crónicas de Samuel vidente, lo cual podría ser una referencia a los libros que estamos estudiando.

La historia de Israel que aparece en los libros de Samuel abarca el período que va desde el final de la época de los jueces y el principio de la monarquía, hasta el fin del reinado de David. David es el personaje central en los dos libros, y se lo describe como el rey ideal. En razón de que promovió fidelidad a la religión de Jehová, David se convirtió en un modelo para los reyes que le siguieron.

▶ **Repase nuevamente el bosquejo indicado en la página de introducción a esta unidad, y luego llene los espacios en blanco con las respuestas correctas. Las respuestas también se hallan al pie de la página.**

1. Los principales personajes en 1 Samuel son _____ , _____ y _____ .

2. El principal personaje en 2 Samuel es _____ .

3. En 1 y 2 Samuel se dedican más capítulos a _____ que a ninguna otra persona.

*Respuestas: 1-Samuel, Saúl, David; 2-David; 3-David.*

La vida y ministerio de Samuel marcan un período de transición en la historia de

Israel. Sirvió como el último de los jueces, y preparó el camino para la instalación de Saúl como rey. Samuel merece con justicia el reconocimiento como uno de los más grandes líderes de Israel.

**La Vida y el Ministerio de Samuel**

*Nacimiento y Dedicación de Samuel (1:1—2:11)*. Elcana tenía dos esposas, Ana y Penina. Penina tenía hijos pero Ana no, pues era estéril. Elcana amaba a Ana y la trataba con preferencia, causando así gran rivalidad entre las dos esposas.

▶ **Busque en 1 Samuel 1:1—2:11 las respuestas a las siguientes preguntas:**

1. ¿Cómo afectaba la esterilidad de Ana su relación con Penina?

_____

_____

2. ¿Qué hizo Ana para resolver su problema? _____

_____

3. ¿Cómo se resolvió el problema? _____

_____

_____

Anualmente Elcana y su familia iban al santuario en Silo, el lugar de adoración a Dios. En su angustia Ana oró al Señor, y le pidió que le concediera un hijo varón. Ella prometió que el hijo serviría al Señor en el santuario por toda su vida. Dios escuchó su oración, y le dio un hijo. Cuando el niño nació, ella cumplió su promesa y trajo a Samuel al santuario y lo dedicó a Dios.

*Los Hijos de Elí (1 S. 2:11-36)*. Elí tenía dos hijos, que "eran hombres impíos, y no tenían conocimiento de Jehová" (2:12). La pésima conducta de los hijos de Elí era representativa de la corrupción moral y religiosa presente en la sociedad israelita en ese tiempo. Dejándose llevar por la influencia de las prácticas inmorales de los cananeos, Ofni y Finees trataban con desprecio las ofrendas que el pueblo daba para Dios, y exigían que les dieran primero la parte que les correspondía. También tenían relaciones sexuales con las mujeres que asistían a los cultos en el santuario, con lo cual mostraban su inmoralidad y su falta de respeto por el santuario y por el pueblo por igual.

▶ **Lea 1 Samuel 2:26 y observe el saludable contraste de Samuel con respecto a los hijos de Elí. Anote a continuación las tres áreas en las cuales Samuel crecía.**

1. _____

2. _____

3. _____

*El Llamamiento de Samuel (3:1-21).* Mientras Samuel dormía en el santuario de Silo, donde estaba el arca del pacto, Jehová le llamó. Al principio Samuel pensó que era Elí quien lo llamaba; pero con la ayuda del anciano sacerdote, comprendió que era Dios quien le estaba llamando. Cuando Samuel contestó, Dios le dijo que iba a destruir a la casa de Elí a causa del pecado de sus hijos. Cuando Samuel reveló el plan divino a Elí, el anciano sacerdote aceptó la decisión divina sin cuestionarla.

La experiencia de Samuel con Dios cambió su vida y sirvió de mensaje para Israel. Dios bendijo grandemente el ministerio de Samuel (1 S. 3:19-21). Todo Israel reconoció que Samuel era en verdad un profeta de Jehová.

*El Ministerio de Samuel (1 S. 7—12).* Samuel fue uno de los personajes principales en la formación de la monarquía israelita, y sirvió en diversas capacidades durante ese período crucial en la historia de Israel.

En primer lugar, Samuel sirvió como sacerdote. Los filisteos habían capturado el arca del pacto, y después de un tiempo la devolvieron. Sin embargo, siguieron oprimiendo a los israelitas por veinte años. El pueblo empezó a acudir a Samuel diciendo que querían escuchar la voz del Señor. Samuel sirvió como sacerdote al ayudar al pueblo a dejar los dioses paganos y volverse al Dios verdadero. Aunque Samuel no pertenecía a la familia de Aarón, sirvió igualmente como sacerdote. Ofreció holocaustos a Dios (7:9), y edificó un altar a Jehová (7:17).

♦ **Lea 1 Samuel 7:1-13, y luego encierre en un círculo la respuesta correcta, según la declaración sea *cierto* o *falso*.**

*Respuestas: 1-Cierto; 2-Cierto; 3-Falso; 4-Falso; 5-Cierto; 6-Falso; 7-Falso.*

C F **1.** El pueblo de Israel trataba de seguir a Dios mientras se aferraba todavía a sus dioses falsos.

C F **2.** Samuel urgió al pueblo a que dejara sus dioses paganos.

C F **3.** Samuel convocó al pueblo en Hebrón para celebrar una fiesta.

C F **4.** Cuando los filisteos los atacaron el pueblo no tenía mucha confianza en las oraciones de Samuel.

C F **5.** El pueblo debía depender en Dios y confiar en que El los libraría de los filisteos.

C F **6.** Israel obtuvo la victoria gracias a su incuestionable superioridad militar.

C F **7.** La piedra Ebenezer marcaba la frontera para que los filisteos no pasaran a molestar a los israelitas.

Samuel sirvió como juez. Los jueces anteriores habían sido principalmente líderes militares, pero Samuel ayudaba a la gente a resolver sus conflictos y disputas. Samuel hacía un recorrido entre Bet-el, Gilgal, Mizpa, Silo, y Ramá, la ciudad donde residía. Se considera que Samuel fue el último juez en Israel.

♦ **Con un lápiz trace una línea conectando las ciudades del recorrido de Samuel en su calidad de juez: Bet-el, Gilgal, Mizpa, Silo y Ramá.**

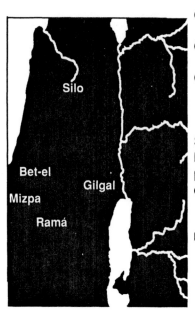

RESPONDA A LA PALABRA DE DIOS

* ¿Quién le ayudó a entender que Dios le estaba hablando? Escriba aquí el nombre de esa persona: _____

* Encierre en un círculo la respuesta más apropiada en cada una de las siguientes preguntas:
  1. ¿Puede usted identificarse como un siervo de Dios?
     (casi siempre, algunas veces, nunca).
  2. ¿Está usted listo para acatar la Palabra de Dios?
     (casi siempre, algunas veces, nunca).
  3. ¿Reconocen otras personas que usted es un hijo de Dios?
     (casi siempre, algunas veces, nunca).
  4. ¿Está usted creciendo en el Señor?
     (casi siempre, algunas veces, nunca).

* ¿Piensa usted que Dios le está diciendo algo a través de este ejercicio? En oración hable con Dios ahora mismo acerca de sus respuestas a esta actividad.

# *DIA 3*  Saúl y la Monarquía *(1 S. 8—15)*

El surgimiento de la monarquía fue uno de los eventos más importantes en la historia de Israel. Saúl llegó a ser el primer rey, y por un tiempo sirvió eficazmente. Más tarde fracasó debido a su desobediencia a Dios.

***El Principio de la Monarquía (1 S. 8—12).*** Una razón que precipitó el establecimiento de la monarquía en Israel fue la conducta inmoral de los hijos de Samuel. En su vejez Samuel puso a sus dos hijos como jueces en Israel. Pero ellos no tenían ni la integridad personal, ni la devoción a Dios que tenía su padre, y aceptaban soborno, y violaron y pervirtieron el derecho. Por cuanto los hijos de Samuel habían demostrado no servir para el liderazgo, los demás líderes de Israel consideraron que la única solución al problema era la elección de un rey.

Otra razón para la petición de un rey fue que querían ser como las otras naciones. Hasta ese momento Israel había sido una teocracia, una comunidad donde el verdadero Rey era Jehová. Pero los líderes de las tribus pensaron que para sobrevivir como una nación independiente, necesitaban un rey, es decir, una autoridad central fuerte, que gobernara a todo el pueblo y unificara a las tribus israelitas para enfrentar la amenaza extranjera.

La petición de los ancianos desagradó a Samuel, pues consideró que constituía un rechazo de la autoridad de Jehová sobre Israel. Una parte del peligro era que en muchas de las naciones vecinas de Israel a los reyes se les tenía como dioses. En Israel no había ningún Dios sino Jehová.

Saúl era hijo de Cis, un hombre de la tribu de Benjamín. Un día, cuando Saúl estaba buscando los asnos de su padre, vino a la ciudad donde Samuel vivía. Dios le ordenó a Samuel que ungiera a Saúl como rey de Israel. El ungimiento o unción era un acto simbólico indicando que la persona era apartada para una tarea especial. Más tarde, en una reunión del pueblo en Mizpa, Saúl fue elegido y proclamado rey sobre Israel.

Las experiencias de los primeros años del reinado de Saúl demuestran que Dios no se olvida de los Suyos, aun cuando ellos hagan decisiones equivocadas.

> ◗ **Samuel les dijo claramente a los israelitas que al pedir un rey estaban rechazando a Dios. Estudie 1 Samuel 10—12, y anote en las líneas a continuación cuatro indicaciones de que Dios estaba dispuesto a continuar bendiciendo a Israel y a su nuevo rey, a pesar de la decisión errada que el pueblo había tomado.**

1. _____

2. _____

3. _____

4. _____

*Unción o ungimiento–un acto simbólico que indicaba que una persona había sido escogida y apartada para una tarea especial.*

Estos capítulos dan numerosas indicaciones de que Dios estaba dispuesto a continuar bendiciendo a Israel, a pesar de la mala decisión que habían hecho. Entre esas indicaciones se pueden mencionar: la experiencia de transformación de Saúl (10:6-7); Dios le mudó su corazón (10:9); el Espíritu de Dios vino sobre Saúl (10:10); la victoria sobre los amonitas (11:11); la promesa de Dios (12:14); y la fidelidad de Dios a Su propósito (12:23). La venida del Espíritu de Dios sobre Saúl indica que él recibiría la capacitación necesaria para ser un buen líder y ejercer su misión como rey de Israel.

***La Caída de Saúl (1 S. 13—31).*** ¿Por qué fracasó Saúl, habiendo empezado como el rey ungido que Dios había escogido? Saúl fracasó porque desobedeció a Dios.

> ◗ **Lea 1 Samuel 13:1-14. Explique en sus propias palabras por qué piensa usted que las acciones de Saúl fueron un serio error. Compare luego su respuesta con el párrafo que sigue.**

_____

_____

_____

Mientras Saúl esperaba que Samuel llegara para bendecir al ejército mediante el ofrecimiento del sacrificio, las tropas empezaron a desertar. Saúl se impacientó por el temor, y ofreció por sí mismo el sacrificio. Saúl desobedeció a Dios porque sabía que esa no era tarea que le correspondía. Era una tarea asignada únicamente a los sacerdotes. Samuel le reprendió profetizando que por cuanto Saúl había desobedecido a Dios, su reino no sería duradero. Jehová iba a levantar en Israel a otro rey en su lugar, el cual habría de ser obediente a Dios.

La desobediencia que colmó la medida ocurrió con ocasión de la batalla contra los amalecitas (1 S. 15). Por medio de Samuel Dios le ordenó a Saúl que destruyera por completo a los amalecitas, incluyendo su ganado y todas sus posesiones. Saúl derrotó totalmente al ejército amalecita, pero dejó vivo a Agag el rey, y también se quedó con lo mejor del ganado y de las riquezas.

El juicio de Dios no se dejó esperar. En este punto "vino palabra de Jehová a Samuel, diciendo: Me pesa haber puesto por rey a Saúl" (1 S. 15:11). Saúl se había alejado de Dios.

▶ **Lea 1 Samuel 15:13-35. Luego escriba en la línea de la izquierda la letra de la declaración que explica cada respuesta de Saúl**

_____ 1. He hecho lo que Dios me ordenó (v. 13).
_____ 2. Los soldados lo trajeron para ofrecerlo a Dios en sacrificio (v. 15).
_____ 3. Al contrario, yo obedecí al pie de la letra (v. 20)
_____ 4. He pecado porque tuve miedo de la gente, y consentí a lo que me pedían (v. 24).
_____ 5. He pecado, pero hónrame delante de los ancianos y delante de Israel, yendo junto conmigo a adorar (v. 30).

A. ¿Pretendemos algunas veces excusar nuestros pecados?
B. ¿Le echamos la culpa de nuestros pecados a otras personas algunas veces?
C. ¿Nos preocupamos más por el qué dirán que por hacer lo correcto delante de Dios?
D. ¿Tratamos algunas veces de corregir los mandamientos de Dios para que se ajusten a nuestra conducta, en lugar de que dirijan nuestro comportamiento?
E. ¿Negamos algunas veces nuestros pecados?

Cuando Samuel le preguntó por qué razón había desobedecido, Saúl trató de disculparse diciendo que el pueblo había conservado lo mejor para ofrecérselo a Jehová. La respuesta de Samuel fue que no importaba el sacrificio que un rey o un ciudadano israelita quisiera dedicar a Dios; para Dios la obediencia es mejor que el sacrificio: "Ciertamente el obedecer es mejor que los sacrificios, y el prestar atención es mejor que la grosura de los carneros" (15:22). Debido a su desobediencia, Dios había desechado a Saúl.

**RESPONDA A LA PALABRA DE DIOS**

* Pregúntese usted mismo las preguntas de la actividad sobre 1 Samuel 15:13-35. Responda en forma honesta. ¿Indican sus respuestas que usted debe hacer algo para poder ser más consistente en su obediencia a Dios? Escriba en las líneas a continuación lo que usted podría hacer.

* Medite en Santiago 1:22: "Pero sed hacedores de la palabra, y no tan solamente oidores, engañándoos a vosotros mismos." Si usted estudia con toda diligencia la Palabra de Dios, pero no la obedece, ¿qué es lo que está haciendo?

*Respuestas: 1-D; 2-B; 3-E; 4-A; 5-C.*

# $\mathcal{D}I\mathcal{A}\ 4$ Saúl y la Monarquía—continuación (1 S. 16—31)

En el estudio de ayer vimos dos acciones de Saúl por las cuales demostró que no tenía las cualidades necesarias para guiar a Israel. Saúl desobedeció a Dios repetidamente.

En el estudio de hoy examinaremos otros eventos, en los cuales Saúl demostró otra vez que no servía para ser el rey de Israel

*Unción o ungimiento— un acto simbólico que indicaba que una persona había sido escogida y apartada para una tarea especial.*

***Saúl se dejó controlar por los celos (1 S. 16—31).*** Habiendo Jehová rechazado a Saúl, Dios ordenó a Samuel que fuera a Belén de Judá, y ungiera como rey a la persona a quien El le habría de revelar. Dios guió a Samuel para que ungiera al jovencito David. Aun cuando todavía pasarían varios años antes de que David subiera al trono, con todo ya era el ungido de Dios.

El capítulo 17 nos relata cómo David venció a Goliat. Los filisteos estaban peleando contra Israel. Goliat, un soldado filisteo de tres metros de estatura, desafió al ejército de Israel a que seleccionaran un hombre para pelear con él. Los israelitas se asustaron mucho, y ninguno quiso salir a luchar contra Goliat. David reconoció que el desafío era en realidad un desafío contra Dios. Se ofreció para ir a luchar contra el filisteo, y con su cayado de pastor y una honda salió al encuentro de Goliat en el nombre de Jehová.

♦ **Lea 1 Samuel 17:1-11.32-54. Luego marque las declaraciones que son ciertas.**

❑ 1. Goliat fue un instrumento eficaz para guerra psicológica.
❑ 2. La "oferta" de Goliat (vv. 8-9) no era genuina.
❑ 3. Los israelitas se burlaban de Goliat a sus espaldas.
❑ 4. David fue obligado a pelear contra Goliat.
❑ 5. El testimonio de sus experiencias pasadas, y de su fe, persuadieron a Saúl a dejar que David peleara contra Goliat.
❑ 6. Goliat quedó impresionado por la valentía de David.
❑ 7. David dependía en Dios más que en su propia honda.
❑ 8. David atacó a Goliat con gran cuidado y precaución.
❑ 9. Cuando los filisteos vieron muerto a Goliat, se rindieron a los israelitas.

*Respuestas: 1; 2 (los filisteos no se rindieron cuando David le ganó a Goliat); 5; y 7 (vv. 45-47).*

David mató a Goliat y le cortó la cabeza. Esta victoria tuvo varios resultados. Primeramente, Jonatán, un hijo de Saúl, hizo un pacto de amistad con él. Segundo, la victoria aumentó la popularidad de David entre el pueblo, y eso desató los celos en Saúl. Saúl dejó que los celos lo controlaran.

*Celos, envidia y odio brotan de un corazón que ha apartado sus ojos del Señor.*

▶ **Escriba en la línea en blanco la letra que corresponde al contenido de cada pasaje indicado.**

_____ 1. 18:5-9

_____ 2. 18:17-25

_____ 3. 19:9-10

_____ 4. 19:11

_____ 5. 20:30

_____ 6. 23:25

A. Tenía la esperanza de que los filisteos mataran a David.

B. Sintió celos por las victorias militares de David.

C. Saúl y su ejército persiguieron a David.

D. Le dijo a Jonatán que David tenía que morir, porque de lo contrario Jonatán no sería el próximo rey.

E. Trató de enclavar a David con su lanza.

F. Envió a unos hombres para que mataran a David en su casa.

Saúl empezó a temer que el pueblo fuera a proclamar a David rey. Llevado por los celos, diversas veces intentó matar a David. David escapó de la manos de Saúl, y tuvo que huir. En contraste con la conducta irresponsable de Saúl, David procuraba honrar a Dios con sus acciones. Aun cuando en dos ocasiones tuvo la oportunidad para matar a Saúl, no quiso hacerle ningún daño, porque reconocía que Saúl era el ungido de Jehová.

CONFESION Y ARREPEN-TIMIENTO

CAMBIO DE ACTITUDES Y DE ACCIONES

▶ **Lea 1 Samuel 24:16-17 y luego 26:21 para ver lo que Saúl dijo en dos ocasiones en que David le perdonó la vida. En su opinión, ¿por qué es importante que la confesión de haber obrado mal vaya acompañada de un cambio en la conducta?**

_____

_____

_____

Con frecuencia Saúl reconoció haber obrado mal con David, pero ni siquiera así cambió su conducta. Los celos y el odio que sentía se convirtieron en la obsesión de su vida.

***La Muerte de Saúl (1 S. 31:1-13).*** Saúl hizo los preparativos y salió para enfrentar a los filisteos (28:1-6). El final fue trágico para Israel. El ejército israelita fue aniquilado, los tres hijos de Saúl murieron en la batalla, y Saúl cayó herido. Antes que caer en manos de los filisteos, Saúl se suicidó. Cuando David se enteró de la muerte de Saúl y la de su amigo Jonatán, lo lamentó profundamente. La elegía que escribió para lamentar esas muertes es un testimonio de la estima que Israel tenía por Saúl: "¡Ha perecido la gloria de Israel sobre tus alturas! ¡Cómo han caído los valientes! (2 S. 1:19).

*Respuestas: 1-B; 2-A; 3-E; 4-F; 5-D; 6-C.*

Así el primer rey de Israel murió en el campo de batalla. Saúl tuvo una misión difícil. Al principio sirvió a Israel con honor, incluso en una época de grandes cambios. Más tarde desobedeció a Dios, y se dejó llevar por su propio pecado. Conforme a lo que Dios había prometido, David ocuparía el trono de Israel.

**RESPONDA A LA PALABRA DE DIOS**

* Reflexione en el comportamiento de Saúl, y en cómo él mostró que no tenía las cualidades necesarias para guiar al pueblo de Dios. Pensando en eso considere su propia vida. Vea si hay alguna tendencia que tuviera que podría amenazar la eficacia del servicio que usted pudiera rendir a Dios. Pídale a Dios que le dé victoria sobre esas debilidades.

* Piense en algún error cometido y que ya ha confesado ante Dios. ¿Han cambiado sus actitudes y conducta lo suficiente como para mostrar verdadero arrepentimiento?

* En oración pídale a Dios que le revele cualquier inconsistencia que pudiera haber en su vida, y que le ayude a corregirla.

# *DIA 5*   El Reinado de David *(2 S. 1—24)*

En este estudio usted verá que David demostró ser un hombre conforme al corazón de Dios (1 S. 13:14). Con diligencia procuró conocer y obedecer la voluntad de Dios (2 S. 2:1-4).

El reinado de David fue un período de unificación y desarrollo para la nación. David demostró ser un líder capaz. Unificó a las tribus, estableció un gobierno eficiente, organizó el sacerdocio, y reunió y comandó un ejército que pudo conquistar a todos los enemigos de Israel. David heredó una nación dividida, pero cuando murió dejó un imperio a su hijo Salomón. Fue el rey más poderoso de los que tuvo Israel. Cada uno de los reyes en el Antiguo Testamento fue medido por el ejemplo de la dedicación de David hacia Dios. Ser un rey como David vino a ser el más alto elogio que se podía decir de cualquiera que subía al trono.

**David Reina en Hebrón**

Después de la muerte de Saúl, los ancianos de la tribu de Judá eligieron a David como rey de Judá. La nación estaba dividida, y la mayoría de las tribus todavía querían ser leales a la familia de Saúl. Así resultó que había dos reyes. Ambos tenían su propio ejército, su propio comandante militar, y reinaban en áreas diferentes.

▶ **Use la información que se halla en 2 Samuel 1-11 para hallar el nombre del otro rey, de los comandantes de los ejércitos, y de las ciudades capitales. Escriba esos nombres en los lugares apropiados en el mapa a la izquierda.**

**Israel**

Capital

Rey

Capitán

**Juda**

Capital

Rey

Capitán

David estableció la capital de su gobierno en Hebrón. El conflicto entre la casa de David y la casa de Saúl continuó durante ese tiempo. David iba ganando en fuerza y en poder, en cambio Is-boset el hijo de Saúl, que era el rey de las tribus del norte, iba perdiendo terreno, y no tenía mucho apoyo político. Poco a poco sus seguidores le abandonaron. Abner era el comandante del ejército de Saúl, y estuvo con Is-boset al principio de su reinado. Pero cuando Is-boset le hizo enojar, Abner hizo un pacto con David y declaró su lealtad a él. Sin el apoyo de Abner, Is-boset quedó desamparado y muy pronto sus propios oficiales lo asesinaron.

Los líderes de Israel vinieron entonces a Hebrón, para decirle que estaban dispuestos a unir la nación bajo su liderazgo. David, entonces hizo pacto con ellos, y los ancianos de las tribus del norte ungieron a David como rey sobre todo Israel.

▶ **Lea 2 Samuel 5:1-3. ¿Cuáles de las siguientes razones dieron los líderes de las tribus del norte para pedir a David que fuera el rey sobre ellos? Las respuestas se hallan también al pie de la página.**

❑ 1. No podemos ganar la guerra contra ti.
❑ 2. Somos hueso y carne tuya.
❑ 3. Tú dirigías nuestras campañas militares bajo Saúl.
❑ 4. Saúl te eligió para que reinaras en su lugar.
❑ 5. Dios te ha elegido para que seas rey sobre Israel.

**David Reina en Jerusalén**

Después de reinar siete años y medio en Hebrón, David hizo varias cosas importantes para unificar la nación tanto políticamente, como en el aspecto religioso.

▶ **Estudie 2 Samuel 57, y luego responda a las siguientes preguntas. Use los párrafos que siguen para verificar sus respuestas.**

1. ¿Qué hizo David para unificar políticamente a la nación?

_____

2. ¿Qué hizo David para unificar las prácticas religiosas de la nación?

_____

3. ¿Cuál fue el sueño de David que no le fue permitido realizar?

_____

4. ¿Cómo interpretaría usted 2 Samuel 7:16?

_____

*Respuestas: 2, 3, 5.*

David actuó de inmediato para unificar su reino. Demostrando verdadero genio político, comprendió que tenía que buscar un compromiso que satisfaciera a todas las tribus. Con este propósito conquistó la ciudad de Jerusalén, trasladó allá su residencia, y la hizo la capital del reino. Con esta conquista David eliminó una amenaza cananea en el centro del país, pero, más importante todavía, estableció la capital del reino en una ciudad que no pertenecía a ninguna de las tribus. Jerusalén estaba céntricamente ubicada, entre la frontera de las tribus del sur y las del norte. Jerusalén vino a pertenecerle a David por razón de su conquista. Por esta razón se le conocía como "la ciudad de David," lo cual rendía también excelentes ventajas políticas.

En segundo lugar, David trajo el arca del pacto a Jerusalén. El arca simbolizaba la presencia de Dios entre Su pueblo. Al traer el arca a Jerusalén, David consiguió que todo el pueblo fuera a Jerusalén para la adoración a Dios; y así estableció a Jerusalén como el nuevo centro político y religioso de la nación.

Cuando David se propuso construir un templo para el Señor, al profeta Natán le pareció bien, pero Dios revocó la aprobación. Por causa de la mucha sangre que David había derramado en las guerras de conquista, Dios no le permitió construir el templo. Pero Dios hizo un pacto con David afirmando su casa y su reino. Dios le prometió a David que un hijo suyo construiría el templo que él quería edificar a Jehová.

▶ **Lea 2 Samuel 8:15. ¿En qué sentido fue David un modelo ejemplar que los demás reyes debían seguir?**

¿Escribió usted que David consistentemente se esforzaba por administrar con justicia y equidad? Excelente.

### Los Ultimos Años de David (2 S. 9—24)

Algunos eruditos dicen que 2 Samuel 9 al 20 son un relato de la sucesión del trono. La pregunta clave que flota en toda la sección es ¿quién será rey después de David? Israel no tenía ningún método establecido para elegir rey. ¿Cómo lo escogerían? Por supuesto, sabemos que Salomón finalmente fue el rey; pero ocupó el trono solo después de que varios de los otros hijos de David trataron de ocuparlo, sin lograrlo.

Estos capítulos también relatan el pecado personal de David, y cómo el pecado afecta a otras personas. David pecó con Betsabé, la esposa de Urías, uno de sus soldados que estaba en el campo de batalla. Betsabé concibió, y para ocultar su adulterio, David ordenó la muerte de Urías en el campo de batalla. Dios reprendió a David por medio del profeta Natán. "Por lo cual ahora no se apartará jamás de tu casa la espada, por cuanto me menospreciaste, y tomaste la mujer de Urías heteo para que fuese tu mujer" (12:10). David se arrepintió de su pecado pero el hijo de David y Betsabé murió.

Cuando David se arrepintió Dios perdonó su pecado; sin embargo, las consecuencias de su acción continuaron afectando por largo tiempo su vida y su familia. El principio del juicio divino aparece en la violación de Tamar por su hermano Amnón. Después Absalón mató a Amnón. Absalón tuvo que huir de Israel, pero después fue el líder de una revuelta contra su padre David. Para evitar una guerra contra su propio hijo, David huyó. Absalón fue proclamado rey en lugar de su padre, tomó Jerusalén, y violó públicamente a las concubinas de David.

Finalmente Joab lo mató. Las palabras de Dios por medio del profeta Natán alcanzaron pleno cumplimiento.

**Marque las declaraciones que a usted le parecen acertadas.**

❑ 1. Puesto que Dios siempre perdona el pecado, en realidad no importa cómo viva uno.
❑ 2. Mis pecados son asunto mío, y a nadie más le importan.
❑ 3. Tarde o temprano el pecado siempre produce sufrimiento y dolor.
❑ 4. El perdón de Dios no elimina la influencia y efecto de nuestro pecado sobre otras personas.
❑ 5. Dios puede perdonar el pecado, pero las cicatrices siempre permanecen.

Hubieron otras rebeliones contra David, pero ninguna logró destronarlo. En su vejez, David designó a Salomón para que lo sucediera en el trono. David le dejó a Salomón un imperio en paz. El reino de Israel alcanzó su máxima extensión y más grande influencia bajo el reinado de David. David sirvió como el modelo por el cual Israel juzgaría a todos sus demás reyes.

## ▶ RESUMEN DE REPASO

**Para repasar lo que ha estudiado esta semana, vea si puede contestar mentalmente las siguientes preguntas. Tal vez usted quiera escribir las respuestas en una hoja de papel aparte. Marque su nivel de aprovechamiento trazando un círculo alrededor de la "C" si puede contestar correctamente, o alrededor de la "R" si encuentra que necesita repasar el material.**

C   R   **1.** Mencione en orden los libros de la ley y de historia, hasta 2 Samuel.

C   R   **2.** ¿Quién era el más famoso descendiente de Rut cuando se escribió el libro de Rut?

C   R   **3.** Indique uno de los propósitos de los libros de Samuel.

C   R   **4.** Indique dos funciones que Samuel desempeñó en su servicio en Israel.

C   R   **5.** ¿Cómo le pareció a Samuel la petición de un rey que le hizo el pueblo?

C   R   **6.** Mencione por lo menos dos maneras por las cuales Saúl demostró que no tenía la habilidad y capacidad para ser rey sobre Israel.

C   R   **7.** ¿Por qué razón David salió a pelear contra Goliat?

C   R   **8.** ¿Cómo llegó David a ser rey, después de la muerte de Saúl?

*Respuestas: Espero que haya marcado 3, 4 y 5.*

C   R   **9.** Explique brevemente cómo logró David consolidar su reino.

**RESPONDA A LA PALABRA DE DIOS**

* La Biblia jamás trata de dorar la píldora al describir a sus héroes. David fue un hombre ejemplar, y conforme al corazón de Dios, y sin embargo tuvo también sus fracasos.
Responda a las siguientes preguntas marcando *Sí* o *No.*

*Sí No* 1. ¿Dejó Dios de usar a David después de que el rey adulteró y asesinó?

*Sí No* 2. Si un líder cristiano peca, y luego se arrepiente genuinamente, ¿debería quedar descalificado para el servicio a Dios?

*Sí No* 3. Si descubro faltas y errores en los líderes de mi iglesia, o en mis héroes espirituales, ¿debo dejar de confiar en ellos?

• Esté preparado par discutir sus respuestas en la sesión del grupo. Ore ahora mismo por los líderes de su iglesia.

# Unidad 8
# Dios y los Reinos: Unido y Dividido (1 Reyes—2 Crónicas)

**TEMA**

**BOSQUEJO**

Los libros de Reyes y Crónicas muestran cómo las decisiones que se tomaron en Israel afectaron a la nación entera. Estos libros muestran cómo Dios bendijo a Israel, y cómo los pecados de la nación condujeron a su destrucción. Los libros describen cómo una decisión afectó a las que se tomaron más tarde.

En esta unidad usted estudiará los libros de 1 y 2 Reyes, y verá cómo 1 y 2 Crónicas son relatos paralelos a 1 y 2 Samuel y 1 y 2 Reyes.

*1 y 2 Reyes* completan la historia del reino de Israel. El relato empieza en el punto en que concluyó 2 Samuel. El Segundo Libro de Samuel dejó sin contestar quién fue el rey después de David. Los libros de los Reyes contestan esa pregunta, y relatan el resto de la historia de cómo el reino se dividió, y lo que ocurrió luego con el reino del norte, Israel, y con el reino del sur, Judá.

*1 de Crónicas* es un relato paralelo a los libros de Samuel, en tanto que *2 de Crónicas* es un relato paralelo a los libros de los Reyes. Sin embargo, hay diferencias muy notorias en ambos casos. Los libros de Crónicas parecen haber sido escritos mucho más tarde, como una interpretación de la historia que se relata en Samuel y en Reyes.

| **1 y 2 Reyes** | **1 y 2 Crónicas** |
|---|---|
| I. Salomón (1 R. 1—11) | I. Genealogías (1 Cr. 1—9) |
| II. El Reino Dividido (1 R. 12—2 R. 17) | II. David (1 Cr. 10—29) |
| III. Judá (2 R. 18—25) | III. Salomón (2 Cr. 19) |
|  | IV. Judá (2 Cr. 20—36) |

*En esta unidad observe especialmente las siguientes palabras:*

**Asera**—(O Astarté) era la consorte del dios Baal. En la creencia de los pueblos paganos la fertilidad de la tierra dependía de la relación sexual entre Baal y Asera. Para estimular la fertilidad de la tierra, por lo tanto, los adoradores acudían a los santuarios, usualmente construidos en colinas o "lugares altos," y participaban en orgías sexuales y de prostitución como parte de su adoración a sus dioses.

| | SAMUEL | REINADO DE SAUL | REINADO DE DAVID | REINADO DE SALOMON | REINOS DIVIDIDOS |
|---|---|---|---|---|---|
| 1 SAMUEL | ▓ | ▓ | | | |
| 2 SAMUEL | | | ▓ | | |
| 1 REYES | | | | ■ | |
| 2 REYES | | | | | ▓ |
| 1 CRONICAS | | | ▓ | | |
| 2 CRONICAS | | | | ■ | ■ |

122

# DIA 1 Introducción a los Libros de Reyes y de Crónicas

## 1 y 2 Reyes

Los libros de 1 y 2 Reyes continúan la historia del pueblo de Israel, a partir del punto en que quedó al concluir 2 Samuel. Se narra la instalación de Salomón como el rey que sucedió a David, y algunos de los eventos más destacados de su reinado. Luego se relata la división del reino, y se nos cuenta el resto de la historia del reino del norte, Israel, y del reino del sur, Judá. El siguiente dibujo le ayudará a tener una idea de conjunto del contenido de los libros de Samuel, Reyes y Crónicas.

Salomón reinó después de la muerte de David. Después de que Salomón murió, la nación se dividió: diez tribus se agruparon para formar el reino del norte, el cual continuó llamándose Israel. Las tribus de Judá y Benjamín formaron el reino al sur, y se llamó Judá.

Por un tiempo los dos reinos existieron lado a lado. En razón de que los habitantes del reino del norte, Israel, desobedieron a Dios y adoraron otros dioses, Dios los destruyó, y Samaria, la capital, cayó bajo el poder de Asiria, en 722 A.C. El reino del sur no aprendió la lección, y aunque continuó existiendo por un tiempo, finalmente cayó en 587 A.C. ante Babilonia.

▶ **En la línea en blanco escriba la letra que corresponde a la respuesta correcta. Las respuestas también se hallan al pie de la página.**

|  |  |  |
|---|---|---|
| _____ 1. Salomón | A. Reino del norte |
| _____ 2. Reino del norte | B. Reino del sur |
| _____ 3. Reino del sur | C. Hijo de David |
| _____ 4. Diez tribus | D. Caída de Judá |
| _____ 5. Judá y Benjamín | E. Caída de Israel |
| _____ 6. 722 A.C. | F. Judá |
| _____ 7. 586 A.C. | G. Israel |

## Escritor y Fecha

Es imposible determinar a ciencia cierta quién escribió la historia que aparece en los libros de Reyes. Reyes empieza con el reino de Salomón y termina con el pueblo en el exilio de Babilonia, una historia que abarca un período de aproximadamente 400 años. Los últimos eventos relatados en 2 Reyes indican que Evil-merodac, el rey de Babilonia, permitió que Joaquín, que había sido rey de Judá, recibiera tratamiento favorable (2 R. 25:27). Esta fecha puede ser determinada con mayor precisión, y por eso sabemos que ocurrió en alrededor de 561 A.C. Por consiguiente, el escritor debe haber escrito el relato con posterioridad a esa fecha. Sin embargo, como el libro no indica que el exilio hubiera terminado,

*Respuestas: 1-C, 2-G, 3-F, 4-A, 5-B, 6-E, 7-D.*

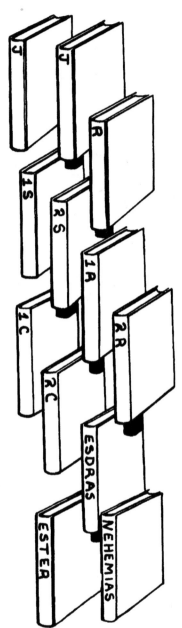

podemos considerar que el libro fue escrito antes de 539 A.C., que fue el año cuando concluyó la cautividad en Babilonia. El propósito de los libros de Reyes es afirmar que Jehová es el Señor de la historia y un Dios que interviene en la vida de Su pueblo.

Guiado por el Espíritu de Dios, el escritor coleccionó los materiales para escribir su relato, usando diversos documentos y fuentes de información de su propia época.

▶ **Lea los siguientes versículos, e identifique algunas de las fuentes de información que usó el escritor sagrado. Las respuestas se hallan también al pie de la página.**

1. 1 Reyes 11:41_____

2. 1 Reyes 14:19_____

3. 2 Reyes 8:23_____

### El Propósito de los Libros de los Reyes

Hay por lo menos tres propósitos evidentes en los libros de 1 y 2 Reyes.

* Relatar la historia de los reinos de Israel y Judá hasta su caída.

* Los libros señalan en forma especial la maldad de los reyes de Israel, al norte, recalcando que continuaron adorando los ídolos que construyó Jeroboam, y que por eso el reino del norte cayó tan pronto.

* Cada rey de Israel y Judá es evaluado según su obediencia y fidelidad a Jehová. Los reyes que promovieron la adoración a Jehová, son declarados reyes buenos y se los elogia por su fidelidad. A los que promovieron la adoración de otros dioses, se les critica severamente y se les declara reyes malos. Dios castigó la infidelidad. Ambos reinos cayeron debido al juicio de Dios por los pecados del pueblo.

### Los Libros de Crónicas

Los libros de Crónicas presentan una historia de Israel paralela a la que aparece en los libros de 2 Samuel y los libros de Reyes. El libro empieza con una extensa lista genealógica (1 Cr. 19). Con ese trasfondo, el escritor presenta su interpretación de la historia del pueblo de Israel. El relato empieza con la última batalla entre Saúl y los filisteos (1 Cr. 10:1), y concluye con el decreto de Ciro de Persia que dio término a la cautividad babilónica. Ciro dictó este decreto alrededor de 538 A.C., lo cual quiere decir que Crónicas cubre un período un poco más largo que los libros de Reyes; aproximadamente veinte y tres años más.

*Respuestas: 1. El libro de los hechos de Salomón; 2. El libro de las historias de los reyes de Israel; 3. El libro de las crónicas de los reyes de Judá.*

Después de un breve espacio dedicado a la muerte de Saúl, el Primer Libro de Crónicas narra la historia del reinado de David, recalcando especialmente sus planes y preparativos para la construcción del templo. El Segundo Libro de Crónicas continúa la historia, relatando los eventos relacionados con el reinado de Salomón y la construcción del templo, y luego se concentra en la historia del reino de Judá.

No se sabe quién fue el escritor de los libros de Crónicas. Es claro que fueron escritos después del exilio de Israel y de su restauración a Palestina. Por la cantidad de detalles que se indican con respecto al templo, así como en referencia al culto, al sacerdocio, a la música en la adoración y a los levitas, es posible que el escritor haya sido alguno de los levitas que servían en el templo de Jerusalén.

▶ **Para tener una idea del paralelismo entre los libros de Samuel, Reyes y Crónicas, compare los bosquejos de la página de introducción (p. 122) de la unidad, y también el dibujo de la misma página. Note cuáles secciones de un libro se incluyen en alguno de los otros, y cuáles no.**

---

**RESPONDA A LA PALABRA DE DIOS**

\* **¿Piensa usted que los libros de Samuel, Reyes y Crónicas, fueron escritos primordialmente para que podamos tener un registro histórico de lo que ocurrió con Israel?**   *Sí   No*

\* **¿Piensa usted que los libros tienen principalmente el propósito de que podamos aprender la importancia de ser fieles a Dios?**   *Sí   No*

**¿Marcó usted "*no*" a la primera y "*sí*" a la segunda pregunta? Espero que sí.**

---

# $\mathcal{DIA}$ 2   El Reinado de Salomón *(1 Reyes 1—11)*

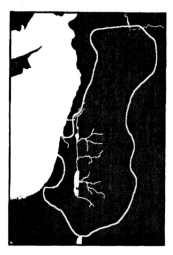

EXTENSION DEL IMPERIO
DE SALOMON

Salomón llegó al trono de Israel cuando la nación disfrutaba del mejor tiempo en su historia. Las principales naciones enemigas habían sido derrotadas o subyugadas por David, y durante el reinado de Salomón el reino de Israel alcanzó su máxima extensión territorial. Fue un tiempo de gran prosperidad y paz, favorable para el crecimiento económico de Israel.

**La lucha por el trono**

Salomón fue hijo de David con Betsabé. Aun cuando no era el primogénito, David había prometido a Betsabé que Salomón sería rey de Israel después de él. Pero Adonías, uno de los hijos mayores de David, aspiraba también al trono. Así que, para preparar el ambiente, Adonías reunió carros y gente que lo acompañaran por todas partes. Además, consiguió el apoyo de Joab, el comandante del ejército de Israel, y de Abiatar, el sacerdote de la población israelita, así como el de sus hermanos y algunos de los miembros de la corte real. Este grupo proclamó a Adonías rey.

▶ **Lea 1 Reyes 1:5-7, y luego conteste las siguientes preguntas:**

1. ¿Cuál era la ambición de Adonías?_____

2. ¿Qué hizo Adonías públicamente para impresionar a la gente?

_____

3. ¿Qué maniobra política realizó para asegurar que lo eligieran rey?

_____

**Verifique sus respuestas con la información dada en el párrafo anterior.**

Pero había otro grupo que incluía al profeta Natán, al sacerdote Sadoc, al comandante Benaía, y a Betsabé, la esposa de David, que querían que Salomón
sucediera a David. Moviéndose rápidamente, hablaron con David, y así David
proclamó rey a Salomón para que reinara en su lugar. Después de su
coronación Salomón actuó prontamente para afirmar su poder y su trono. Con la
muerte de Adonías (1 R. 2:13-25), el destierro de Abiatar (vv. 26-27), y la muerte
de Joab (v. 35) Salomón consiguió consolidar el trono en sus manos (v. 46).

Salomón fue un gran rey y excelente líder. Cuando el Señor se le apareció y le
dijo que pidiera lo que quisiera, Salomón pidió a Dios un corazón entendido para
juzgar al pueblo, y sabiduría para poder gobernar. Dios se lo concedió. El pasaje
de 1 Reyes 3:16-28 es un ejemplo de la sabiduría que Dios le dio para tomar decisiones delicadas.

### El Gobierno de Salomón (1 R. 45)

El reinado de Salomón fue la edad de oro de Israel. Promovió el desarrollo
económico, y amplió la influencia de la nación mediante diversas alianzas
políticas con las naciones vecinas. Su alianza con Hiram, rey de Tiro, fue de
mucho beneficio, porque Hiram le ayudó a construir el templo en Jerusalén (5:5-
12). Además esa relación abrió las puertas para la exportación de productos
agrícolas a Tiro.

Pero financiar su reino y sus ambiciosos proyectos de construcción exigía muchos recursos, y para eso estableció diversas formas de impuestos y tributos.
Dividió a Israel en 12 distritos, y a cada uno le asignó la responsabilidad de su-
plir para las necesidades y extravagancias de su corte un mes al año (4:7, 22-
28; 10:14-29). También cobraba impuestos a las caravanas que transitaban por
su territorio, y estableció numerosas empresas comerciales.

▶ **Lea las citas bíblicas que se indican a continuación. Luego escriba en la
línea en blanco la letra correspondiente de la columna a la derecha. Las
respuestas también constan al pie de la página.**

| | |
|---|---|
| ____ 1. 1 Reyes 3:16-28 | A. sabiduría de Salomón |
| ____ 2. 1 Reyes 4:7 | B. trabajos forzados |
| ____ 3. 1 Reyes 4:20-21 | C. paz y prosperidad |
| ____ 4. 1 Reyes 4:29 | D. muestra de sabiduría |
| ____ 5. 1 Reyes 5:13-14 | E. impuestos pesados |
| ____ 6. 1 Reyes 10:14-15 | F. lujo y extravagancia |
| ____ 7. 1 Reyes 10:16-21 | G. funcionarios del gobierno |

*Respuestas: 1-D; 2-G;
3-C; 4-A; 5-B; 6-E; 7-F.*

**La Construcción del Templo (1 R. 6:1-38)**

La obra de construcción más importante fue la del templo en Jerusalén. Empezó en el cuarto año de su reinado y requirió siete años. Fue el cumplimiento del sueño que había tenido David. No se escatimó gasto alguno en la construcción. La oración que Salomón pronunció cuando dedicó el templo, es una maravillosa declaración de consagración al Señor (1 R. 8:22-53). El templo simbolizaba la presencia de Dios entre el pueblo, y llegó a convertirse en el santuario nacional y en símbolo de unidad del pueblo de Israel.

*Dios es un Dios de Gracia*

*Dios es un Dios de Misericordia*

## *El cimiento de nuestra relación con Dios*

Salomón sabía que ningún templo podía contener la presencia de Dios. Sabía que Dios era un Dios de gracia y de misericordia, y esos atributos de Dios eran la base para su oración. Después de haber orado, Salomón le habló al pueblo que se había congregado para la dedicación del templo.

▶ **Lea el discurso de Salomón al pueblo, en 1 Reyes 8:56-61. Luego, marque la respuesta correcta.**

1. Salomón dijo que ninguna palabra había fallado de las que Dios había hablado a
❑ a. Abraham.
❑ b. Moisés.
❑ c. David.

2. Salomón quería que todas las gentes de la tierra supieran
❑ a. acerca del glorioso templo que había construido.
❑ b. de las bendiciones que Dios había dado a Israel.
❑ c. que Dios es el Unico Dios, y que no hay otro.

3. Salomón oró pidiendo que Dios proveyera para las necesidades de Israel
❑ a. de todo el mes que seguía.
❑ b. de todo el año siguiente.
❑ c. cada cosa en su tiempo.

4. Salomón le dijo al pueblo que para gozar de la misericordia de Dios ellos debían
❑ a. consagrarse de corazón a obedecer a Dios.
❑ b. hacer abundantes sacrificios en el templo.
❑ c. orar con la mirada puesta en el templo.

**El Fin del Reinado de Salomón (1 R. 9:10—11)**

*Respuestas: 1-b, 2-c, 3-c, 4-a.*

Para sellar las alianzas políticas Salomón se casó con las hijas de los reyes de las otras naciones (1 R. 3:1; 11:1-8). Estas alianzas proveyeron un sentido falso de seguridad, pero a un costo demasiado alto. Las mujeres traían consigo su religión, y sus ídolos. Salomón construyó templos para los dioses de sus esposas, y ellas desviaron su corazón. Dios le dijo que después de su muerte quitaría el trono de Israel de manos de sus descendientes, con la excepción de una tribu. La división del reino fue el castigo y juicio de Dios sobre el pecado de Salomón y del pueblo.

---

**RESPONDA A LA PALABRA DE DIOS**

* **Lea 1 Reyes 11:1-6. Describa brevemente cómo un acto de desobediencia conduce a otros actos de desobediencia.**

_____

_____

* **Lea 1 Reyes 11:11-13. ¿Es correcto decir: Si yo peco, a nadie más lastimo, sino a mí mismo?** *Sí   No*   **Explique su respuesta.**

_____

_____

* **Alabe al Señor por los mandamientos que dio a Su pueblo. Si encuentra que hay algo que necesita confesar a Dios, y pedir perdón, hágalo ahora mismo.**

---

# *DIA 3*   La División del Reino
## (1 Reyes 12—2 Reyes 12:21)

Alrededor de 931 A.C. la nación de Israel se dividió en dos reinos. Salomón había reinado durante 40 años de paz y prosperidad. Sin embargo, también introdujo las prácticas que fueron, al final, la semilla de la división del reino. Debido a que Salomón se había alejado de Dios y había adorado a otros dioses, Dios le había dicho que Su juicio vendría sobre el pueblo. Lo que Dios prometió, se cumplió.

---

**Factores que Contribuyeron a la División del Reino**

* Rivalidad entre las tribus de Israel
* Tributos, obligaciones e impuestos excesivamente pesados
* La ambición política de Jeroboam
* La necedad de Roboam

▶ **Lea el relato del rompimiento de las tribus del norte en 1 Reyes 12:4-6. Luego escriba en la línea en blanco la letra que corresponde a la respuesta correcta. Las respuestas se hallan también al pie de la página.**

_____ 1. La petición del pueblo a Roboam          A. Aligera nuestra carga.

_____ 2. El consejo de los ancianos a Roboam      B. Yo les impondré cargas más pesadas.

_____ 3. El consejo de los jóvenes a Roboam       C. Aligera la carga del pueblo.

_____ 4. La respuesta de Roboam al pueblo         D. No tendremos parte en la casa de David.

_____ 5. La respuesta del pueblo a Roboam         E. Ponles cargas más pesadas.

Roboam subió al trono después de la muerte de Salomón. Roboam no tuvo la sensibilidad o sagacidad suficiente como para entender la actitud y ánimo del pueblo. Su padre había impuesto enormes tributos, y obligado al pueblo a trabajos forzados. El resentimiento se había convertido en resistencia. Roboam rechazó el consejo de los ancianos, e hizo caso a la opinión de los consejeros jóvenes. Rehusó rebajar los impuestos, y pretendió, por el contrario, imponer cargas más pesadas. Por esta decisión de Roboam, las tribus del norte se rebelaron, y eligieron a Jeroboam como su rey. Así se dividió la nación. Roboam trató de pelear y recuperar el reino, pero Dios envió al profeta Semaías para que le dijera que la división era obra de Jehová (12:21-24).

Desde entonces, (931 A.C.), y hasta la caída de Jerusalén en 587 A.C., existirían dos naciones independientes: el reino del sur fue conocido como Judá, con su capital Jerusalén; y el reino del norte continuó llamándose Israel, y su capital fue Samaria.

### El Reino Dividido

*El propósito principal de los Libros de los Reyes no es relatar hechos históricos, sino enseñar verdades espirituales.*

Con la división del reino, el templo quedó en el territorio de Judá. Jeroboam temió que si el pueblo iba a Jerusalén para adorar, podía inclinarse también a querer volver a someterse a Roboam. Jeroboam entonces construyó dos becerros de oro, y los puso en los santuarios que estaban en Dan y Bet-el, es decir, los extremos norte y sur de su reino, respectivamente. Nombró sacerdotes en esos lugares, y estimuló al pueblo para que adoraran a los dioses que había fabricado. El pecado de Jeroboam fue condenado severamente por los profetas de Israel. Los reyes que vinieron después de él siguieron sus pasos en la idolatría, y eso fue, a la larga, la causa por la cual Dios castigó al pueblo permitiendo que fuera llevado al cautiverio.

▶ **Lea 2 Reyes 10:28-29, y explique en una sola frase lo que quiere decir la expresión: "los pecados de Jeroboam hijo de Nabat, que hizo pecar a Israel":**

_____

_____

Su respuesta debe indicar que la frase se refiere a los dos becerros de oro que Jeroboam construyó para que el pueblo los adorara.

Los libros de Reyes contiene mucha historia, pero no fueron escritos simple-

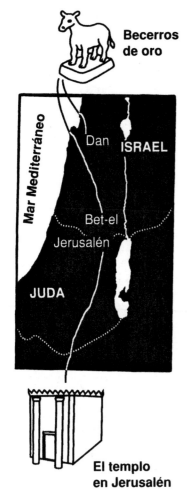

**Becerros de oro**

Mar Mediterráneo

Dan  **ISRAEL**

Bet-el

Jerusalén

**JUDA**

**El templo en Jerusalén**

mente como libros de historia. Fueron escritos para instruir al pueblo acerca de cómo vivir correctamente delante de Dios. El escritor quería mostrar al pueblo que cuando ponía su fe en Dios, y le obedecía, la nación progresaba y disfrutaba de las bendiciones de Dios. Por el contrario, cuando los israelitas se alejaban de Dios, solo conseguían acarrear destrucción sobre sí mismos.

▶ **Compruebe la aseveración del párrafo anterior.**

**1. El rey Acab no hizo casi nada que fuera de importancia política en la vida del reino del norte. Sin embargo, sus acciones tuvieron una enorme significación religiosa. ¿Cuántos versículos de 1 Reyes se dedican para el relato de los eventos en los que participaron Acab, Jezabel y Elías? Empiece a contar en 1 Reyes 16:29.** _____

**2. Omri fue uno de los reyes de mayor significación política del reino del norte. Empiece a contar en 1 Reyes 16:21. ¿Cuántos versículos se dedican a Omri?** _____

En el ejercicio que acaba usted de completar usted puede notar que el propósito de los libros de los Reyes no es informar datos históricos, sino enseñar la significación religiosa de esos hechos y datos. Esto se nota claramente, por ejemplo, en el mucho espacio que se dedica al relato del reinado de Acab (1 R. 16:29–22:40), debido a su rebelión en contra de Jehová, a pesar de las amonestaciones del gran profeta Elías. El escritor del libro usó la historia de Acab para recalcar ciertas enseñanzas religiosas.

▶ **Lea 1 Reyes 16:29-33; 17:1; 18:1,16-26,36-39. Luego trace un círculo alrededor de la respuesta correcta:**

C  F  **1.** Acab construyó en Samaria un templo especial para Jehová.

C  F  **2.** Jezabel, la esposa de Acab, adoraba a Baal.

C  F  **3.** Elías predijo una enorme inundación como el castigo de Dios por los pecados de Acab y del pueblo.

C  F  **4.** Acab envió 950 profetas a la reunión en el Monte Carmelo.

C  F  **5.** Elías desafió a los profetas a un concurso de predicación.

C  F  **6.** Elías oró desde el amanecer hasta la noche para que Dios consumiera el sacrificio.

*Respuestas: 1-Falso, 2-Cierto, 3-Falso, 4-Cierto, 5-Falso, 6-Falso, 7-Falso.*

C  F  **7.** Cuando Dios envió fuego y consumió el sacrificio, la gente huyó aterrorizada.

**RESPONDA A LA PALABRA DE DIOS**

* En su opinión, ¿con qué propósito escribió el escritor de 1 Reyes el encuentro en el monte Carmelo entre Elías y los profetas de Baal?

_____

_____

Su respuesta debe haber indicado algo parecido a lo siguiente: El relato fue incluido debido a la verdad religiosa que enseña, que la idolatría es inútil, y que hay que servir al verdadero Dios.

* Medite por un minuto en su vida durante la semana pasada, y considere la pregunta: ¿Refleja mi vida que Dios es mi Señor verdaderamente? No avance sino cuando se acabe su minuto.

Tal vez usted llegó a la conclusión de que su vida a veces refleja su consagración a Dios, y a veces no.

* Medite por un minuto en la siguiente pregunta: ¿Qué cambios debería yo hacer en mi vida para demostrar que Dios es realmente mi Señor? No avance sino cuando se acabe su minuto. Escriba luego su respuesta en las líneas a continuación.

_____

_____

_____

* Pídale al Señor la fortaleza para hacer los cambios necesarios, empezando esta misma semana.

# *DIA 4*   La Caída del Reino del Norte
### (2 Reyes 13:1—17:41)

El reino del norte empezó su existencia en 931 A.C. A pesar del valiente ministerio de varios profetas, especialmente Elías y Eliseo, la nación se alejó de Dios y se dedicó a adorar dioses falsos. Dios castigó esa rebelión, y el reino del norte cayó ante Asiria en 722 A.C.

En cierto sentido el mejor período del reino del norte fueron los años inmediatamente antes de su caída ante Asiria. Jeroboam, hijo de Joás, reinó durante 41 años. En esos años el profeta Jonás había profetizado que el reino volvería a tener una buena medida de su gloria anterior. Jeroboam consiguió restaurar el territorio de Israel, extendiéndolo desde Hamat, al norte, hasta el mar del Arabá, al sur (2 R. 14:25).

▶ **Lea 2 Reyes 14:23-25. Luego ubique Hamat en el mapa, y también el mar del Arabá.**

A este período de grandes éxitos simplemente siguió un tiempo de rápida declinación. Jeroboam II murió en 747 A.C. En el año que siguió, cuatro reyes diferentes ocuparon el trono. Zacarías, el hijo de Jeroboam II, reinó por seis meses y fue asesinado por Salum (2 R. 15:8-10). Salum subió al trono, pero fue asesinado por Manahem cuando había reinado apenas por un mes. Manahem logró mantenerse en el trono por diez años.

En los capítulos 15 al 17 de 2 Reyes encontramos el relato de los últimos años del reino del norte. Durante el reinado de Manahem Asiria alcanzó su mayor poderío, bajo el reinado de Tiglat-pileser, a quien en la Biblia a menudo se le llama Pul. Tiglat-pileser estableció una política permanente de conquista, de violencia y deportación en masa. Israel también cayó ante el avance asirio, y Manahem trató de aplacar al conquistador pagándole un tributo de mil talentos de plata.

Después de la muerte de Manahem, su hijo Pekaía fue coronado rey y continuó la política de cooperación con Asiria. Dos años más tarde Peka, un capitán de su ejército, asesinó a Pekaía.

▶ **Lea 2 Reyes 15:27-31. Marque la respuesta correcta en las siguientes preguntas.**

1. Peka reinó sobre Israel en Samaria
❑ a. 6 meses.
❑ b. 10 años.
❑ c. 20 años.

2. Tiglat-pileser atacó otra vez y
❑ a. exigió más dinero.

❑  b. capturó Galaad y Galilea.
❑  c. felicitó al rey por su buen trabajo.

3. Los asirios
❑  a. deportaron a la población, llevándolos a Asiria.
❑  b. mataron a todos los pobladores.
❑  c. decidieron retirarse sin presentar batalla.

4. Peka fue sucedido por
❑  a. su hijo, Oseas.
❑  b. su asesino, Oseas.
❑  c. su hermano, Oseas.

Peka fue coronado rey de Israel, y reinó por veinte años. Hizo alianza con Rezín, rey de Siria, para resistir a Tiglat-pileser. Actuando en conjunto, Peka y Rezín pidieron ayuda a Judá, esperando aumentar sus fuerzas, proximidad y tamaño de su coalición. Pero Jotam y Acaz, reyes de Judá, rehusaron unirse a la alianza. Tiglat-pileser atacó de nuevo, y conquistó algunas ciudades del norte, y llevó a sus pobladores cautivos a Asiria.

Oseas aprovechó el descontento político, mató a Peka, y subió al trono. Fue el último de los reyes del reino del norte. Al principio pagó dócilmente el tributo que exigía Asiria, pero cuando Tiglat-pileser murió en 727 A.C., Oseas se rebeló, y se negó a pagar el tributo anual.

Alrededor de 725 A.C. Salmanasar, el hijo de Tiglat-pileser y nuevo rey de Asiria, sitió Samaria y conquistó todo el resto del reino del norte. El asedio duró tres años. Poco antes de que Samaria cayera en las manos de Asiria, Salmanasar murió en batalla. Sargón II, su hermano, llegó a ser rey de Asiria, y terminó la conquista de Samaria en 722 A.C. Siguiendo la cruel política del exilio, deportó a la mayoría de los habitantes de las ciudades de Israel a otras partes del imperio asirio (2 R. 17:6). Israel nunca más volvería a recuperarse.

▶ **Lea 2 Reyes 17:7-8,12-18. Luego marque las afirmaciones que son verdad, según el pasaje bíblico.**

❑  1. Israel cayó porque los asirios tenían un ejército mucho más grande y más poderoso.
❑  2. Israel cayó ante Asiria porque se alejó de Dios y adoraron a los ídolos.
❑  3. Israel pudiera haberse salvado si Dios les hubiera enviado alguna advertencia de que estaban obrando mal.
❑  4. Israel hizo más caso a las naciones vecinas que a los mandamientos de Dios.
❑  5. Los israelitas llegaron a practicar hasta sacrificios humanos en la adoración a los dioses paganos.
❑  6. La caída de Israel fue la obra de Dios.

*Respuestas: 1-c. 2-b, 3-a. 4-b.*

*Respuestas: 2, 4, 5, y 6.*

Los Libros de Reyes indican claramente que la caída del reino del norte se debió al pecado del pueblo contra Dios. Dios había enviado profetas para advertir al pueblo a que dejara el culto a los dioses paganos y se volviera a Dios. Pero Israel no quiso hacer caso, y finalmente Dios envió a los asirios para castigar a Su pueblo. Así Israel fue llevado al cautiverio. Sargón trajo gente de otras partes de su imperio para poblar las ciudades de Samaria. (17:24). Estas gentes adoraban a sus propios dioses (vv. 29-31), pero con el pasar del tiempo también empezaron a adorar a Jehová (vv. 32, 33). Los descendientes de esa gente llegaron a ser conocidos como los samaritanos, en tiempos del Nuevo Testamento.

---

**RESPONDA A LA PALABRA DE DIOS**

* Subraye sus respuestas: En su opinión, ¿la gente del reino del norte, en general,
  1. pensaban que Dios nunca castigaría sus pecados?
  2. no creían en Dios?
  3. creían que Dios era muy grande en misericordia, y que por eso no importaba si pecaban o le desobedecían?

* ¿Cuál de las respuestas anteriores describe más apropiadamente la actitud de algunas personas que usted conoce que no quieren obedecer a Dios? Marque una: 1  2  3

* Ore pidiendo a Dios ayuda para usted y los demás miembros del grupo, para que puedan tomar más seriamente las promesas y advertencias de Dios.

---

# DIA 5
## La Caída del Reino del Sur
### (2 Reyes 18—25)

A partir del año 722 A.C. existió solamente el reino de sur, Judá. Muchos de los reyes que hubo después en Judá desobedecieron a Dios y sirvieron a los baales. Sin embargo, hubo unos cuantos que se esforzaron por obedecer y servir a Dios con todo su corazón. Ezequías y Josías son dos ejemplos de esta actitud de obediencia y servicio.

**Ezequías (2 R. 18—20)**

Use el siguiente ejercicio como guía para su estudio del reinado de Ezequías.

▶ Lea 2 Reyes 18:1-8.
   **1. Trace un círculo alrededor de las palabras que describen a Ezequías.**

*Respuestas: 1. Piadoso, fiel, leal, fuerte, exitoso, intrépido. 2. Ezequías se rebeló en contra de los Asirios.*

| débil | piadoso | leal | supersticioso | fiel |
|---|---|---|---|---|
| con suerte | fuerte | exitoso | precavido | intrépido |

**2. ¿Qué hizo Ezequías que enfureció a los asirios?** _____

_____

Las reformas religiosas de Ezequías fueron una demostración de su deseo de servir y obedecer a Dios. Destruyó los lugares altos, es decir, los santuarios locales donde se practicaban los cultos paganos; "quebró las imágenes, cortó los símbolos de Asera, e hizo pedazos la serpiente de bronce que había hecho Moisés" (2 R. 18:4), porque el pueblo la adoraba. El escritor resume muy apropiadamente la actitud básica de Ezequías: "En Jehová Dios puso su esperanza; ni después ni antes de él hubo otro como él entre todos los reyes de Judá" (v. 5).

**♦ Lea 2 Reyes 19:1-2,5-7,9-19. En cada una de las siguientes preguntas, escriba una palabra que dé la respuesta.**

1. ¿Cuándo Ezequías oyó el mensaje de Senaquerib, se sintió

_____ .

2. ¿Quién fue el profeta que trajo un mensaje de aliento para Ezequías?

_____ .

3. ¿Qué le dijo el profeta a Ezequías que _no_ hiciera? _____ .

4. El segundo mensaje de Senaquerib dijo que la esperanza en Dios era

_____ .

5. ¿Qué hizo Ezequías en respuesta al segundo mensaje de Senaquerib?

_____ .

6. Ezequías declaró que solo el Señor Jehová es _____ .

7. Ezequías reconoció que mucho del mensaje de Senaquerib era

_____ .

8. ¿Qué fue lo que Ezequías pidió específicamente?

_____ .

En 701 A.C. Asiria puso asedio contra Jerusalén. Por un milagro Jehová libró a la ciudad. Una vez más Jehová demostró que El era el guardián de Su pueblo, y que honraba Su promesa de no desamparar a los que creen en El.

### Manasés (2 R. 21:1-18)

Mientras que Ezequías fue uno de los mejores reyes que tuvo Judá, su hijo Manasés fue el peor rey en la historia de la nación. Manasés abandonó las reformas que su padre había realizado. Promovió el culto a los ídolos, reedificó los

_Respuestas: 1-deprimido, o desesperanzado, 2-Isaías, 3-temer, 4-engaño o ilusión, 5-oró, 6-Dios, 7-verdad, 8-liberación._

lugares altos, y hasta construyó altares a dioses paganos en el mismo templo de Jerusalén. También fomentó otras prácticas paganas, tales como el sacrificio de niños, la inmoralidad sexual a nombre de la religión, y la magia y adivinación. Ezequías se había esforzado para servir a Dios; Manasés hizo todo esfuerzo que pudo para hacer "lo malo ante los ojos de Jehová" (21:18).

### Josías (2 R. 22—23:30)

Después de la muerte de Manasés, su hijo Amón llegó a ser rey de Judá. Amón fue asesinado dos años después. Los líderes de Judá, ejecutaron a los que mataron a Amón, y pusieron a su hijo Josías en el trono (2 R. 21:24). Josías fue el último de los reyes de Judá que se esforzó por servir y obedecer a Dios. Este deseo de hacer lo correcto ante los ojos de Dios fue la razón por la cual Josías fue capaz de llevar a la nación a la independencia de Asiria, y realizar las reformas religiosas.

Las reformas de Josías produjeron un importante despertamiento de la fe, y centralizó en Jerusalén la adoración a Jehová.

El pueblo respondió afirmativamente, y juntos hicieron un nuevo pacto con Dios. Josías destruyó todas las formas de idolatría y adoración a dioses paganos, y reinstituyó la pascua.

Debido a la respuesta de la profetisa Hulda, Josías convocó al pueblo, les leyó la ley, y les urgió que renovaran su pacto con Dios.

Después que el rey hubo oído la lectura del libro, se arrepintió y preguntó a la profetisa lo que había que hacer.

Mientras se realizaba la limpieza del templo, según lo ordenado por Josías, se encontró el libro de la ley de Moisés, probablemente Deuteronomio, y le leyeron al rey.

### La Declinación y Caída de Judá (2 R. 23:31—25:30)

Una cadena de eventos comenzó justo después de la muerte de Josías, y culminó con la caída de Jerusalén, la destrucción del templo y el exilio del pueblo de Judá.

El primer evento fue la caída de Asiria frente a los Medos y Babilonios. En segundo lugar, en la guerra entre Asiria y Babilonia, Necao, rey de Egipto, se alió con Asiria (2 R. 23:29) y Josías tomó partido con los babilonios. Cuando Egipto marchó para ayudar Asiria, Josías quiso detener a los egipcios, y murió luchando contra Necao. Con la muerte de Josías, la declinación de Judá se aceleró.

Varios reyes ocuparon el trono, pero ninguno pudo hacer frente a las demandas de su posición, ni tampoco a la amenaza extranjera. Joaquín había apenas empezado su reinado cuando Nabucodonosor, rey de Babilonia, puso sitio a Jerusalén. Joaquín se rindió, y Nabucodonosor deportó al primer grupo. Alrededor de 598 A. C. diez mil personas fueron llevadas a Babilonia, incluyendo a la familia real, sus sirvientes y oficiales del palacio, y también otros ocho mil profesionales.

Nabucodonosor puso a Sedequías (Matanías), hijo de Josías, y tío de Joaquín, como rey de Judá. Sedequías fue un gobernante débil, que tuvo miedo hasta de la opinión pública. Por varios años titubeó entre su lealtad a Egipto o Babilonia. Cuando declaró su rebelión contra Babilonia, Nabucodonosor atacó de nuevo, y en 587 A. C. los babilonios capturaron Jerusalén después de dieciocho meses de asedio. Incendiaron el templo y la ciudad, y destruyeron los muros. También ejecutaron a los líderes religiosos y militares. Sedequías huyó de la ciudad, pero fue capturado. Nabucodonosor ordenó que degollaran a toda su familia frente a él, y que luego le sacaran los ojos. En esa ocasión el segundo grupo de habitantes de Judá fue llevado al cautiverio. Dios castigó así la desobediencia y rebeldía del pueblo.

El libro de Reyes no termina con el juicio de Dios. Un rayo de esperanza brilló en el horizonte del pueblo de Israel cuando Evil-merodac, rey de Babilonia, trató con bondad a Joaquín y lo sacó de la cárcel. Mientras el ungido de Israel estaba vivo había esperanza para el futuro. Jehová, el Dios de Israel, permanece fiel a su promesa: "Tendré misericordia . . . y seré clemente" (Ex. 33:19).

## ♦ RESUMEN DE REPASO

**Para repasar lo que ha estudiado esta semana, trate de contestar mentalmente las siguientes preguntas. Tal vez usted quiera escribir sus respuestas en una hoja de papel aparte. Trace un círculo alrededor de la "C" si puede contestar a la pregunta, o alrededor de la "R" si necesita repasar el material.**

C  R   **1.** Llene los espacios en blanco:

**LIBROS DE HISTORIA**

J _____         1 y 2 C _____

J _____         Esdras

R _____         Nehemías

1 y 2 S _____      Ester

1 y 2 R _____

C  R   **2.** ¿Cuáles son dos de las diferencias entre los libros de Reyes y de Crónicas?

C  R   **3.** ¿Cuáles son dos buenas cualidades y dos debilidades de Salomón?

C  R   **4.** ¿Cuál fue la más grande contribución de Salomón?

C  R   **5.** ¿Cuáles son tres de las razones por las cuales se dividió el reino?

C  R   **6.** ¿Cuáles son las ciudades capitales de los dos reinos?

C  R   **7.** ¿Por qué se usan más versículos para relatar el reinado de Acab que el de Omri?

C  R   **8.** ¿Por qué no se da ningún informe positivo de ningún rey del norte?

C  R   **9.** ¿Cuál nación llevó cautivo al reino del norte?

C  R   **10.** ¿Cómo describiría usted la situación de Jerusalén y de Judá al concluir el período descrito en 2 Reyes?

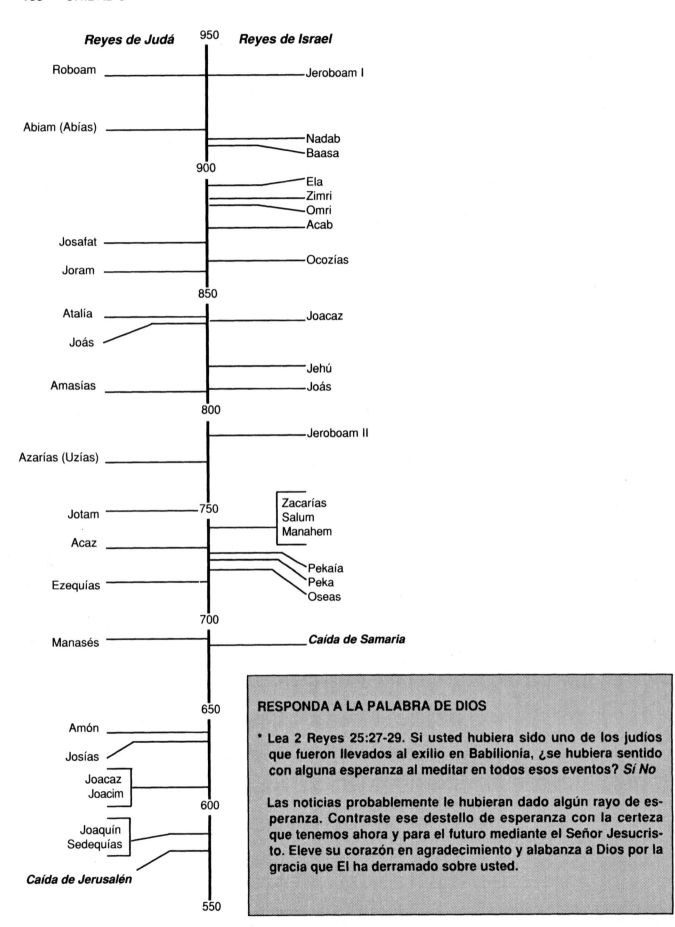

*Reyes de Judá*  950  *Reyes de Israel*

Roboam —————————————————— Jeroboam I

Abiam (Abías) ————————

Nadab
Baasa

900

Ela
Zimri
Omri
Acab

Josafat ————————

Ocozías

Joram ————————

850

Atalía ———————————————— Joacaz

Joás —————

Jehú

Amasías ———————————————— Joás

800

Jeroboam II ————————

Azarías (Uzías) ————————

Jotam ————————— 750

Zacarías
Salum
Manahem

Acaz ————————

Pekaía
Peka
Oseas

Ezequías ————————

700

Manasés ———————————————— *Caída de Samaria*

650

Amón ————————

Josías —————

Joacaz
Joacim

600

Joaquín
Sedequías

*Caída de Jerusalén*

550

**RESPONDA A LA PALABRA DE DIOS**

* Lea 2 Reyes 25:27-29. Si usted hubiera sido uno de los judíos que fueron llevados al exilio en Babilionia, ¿se hubiera sentido con alguna esperanza al meditar en todos esos eventos? *Sí No*

Las noticias probablemente le hubieran dado algún rayo de esperanza. Contraste ese destello de esperanza con la certeza que tenemos ahora y para el futuro mediante el Señor Jesucristo. Eleve su corazón en agradecimiento y alabanza a Dios por la gracia que El ha derramado sobre usted.

# Unidad 9

# Dios y el Exilio y la Restauración
## (Esdras—Ester)

¿Cómo se puede vivir en tiempos difíciles? Los libros de Esdras, Nehemías y Ester relatan la historia de un pueblo que vivió en tiempos difíciles. Muestran también que Dios está presente, incluso en la hora más negra de la vida de Sus hijos. En esta unidad usted estudiará estos libros, y verá cómo podemos vivir cuando los días se ponen duros.

A *Esdras* y a *Nehemías* se les debe considerar juntos. La mayoría de los expertos piensan que estos dos libros fueron escritos por Esdras. En la Biblia hebrea eran un solo libro. Los libros continúan con el relato de la historia del pueblo de Judá que había sido llevado al exilio. Muy poco se sabe acerca del período entre la destrucción de Jerusalén y el retorno a Palestina. Los libros de Esdras y Nehemías empiezan con la narración del retorno, poco después de 540 A.C., y relatan los eventos que se conocen como la restauración.

*Ester* continúa el profundo mensaje de Esdras y Nehemías. Al bendecir a Su pueblo Dios mostró Su amor por ellos. Aun cuando vivían fuera de la Palestina, el Señor todavía reinaba sobre ellos. Su cuidado nunca menguó.

**Esdras-Nehemías**:

    I. El Retorno del Exilio y la Reconstrucción del Templo (Esd. 1—6)
    II. La Obra de Esdras (Esd. 7—10)
    III. La Administración de Nehemías en Judá (Neh. 1—12)
    IV. La Segunda Visita de Nehemías a Judá (Neh. 13)

**Ester**:

    I. Ester llega a ser reina (Est. 1—2)
    II. El Complot de Hamán y la Intervención de Ester (Est. 3—7)
    III. Los Judíos Prosperan (Est. 8:1—9:19)
    IV. La Fiesta de Purim (Est. 9:20-32)
    V. La Grandeza de Mardoqueo (Est. 10)

*Es esta unidad observe especialmente las siguientes palabras:*

*Judío*—Esta designación al parecer empezó a usarse durante el exilio en Babilonia, para referirse a los que habían sido traídos desde Judá.

*Purim*—Era una celebración judía, conmemorando la liberación del complot que tramó Amán. La palabra *purim* es el plural de *pur,* que significa echar suertes. Eso fue lo que había hecho Amán para decidir el día en que había de realizar lo que había tramado (Est. 3:7).

# *DIA 1*   El Retorno y el Comienzo de la Reconstrucción *(Esdras 16)*

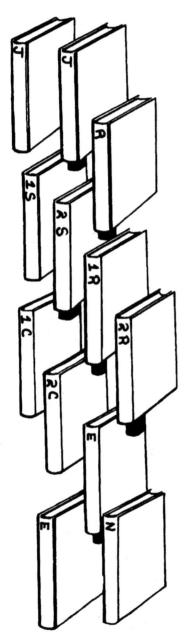

Se llama exilio, cautiverio o cautividad, al período de la historia bíblica que empezó con la primera deportación de Israel, en 597 A.C. y va hasta el edicto de Ciro de Persia en 538 A.C. Durante el exilio, la predicación de los profetas dio al pueblo una esperanza para el futuro. Esta esperanza de restauración afirmaba que a Su tiempo Jehová intervendría de nuevo en la historia y restituiría la tierra a Su pueblo Israel.

Los primeros seis capítulos de Esdras relatan eventos que ocurrieron entre los años 540 A.C. y 514 A.C., es decir, que eran ya historia cuando él los escribió. Dicho sea de paso, Esdras regresó a Jerusalén en el año 458 A.C.

Esdras vio los eventos de la historia mundial como la obra de Dios. Sabía que Dios había obrado en el pasado, y que continuaba Su obra en sus propios días. El pueblo de Israel, cautivo en Babilonia, había estado orando por muchos años, clamando por una oportunidad de regresar a su tierra. El libro de Esdras muestra cómo Dios puede obrar, incluso a través de los eventos que ocurren en el mundo pagano, para llevar a cabo Sus propósitos divinos y contestar las oraciones de Su pueblo.

Al tiempo de la caída de Israel Asiria era la potencia mundial más importante. Para el tiempo en que cayó Judá, Asiria ya había caído, y Babilonia era el imperio dominante. La gloria de Babilonia no duró muchos años. Ciro llegó a ser rey del imperio medo-persa, y en 539 A.C. conquistó Babilonia.

El libro de Esdras muestra cómo Dios obró por medio de Ciro, el gobernante de Persia, para libertar a Su pueblo de la cautividad. Esdras 1:1 menciona el primer año del reinado de Ciro, es decir, alrededor de 540-539 A.C.

**▶ Lea Esdras 1;1-4, y responda a las siguientes preguntas:**

1. ¿Cuál profeta había anunciado el retorno del exilio?

_____ .

2. ¿Cuál rey fue el instrumento de Dios para dar término al cautiverio?

_____ .

3. ¿Con qué propósito dijo el rey que permitía el retorno?

_____ .

4. ¿Quiénes podían retornar? _____ .

5. ¿Que debían hacer los que no querían retornar?

_____ .

Ciro fue uno de los mejores líderes de su tiempo. Rechazó la política cruel que Babilonia y Asiria habían practicado, y emitió un edicto o decreto mediante el cual permitía al pueblo judío regresar a Palestina. El edicto ordenaba también la reconstrucción del templo de Jerusalén, con fondos del tesoro real. Muchos de los líderes judíos, incluso sacerdotes y levitas, hicieron en seguida planes para regresar a Jerusalén y reconstruir la casa de Dios. Ciro estimuló ampliamente esos planes.

▶ **Lea Esdras 1:5-11, y luego conteste las siguientes preguntas:**

1. ¿Cuál fue el factor final que determinó si una persona retornaba a Jerusalén o se quedaba en Babilonia?

_____

2. ¿Qué cosas envió Ciro a Jerusalén con la gente que regresó?

_____ .

El retorno empezó alrededor de 537 A.C. cuando un grupo de judíos regresaron a Jerusalén, bajo el liderazgo de Sesbasar. Ciro hizo que llevaran de regreso los utensilios que los babilonios se habían llevado cuando saquearon el templo de Jerusalén (Esd. 1:7). Esdras 2:1-70 contiene una lista bastante minuciosa del grupo que regresó en esa ocasión. Eran 42.360 personas.

*Respuestas: 1-Jeremías; 2-Ciro rey de Persia; 3-contruir un templo a Dios; 4-cualquiera que quisiera hacerlo; 5-contribuir con recursos y ofrendas.*

▶ **Lea Esdras 3:1-5. Luego escriba los números 1, 2 y 3, para marcar la primera, la segunda y la tercera cosa que hicieron los que regresaron a Judá. Las respuestas se hallan también al pie de la página.**

_____ a. Reconstruyeron los cimientos del templo
_____ b. Reconstruyeron el altar.
_____ c. Le escribieron a Ciro una carta oficial de gracias.
_____ d. Se establecieron en sus propias ciudades.
_____ e. Empezaron a dar las ofrendas y los sacrificios.

*Respuestas: 1-La obra de Dios al mover los corazones; 2-los utensilios de la casa de Jehová que Nabucodonosor había sacado de Jerusalén.*

La ciudad de Jerusalén estaba en ruinas. Regresar a tal situación fue una empresa que exigió mucho valor y decisión. Para complicar todavía más la situación, los que regresaron fueron en su mayoría los más viejos y los más pobres. Muchos de los que habían prosperado mucho en Babilonia probablemente optaron por quedarse.

*Respuestas: 1-d, 2-b, 3-e.*

Los que regresaron vivían con mucho miedo (Esd. 3:1-7), por cuanto los que habían estado viviendo en Palestina durante ese tiempo, los miraban como invasores. Sin embargo, a pesar del miedo, se reunieron, edificaron el altar, lo dedicaron a Dios, y empezaron a ofrecer holocaustos al Señor. Las dificultades que enfrentaban eran formidables. Sin embargo, como usted lo verá en el estudio del día de mañana, Dios les ayudó a vencer, incluso en situaciones que parecían imposibles de resolver.

Repase de memoria los nombres de los libros de historia del Antiguo Testamento que ya ha estudiado. Escríbalos en el dibujo de la página 140.

---

**RESPONDA A LA PALABRA DE DIOS**

* Piense en alguna victoria muy significativa que Dios le ayudó a alcanzar. ¿Cómo podría usted conmemorar esa victoria? Escriba a continuación un plan tentativo para recordar regularmente tal victoria y alabar a Dios por ella.

_____

_____

* Ore pidiendo a Dios que le conceda valor para hacer lo que es correcto, incluso cuando hay riesgo en hacerlo. Comprométase a servirle con integridad, y confíe en Su promesa de protegerle y cuidarle.

---

# *DIA 2* La Reconstrucción y el Despertamiento Espiritual *(Esd. 4—10)*

---

### La Reconstrucción del Templo (Esd. 4—6)

En el pasaje que se consideró el día de ayer, se relata que el pueblo comenzó a colocar los cimientos del templo en el segundo año después del retorno. Hubo alegría, y celebración con alabanzas y acciones de gracias. Confiaban en que el templo quedaría terminado pronto. Desafortunadamente la obra de reconstrucción del templo pronto se detuvo.

Esdras 4 explica por qué se detuvo la construcción y quedó inconclusa por muchos años. Los judíos se enfrentaron con fuerte oposición, especialmente de parte de los habitantes del área que llegaría a ser conocida como Samaria en tiempos del Nuevo Testamento. Eran judíos igualmente, y en parte eran la gente que fue dejada en la tierra cuando el resto fue llevado cautivo. Se consideraban a sí mismos como fieles seguidores de la ley de Moisés. Sin embargo, los que retornaron del exilio no los reconocieron como parte del pueblo de Dios, por cuanto muchos de los que se habían quedado se habían casado con gente de otras naciones.

Por otro lado, la ayuda financiera prometida por Persia no se materializó; el pueblo entonces se desanimó y al trabajo de reconstrucción se detuvo.

‣ **Lea Esdras 5:1-2. Luego llene los espacios en blanco.**

**Cuatro personas que consiguieron que se comenzara la obra**

1. Los dos profetas que Dios usó para estimular a la gente a empezar de nuevo

la obra del templo fueron _____ y

_____ .

2. Los hombres que dirigieron la obra fueron _____ y

_____ .

**¿Quiénes son algunas de las personas que le han animado y guiado a persistir en la obra del Señor?**

‣ **Lea 5:3-5. Marque luego la frase correcta que completa cada una de las siguientes afirmaciones:**

1. El gobernador del área en ese tiempo era
❏ a. Salatiel.
❏ b. Tatnai.
❏ c. Setar-boznai.

2. El gobernador quería saber (marque dos cosas)
❏ a. ¿quién había dado permiso para la edificación?
❏ b. ¿quién estaba a cargo de la obra?
❏ c. ¿quién iba a pagar por la obra?

**¿Quién es la persona a quien usted animó y guió más recientemente?**

3. Mientras se esperaba la llegada de la respuesta del rey Darío
❏ a. la obra se detuvo nuevamente.
❏ b. la obra se detuvo por seis meses.
❏ c. la obra continuó.

4. Los judíos tenían confianza en que
❏ a. los ojos de Dios estaban sobre ellos.
❏ b. las fuerzas del gobernador local no eran gran cosa.
❏ c. el rey Darío aprobaría la obra.

Cuando el gobernador local cuestionó la reedificación del templo, se le informó acerca del decreto de Ciro. Mientras tanto, Ciro había ya muerto, y Darío era el nuevo rey de Persia. El gobernador Tatnai le escribió una carta al rey, pidiendo que se verificara la información que se le había dado. Darío ordenó que se revisaran los archivos.

*Respuestas: 1-b, 2-a y b, 3-c, 4-a.*

En Esdras 6:1-12 se lee la respuesta del rey Darío al gobernador. El rey le dijo que dejara a los judíos en paz, que no pusiera obstáculos a la obra, que pagara de los fondos reales por la obra, que proveyera lo que se necesitara para los sacrificios y holocaustos, y que castigaría severamente a quien desobedeciera sus órdenes. En 6:15 se nos dice que la obra del templo quedó terminada en el sexto año del reinado de Darío. Esto sería en 516 A.C. El pueblo de Israel se congregó para celebrar la conclusión de la obra de reconstrucción, y dedicaron el templo para la adoración al Dios de los cielos. Ofrecieron ofrendas y sacrificios, celebraron la pascua, y se alegraron en la adoración.

**El Despertamiento Espiritual Bajo Esdras** *(Esd. 7—10)*

Esdras no aparece propiamente en la escena sino 82 años más tarde. Era un sacerdote nacido en Babilonia y entendido en la ley de Moisés (7:6). Por orden del rey Artajerjes regresó a Palestina con un grupo de judíos, y con el propósito de reformar las prácticas religiosas e instruir al pueblo de Israel en la ley de Moisés.

▶ **Lea Esdras 7:8-10. ¿Cuáles tres cosas procuraba Esdras hacer con respecto a la ley del Señor?**

1. _____

2. _____

3. _____

**Como usted puede notar, Esdras se había comprometido a estudiar, obedecer (poner en práctica), y enseñar la ley de Dios. Piense por un momento en su propia dedicación a los mandamientos de Dios. ¿Cómo evaluaría usted su consagración, comparándola con la de Esdras?**

_____

_____

_____

El rey de Persia envió una ofrenda para el templo y autorizó a Esdras para que castigara a todos los que no quisieran obedecer las leyes del Dios de los cielos (7:11-26).

▶ **Lea Esdras 9:1-2. ¿Cuál fue el problema que Esdras tuvo que enfrentar con urgencia? Marque las respuestas correctas.**

1. ¿Quiénes habían cometido el error?
❏ a. los sacerdotes.
❏ b. los levitas.
❏ c. todo el pueblo, incluso los sacerdotes y levitas.

2. ¿En qué sentido los israelitas no se habían separado de los pueblos vecinos?
❏ a. habían efectuado negocios con ellos.
❏ b. se habían casado con gente de esos pueblos.
❏ c. habían hecho alianzas políticas con ellos.

3. ¿Quiénes habían sido los primeros en esta práctica?
❏ a. los dirigentes y gobernantes.
❏ b. los de la tribu de Benjamín.
❏ c. Esdras y Nehemías.

Respuestas: 1-c, 2-b, 3-a.

*Cuando los líderes oran y llaman al arrepentimiento, el pueblo de Dios responde.*

Uno de los primeros problemas que Esdras tuvo que atender fue la cuestión de los que se habían casado con personas de otras naciones. Dios había prohibido directamente los matrimonios con gente de las naciones paganas que había en Palestina.

La prohibición tenía como propósito evitar que los israelitas fueran arrastrados a las prácticas idólatras de sus cónyuges incrédulos. Esdras tomó medidas severas. Cuando supo del asunto, públicamente demostró su dolor y angustia, y elevó una oración. El resultado fue que los hombres israelitas se separaron de sus esposas extranjeras, y prometieron obedecer las exigencias de la ley de Dios.

*Ningún líder puede llamar al pueblo de Dios a un nivel más alto de consagración que el que él mismo ha alcanzado.*

Aun cuando la acción de expulsar a las mujeres extranjeras puede parecer muy severa, era necesaria para preservar viva y fuerte la consagración de Israel al Dios de los cielos.

El ministerio de Esdras continuó por varios años más. En el libro de Nehemías lo vemos leyendo la Palabra de Dios públicamente, y al pueblo respondiendo con interés genuino.

▶ **Piense en lo que ha aprendido usted acerca de Esdras. ¿Cuál piensa usted que fue la mejor contribución de Esdras en la obra de Dios? Escriba su respuesta a continuación.**

_____

_____

**Tenga lista su respuesta para la próxima sesión del grupo.**

**RESPONDA A LA PALABRA DE DIOS**

* **Reflexione en lo que usted siente cuando usted hace algo que usted sabe que Dios quiere que usted haga.**

* **¿Hay acaso alguna acción que Dios quiere que usted haga, y que usted no ha estado enteramente dispuesto a hacerla?**

* **En oración, haga planes para obedecer a Dios de inmediato.**

# *DIA 3* El Ministerio de Nehemías

El relato de Nehemías empieza más o menos trece años después de que Esdras había viajado a Jerusalén. Nehemías 1:1 señala que era el "año veinte" de Artajerjes. Esto quiere decir que habían transcurrido casi cien años desde que regresó a Jerusalén el primer grupo de exiliados. Si Artajerjes empezó su reinado en 465 A.C., quiere decir que el relato de Nehemías empieza alrededor de 445 A.C.

Nehemías fue un judío de gran distinción en Babilonia, y un buen ejemplo de los judíos que prosperaron en Babilonia. Se indica que era el copero del rey Artajerjes (Neh. 1:11). El título tal vez significa que era el encargado de probar los alimentos y bebidas que se servían al rey, para asegurarse de que no estaban envenenados, pero probablemente significa mucho más. Nehemías servía como consejero personal del rey. Era hombre de confianza del monarca, que le servía leal y fielmente. Sin embargo, aun con su posición elevada en el gobierno persa, Nehemías se mantuvo fiel al Dios de Israel.

▶ **Lea Nehemías 1:1-4, y luego responda a las siguientes preguntas. Las respuestas se hallan también al pie de la página.**

1. ¿Quién escribió el libro de Nehemías? _____ .

2. ¿Cómo supo Nehemías de la situación que había en Judá?

_____

3. En una sola línea, describa la situación en Judá.

_____

4. ¿Cuál fue la reacción y respuesta de Nehemías a las noticias que recibió en cuanto a Judá?

_____ .

*Respuestas: 1-Nehemías (1:1); 2-habló con personas que habían estado allí; 3-malas noticias, triste situación, problemas, desgracias (su respuesta puede ser similar pero diferente); 4-se lamentó, lloró, ayunó y oró.*

## La Oración de Nehemías

Un día, mientras Nehemías servía en el palacio, su hermano Hanani y algunos otros con él, vinieron trayendo información de la situación difícil que atravesaba Jerusalén (Neh. 1). La ciudad estaba en una condición deplorable, los muros estaban en ruinas, y las puertas quemadas. El informe conmovió grandemente a Nehemías, quien lloró, ayunó, y oró al Señor.

> **Elementos de la Oración de Nehemías**
>
> •Alabanza a Dios (1:5)
> •Confesión de pecados (1:6-7)
> •Petición basada en las promesas de Dios (1:8-11)

**Complete cada declaración con diez palabras o menos:**

Señor, te alabo y doy gracias por . . .

_____

_____

_____

Señor, te confieso que . . .

_____

_____

_____

Señor, te ruego que . . .

_____

_____

_____

▶ Medite en cada uno de los elementos de la oración de Nehemías. Trate de apropiarse de este modelo, sintiendo la importancia y significado de cada uno de esos elementos. Luego, escriba sus propias respuestas en las líneas del margen izquierdo.

**El Retorno de Nehemías** *(Neh. 1:1-20)*

Cuando consideró el tiempo apropiado, Nehemías pidió permiso al rey de Persia para regresar a Jerusalén. Quería ayudar al pueblo de Israel a reedificar los muros de la ciudad. El rey le concedió el permiso.

▶ **Lea Nehemías 2:1-6, y luego trace un círculo alrededor de la respuesta correcta, según la afirmación sea *cierta* o *falsa*.**

C  F    1. El semblante de Nehemías reflejaba su preocupación.
C  F    2. El rey Artajerjes pensó que Nehemías estaba enfermo.
C  F    3. Nehemías explicó su preocupación sin ningún temor ni recelo.
C  F    4. Nehemías le dijo al rey exactamente lo que quería hacer.
C  F    5. El rey estuvo de acuerdo con lo que pedía Nehemías.

Una vez obtenido el permiso necesario, Nehemías le pidió al rey cartas de autorización. Estas cartas le asegurarían el pase libre en las fronteras, y también le permitirían conseguir los materiales necesarios para la reconstrucción del muro. El rey también proveyó una escolta armada para que acompañara a Nehemías.

▶ **En vista de la respuesta del rey a la petición de Nehemías, ¿qué opinión piensa usted que tenía el rey en cuanto a Nehemías?**

_____

_____

**Tenga su respuesta lista para decirla en la sesión del grupo.**

Nehemías llegó a Jerusalén, y después de hacer una inspección nocturna de los muros, reunió al pueblo y lo animó a reconstruir los muros de Jerusalén.

*Respuestas: 1-Cierto, 2-Falso, 3-Falso, 4-Cierto, 5-Cierto.*

**La Reconstrucción de los Muros** *(Neh. 3—6)*

Bajo el liderazgo dinámico de Nehemías, la construcción progresó rápidamente. Sin embargo, la obra de Nehemías no fue fácil. Los enemigos se opusieron ferozmente a la obra.

▶ **A: Lea la referencia bíblica que se indica. Luego escriba en la línea en blanco la letra que corresponde a la descripción del contenido de cada cita.**

|  |  |
|---|---|
| _____ 1. 4:1 | A. conspiración para atacarlos. |
| _____ 2. 4:8 | B. los ridiculizaron. |
| _____ 3. 4:11 | C. esparcieron rumores de ataques. |
| _____ 4. 4:12 | D. planearon un ataque de sorpresa. |
| _____ 5. 6:2 | E. amenazaron acusarlos ante el rey. |
| _____ 6. 6:5-7 | F. intentaron desacreditar a Nehemías. |
| _____ 7. 6:10-13 | G. intentaron emboscarlos. |

**B: Para ver cómo enfrentó Nehemías la oposición de sus enemigos, lea las siguientes citas bíblicas. En cada línea escriba una frase de no más de tres o cuatro palabras describiendo lo que se hizo.**

1. 4:6 _____

2. 4:9 _____

3. 4:14 _____

4. 4:16 _____

5. 4:17 _____

6. 4:19-20 _____

7. 6:3 _____

8. 6:8 _____

9. 6:11 _____

*Respuestas para la sección A: 1-B, 2-A, 3-D, 4-C, 5-G, 6-E, 7-F.*

*Respuestas para la sección B: 1-trabajaron duro, 2-oraron, pusieron guardia, 3-discurso de estímulo, 4-la mitad hacía guardia, 5-la otra mitad estaba armada, 6-establecieron un sistema de alarma, 7-evadieron una emboscada, 8-comprendió la fanfarronada, 9-Se mantuvieron firmes.*

A pesar de la oposición, Nehemías y sus trabajadores continuaron la obra. Nehemías 4:6 indica por qué progresó el trabajo: todos trabajaban con buen ánimo.

Nehemías organizó un programa eficaz de vigilancia y protección. También dio armas a los trabajadores, y así la construcción continuó. La obra básica del muro quedó concluida en 52 días (6:15).

Pero además de enfrentar la oposición de los enemigos, el pueblo también enfrentaba serios problemas internos.

▶ **Lea 5:1-12 y observe los problemas que había entre el pueblo. Marque luego las respuestas correctas:**

1. ¿Cuál fue el principal problema?
❑ a. Una hambruna e impuestos muy pesados.
❑ b. Mal manejo de los recursos.
❑ c. La obra del muro no dejaba que la gente cultivara los campos.

2. ¿Qué habían tenido que hacer algunas **personas para poder** sobrevivir?

❑ a. Robar.

❑ b. Saquear a las naciones vecinas.

❑ c. Empeñar casas y propiedades.

3. ¿Qué habían tenido que hacer algunos para **poder** pagar los impuestos?

❑ a. Vender a sus hijos como esclavos.

❑ b. Matar.

❑ c. Engañar.

4. ¿A quién echó Nehemías la culpa de este **problema**?

❑ a. Al rey.

❑ b. A Dios.

❑ c. A los líderes y dirigentes del pueblo.

5. ¿De qué acusó Nehemías a los judíos ricos?

❑ a. De comerciar con esclavos.

❑ b. De extorsión.

❑ c. De usura.

6. ¿Qué táctica usó Nehemías para presionar **a los culpables** para que corrigieran la situación?

❑ a. Amenazó con quitarles su riqueza.

❑ b. Les pidió públicamente que corrigieran la **situación**.

❑ c. Amenazó con venderlos a ellos mismos **como esclavos**.

7. ¿Sobre qué basó Nehemías su apelación a **los culpables**?

❑ a. Una base moral y espiritual.

❑ b. Una base financiera.

❑ c. Una base física.

8. ¿Qué respuesta dieron los culpables?

❑ a. Se enfurecieron.

❑ b. Guardaron silencio.

❑ c. Se arrepintieron.

*Respuestas: 1-a, 2-c, 3-a, 4-c, 5-c, 6-b, 7-a, 8-c.*

Nehemías sirvió como gobernador por doce **años, y después** regresó a Babilonia para continuar su servicio al rey. Pero pronto volvió otra vez a Jerusalén. En su ausencia la situación moral y espiritual del **pueblo** había decaído grandemente. El pueblo había descuidado sus **responsabilidades** religiosas. Los levitas y cantores del templo habían regresado a sus **casas** porque el pueblo no había dado sus diezmos y ofrendas para el sostenimiento del templo. Muchas personas trabajaban en el día de reposo mientras **que** otras habían convertido el sábado en ocasión para hacer negocios (Neh. 13:1-21).

Nehemías fue un excelente gobernador. Su **política** fue justa y su administración honrada. Se esforzó por honrar a Dios y **obedecerle.** Por su fe en Dios y por su dedicación a la obra, Nehemías demostró ser **un líder** eficaz, que supo superar los obstáculos de sus enemigos y el desaliento **de** sus seguidores. La vida de Nehemías es un buen modelo de liderazgo eficaz.

---

**RESPONDA A LA PALABRA DE DIOS**

* ¿Qué lección obtiene usted del ejemplo de Nehemías para aquellos momentos en que está a punto de darse por vencido? ¿O tal vez cuando siente que necesita dejar sus convicciones y entrar en componendas? ¿O cuando enfrenta oposición de gente que le detesta? ¿O cuando ve que quien se le opone es la misma gente que debería estarle ayudando?

* Ore a Dios que le dé un espíritu de fidelidad, que le permitirá perseverar en su obediencia a Dios.

---

# *DIA 4* El Libro de Ester

El libro de Ester continúa el profundo mensaje de Esdras y Nehemías. Mediante Sus bendiciones y cuidado Dios muestra Su interés por Su pueblo. Aun cuando vivan fuera de Palestina, el Señor todavía es el Rey. Dios es el Soberano sobre todo el universo. Su poder se extiende sobre todas las naciones, y Su cuidado sobre Su pueblo llega a cualquier lugar en donde ellos se encuentren.

No se conoce quién escribió el libro, ni tampoco se puede precisar con exactitud la fecha en que fue escrito. Los eventos ocurren en Susa, la capital del imperio persa, y durante el reinado de Asuero, o Jerjes (486 465 A.C.). El libro narra una parte de la historia de los judíos durante ese tiempo, y el peligro de exterminación que enfrentaron. El término *judío* aparece 42 veces en el libro. Al principio la palabra designaba a una persona de la tribu de Judá, pero después el nombre empezó a usarse para designar a todos los hebreos, sin distinción de tribu.

El libro de Ester tiene la característica de ser uno de los dos libros de la Biblia en donde no se menciona el nombre de Dios (el otro es Cantares). Aunque el nombre de Dios no aparece en el libro, la presencia de Dios con Su pueblo y la providencia divina es clara en la historia. Si el pueblo de Israel había de sobrevivir, era necesario depender de la ayuda divina. Las palabras de Mardoqueo a Ester, "¿Y quién sabe si para esta hora has llegado al reino?" (4:14), fueron un gran ejemplo de la fe de Mardoqueo y su confianza en la providencia divina. La petición de Ester a los judíos para que ayunaran por ella (4:16) fue una demostración de que la ayuda divina era esencial para la salvación del pueblo.

Las siguientes actividades le guiarán a través de algunos puntos principales del libro de Ester.

▶ **A. Lea Ester 2:5-7, y luego conteste lo siguiente:**

1. ¿Por qué estaba Mardoqueo en Babilonia? _____

_____

2. ¿Por qué crió Mardoqueo a su prima Ester? _____

_____

**B. Ester 1:1-22 relata el episodio entre el rey Asuero y la reina Vasti. Lea 2:1-4 para ver cómo se elegía una nueva reina.**

**C. Lea 2:19-23, y luego marque la respuesta correcta:**
1. Ester no dio a conocer
❏ a. que había sido criado por Mardoqueo.
❏ b. que era judía.
❏ c. que le habían partido el corazón.

*La obediencia a la voluntad de Dios empieza con estar en el lugar en que El nos quiere, en el momento exacto cuando El lo quiere.*

2. Después de que Ester fue hecha reina, su relación con Mardoqueo
❏ a. continuó.
❏ b. se acabó.
❏ c. se volvió difícil.

3. Mardoqueo denunció un complot para
❏ a. asaltar el harem del rey.
❏ b. robar el tesoro real.
❏ c. asesinar al rey.

4. Para avisar al rey acerca del complot Mardoqueo se valió de
❏ a. el eunuco.
❏ b. Ester
❏ c. Bigtan y Teres.

5. La acción de Mardoqueo fue
❏ a. anotada en un libro.
❏ b. recompensada en secreto.
❏ c. olvidada muy pronto.

Cuando Asuero se divorció de la reina Vasti, y empezó el proceso para elegir una nueva esposa para el rey, Ester también fue seleccionada entre las candidatas. Era una hermosa joven judía de la tribu de Benjamín, que había quedado huérfana de padre y madre, y su primo Mardoqueo la había criado como su propia hija. Entre todas las candidatas, el rey eligió a Ester para que fuera su esposa y la reina.

*Respuestas: A: 1-Porque había sido llevado cautivo; 2-porque era huérfana. C: 1-b, 2-a, 3-c, 4-b, 5-a.*

Más adelante, Amán, uno de los funcionarios importantes del gobierno de Asuero, se enfureció porque Mardoqueo rehusaba rendirle honores arrodillándose ante él. Para vengarse, Amán tramó un complot.

♦Lea 3:8-14, y luego conteste las siguientes preguntas sobre el complot de Amán. Trace un círculo alrededor de la respuesta correcta, según la afirmación sea *cierto* o *falso.*

C   F   1. La descripción de los judíos que dio Amán era falsa.

C   F   2. La descripción de los judíos que Amán dio era cierta.

C   F   3. El rey dejó que Amán decidiera cómo se destruiría a los judíos.

C   F   4. El plan de Amán era destruir a los judíos en una sola semana.

C   F   5. Amán y el rey sabían que Ester era judía.

C   F   6. La descripción de los judíos que Amán dio era en parte cierta y en parte falsa.

C   F   7. El derecho de apropiarse del botín fue un incentivo para animar a la gente a matar a los judíos.

Cuando Mardoqueo rehusó arrodillarse ante Amán, este trazó un plan para destruir a todos los judíos en el imperio. Con engaños consiguió que el rey decretara la exterminación de los judíos. Para elegir la fecha de la matanza, Amán hizo un sorteo. La palabra persa *pur* significa echar suertes.

♦ **Lea 4:1-17, y conteste luego las siguientes preguntas:**

1. ¿Cuál fue la reacción de Mardoqueo cuando supo del decreto?

_____

*1-Falso, 2-Falso, 3-Cierto, 4-Cierto, 5-Falso, 6-Cierto, 7-Falso.*

2. ¿Qué pidió Mardoqueo a Ester, por intermedio del sirviente?

_____

3. ¿Cuál argumento tuvo más peso para convencer a Ester?

_____

*Respuestas:  1-hizo grandes demostraciones de aflicción y pesar, 2-que intercediera ante el rey a favor de los judíos, 3-que probablemente para esa ocasión había llegado a ser reina, 4-ella corría el riesgo de morir.*

4. En su opinión, ¿por qué pidió Ester que los judíos ayunaran por tres días, y ella prometió hacer lo mismo, antes de ir a hablar con el rey?

_____
_____

*"Si subiere a los cielos,
allí estás tú;
Y si en el Seol hiciere mi
estrado
    He aquí, allí tú estás.
Si tomare las alas del alba
Y habitare en el extremo
del mar,
Aun allí me guiará tu mano,
Y me asirá tu diestra."*
        *Salmo 139:8-10*

**Tenga su respuesta lista para la sesión del grupo.**

En los capítulos 5 al 7 se relatan una serie de eventos que nos muestran una parte del complejo proceso que tuvo que seguir Ester antes de presentar su petición al rey. Cuando Ester finalmente le explicó al rey lo que estaba ocurriendo, el rey le indicó que la ley de los medos y los persas no le permitía revocar su palabra. Pero en cambio autorizó a los judíos a resistir y defender sus vidas. Así, el exterminio que Amán había planeado nunca ocurrió, y la fecha se transformó en victoria y celebración. La fiesta de Purim fue establecida en conmemoración de esa victoria (9:1-32).

**RESPONDA A LA PALABRA DE DIOS**

* 1. Recuerde algún momento de su vida cuando usted se dio cuenta de que Dios le estaba cuidando y guiando, en medio de una hora muy difícil. ¿Cómo se dio cuenta de que Dios le estaba cuidando?

_____

_____

* 2. ¿Puede usted recordar alguna ocasión cuando se dio cuenta de que Dios lo había colocado en alguna situación, en un tiempo particular, porque El quería usarlo a usted para solucionar las necesidades de otra persona?

_____

_____

* 3. Ore agradeciendo a Dios por la manera en que El ha estado siempre con usted, y cómo le ha usado para ministrar a otras personas.

# *DIA 5*  El Mensaje de Esdras, Nehemías y Ester

Dios nos habla por medio de las experiencias de la vida. Cada libro de la Biblia contiene profundos mensajes de Dios, que nos ayudan a conocerle, y a vivir por y para El. Los mensajes de la Biblia continuan siendo de actualidad para nosotros, por cuanto fueron dados a personas reales, en situaciones históricas reales. Las necesidades básicas y esenciales del ser humano son las mismas ahora que las de los días de Esdras, Nehemías y Ester. Por consiguiente, haremos bien en prestar atención al mensaje de estos libros.

Para los judíos que vivían entre 539 y 450 A.C. las circunstancias pudieran haberles parecido como si Dios hubiera perdido el control de lo que acontecía en el mundo. Esdras explicó que Dios continuaba en el trono del universo, y que cuidaba a Su pueblo aun en el exilio. Dios obró por medio de Ciro, un rey pagano, para que los cautivos pudieran regresar a su tierra y reconstruir el templo de Dios.

Asimismo, Dios puso a Nehemías en una posición importante, y luego le puso en el corazón el deseo de hacer su parte en la reconstrucción de los muros de Jerusalén. Por medio de Nehemías, Dios proveyó liderazgo eficaz para el pueblo, y protección para la ciudad.

El libro de Ester enseña que Dios estaba con Su pueblo, y que Dios coloca a Sus siervos en las posiciones y ocasiones que mejor se prestan para su servicio a El. Dios libró a los judíos mediante Ester y Mardoqueo.

**Dios Siempre Está con los Suyos**

Usted puede estar completamente seguro que Dios está siempre con los Suyos. A veces tal vez usted se sienta como que Dios se ha alejado de usted. A veces sentimos como si nuestras oraciones no fueran oídas, o que Dios estuviera muy lejos de nosotros. Pero los sentimientos y sensaciones del ser humano no son una medida confiable. Los libros de Esdras, Nehemías y Ester nos muestran que Dios nunca se olvida de Su pueblo. Nos revelan que Dios siempre cuida a los Suyos, en todas las circunstancias de la vida. Dios está presente con los Suyos, y los cuida, sea que se encuentren en Palestina, en Babilonia, o en el sitio en que usted se encuentra en este mismo momento.

▶ **Medite por un momento en su propia experiencia en el pasado. ¿Puede recordar algún momento cuando se sintió como si Dios se hubiera olvidado de usted? Al mirar hacia ese pasado, ¿puede notar cómo Dios estaba obrando para su bien? Haga una pausa para orar y agradecerle a Dios por haber estado siempre con usted.**

**La Palabra de Dios Fortalece la Fe**

Cuando Esdras leyó al pueblo la ley de Dios, el pueblo comprendió su pecado, se arrepintió, confesó, y luego renovó su pacto con Dios. Como resultado de haber escuchado y obedecido la Palabra de Dios, hubo gran alegría y bendición. Cuando permitimos que la Biblia sea una parte esencial en nuestras vidas, y cuando nos esforzamos para obedecer con prontitud la Palabra de Dios, hallaremos que nuestra fe se fortalece, y que disfrutamos en mayor grado de Sus bendiciones. Mientras usted ha estado trabajando en este estudio del Antiguo Testamento, con toda seguridad ha encontrado valiosas enseñanzas, y ha recibido hermosas bendiciones de Dios.

▶ **Mencione dos enseñanzas destacadas que ha encontrado en este estudio del Antiguo Testamento:**

1. _____

2. _____


**Tenga sus respuestas listas para la sesión del grupo.**

**Las Leyes de Dios Afectan toda la Vida**

Muchas personas piensan en Dios solamente los domingos en la mañana . . . si es que asisten al templo. Atiborran sus vidas con numerosas actividades, y después dicen que no les queda tiempo para cultivar su vida espiritual. Lo trágico es que no pasa mucho tiempo sin que sus propias vidas demuestren los tristes efectos de una vida espiritual descuidada.

Los libros de Esdras, Nehemías y Ester nos recuerdan que Dios es el Señor de todo en la vida. La Palabra de Dios toca cada aspecto de la vida. Uno de los efectos directos del exilio sobre el pueblo de Israel fue que se vieron obligados a reconsiderar su idea de que Dios estaba sólo en Jerusalén, y que podía ser adorado solamente en el templo. Pronto Israel se dio cuenta de que Dios estaba con ellos también en Babilonia, y que no era una condición indispensable estar precisamente en el templo en Jerusalén para rendirle adoración. Se dieron cuenta de que Dios podía, y debía, ser adorado incluso cuando no hubiera templo. Se dieron cuenta de que su relación con Dios no dependía del templo en Jerusalén, sino que debía ser desarrollada en cada momento de sus vidas: en su trabajo diario, en sus devociones privadas, en su vida familiar y en sus actividades sociales.

▶ **Mencione una enseñanza que ha aprendido en este curso del Antiguo Testamento, que en alguna manera afecta las siguientes áreas de su vida:**

1. Su hogar: _____

2. Su empleo o trabajo: _____

3. Su vida cívica: _____

4. Su iglesia: _____

5. Sus vecinos: _____

### ◗ RESUMEN DE REPASO

**Para repasar lo que ha estudiado esta semana, trate de contestar mentalmente las siguientes preguntas. Tal vez usted quiera escribir sus respuestas en una hoja de papel aparte. Marque su nivel de aprovechamiento, trazando un círculo alrededor de la "C" si puede contestar correctamente, o alrededor de la "R" si necesita repasar el material.**

C R **1.** ¿Cuáles son los libros de la ley y de historia, en el Antiguo Testamento?

C R **2.** Mencione tres eventos principales que se mencionan en los libros de Esdras y Nehemías.

C R **3.** ¿Cuál es una característica única del libro de Ester?

C R **4.** ¿Cuál es el origen y significado del término *judío?*

C R **5.** ¿Quién fue Esdras, y cuál fue uno de los principales problemas que tuvo que enfrentar y resolver?

C R **6.** ¿Cuál fue la contribución principal de Nehemías a la obra de Dios?

C R **7.** Explique en qué maneras Nehemías demostró ser un gobernador eficaz.

C R **8.** ¿Por qué Nehemías pudo comportarse como lo hizo?

C R **9.** ¿Cuál es el mensaje de los libros de Esdras, Nehemías y Ester?

### RESPONDA A LA PALABRA DE DIOS

* Reflexione en el mensaje de Esdras, Nehemías y Ester. En oración, comprométase nuevamente delante de Dios a permitirle que El sea el Señor de su vida en todo momento.

# 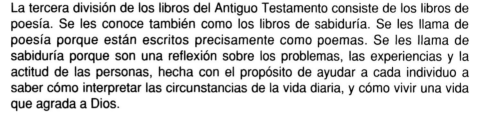 *Unidad* **10** Dios y la Poesía *(Job—Eclesiastés)*

La tercera división de los libros del Antiguo Testamento consiste de los libros de poesía. Se les conoce también como los libros de sabiduría. Se les llama de poesía porque están escritos precisamente como poemas. Se les llama de sabiduría porque son una reflexión sobre los problemas, las experiencias y la actitud de las personas, hecha con el propósito de ayudar a cada individuo a saber cómo interpretar las circunstancias de la vida diaria, y cómo vivir una vida que agrada a Dios.

En esta unidad usted estudiará los libros de Job, Salmos, Proverbios, Eclesiastés y Cantar de los Cantares.

**Job**—trata con el problema del sufrimiento. En razón de que todo mundo sufre, el estudio del libro de Job será útil para todo mundo. El libro enfoca el sufrimiento desde un punto de vista personal antes que filosófico. El sufrimiento de Job es un buen punto de partida para considerar nuestras propias dificultades y sufrimiento.

**Los Salmos**—son un mensaje para toda persona en necesidad por cuanto fueron escritos por personas en necesidad. Expresan los sentimientos y emociones más hondos del corazón de la gente, y nos hablan de cuestiones de la vida y de la fe. Los salmos proveen estímulo, ánimo y fortaleza para la vida diaria a quienes los leen.

**Proverbios**—provee sabiduría para la vida diaria. Nos indican cómo seguir los caminos de Dios, permitiéndole que El dirija nuestras vidas. Son conclusiones breves acerca de diferentes aspectos de la vida, obtenidas en la experiencia diaria.

**Eclesiastés**—formula varias preguntas que surgen en la búsqueda del gozo y del significado de la vida.

**Cantar de los Cantares**—es una serie de poemas de amor, también con profundo significado para la vida.

Con la excepción del libro de Job, ninguno se presta para hacer un bosquejo consecutivo. Los que anotamos a continuación se prestan para el trabajo que nos proponemos. No trataremos de dar ningún bosquejo de Eclesiastés ni de Cantares.

**Job:**

      I. Prólogo (Job 1—2)
      II. Diálogo entre Job y sus amigos (Job 3—31)
         A. Primer ciclo de discursos (Job 3—14)
         B.Segundo ciclo de discursos (Job 15—21)
         C. Tercer ciclo de discursos (Job 22—31)
      III. Discursos de Eliú (Job 32—37)
      IV. Discursos de Dios (Job 38:1—42:6)
      V. Epílogo (Job 42:7-17)

**Salmos:**
    I. Salmos relacionados mayormente con David (Sal. 1—72)
    II. Salmos relacionados mayormente con Coré (Sal. 73—89)
    III. Salmos mayormente sin título (Sal. 90—106)
    IV. Salmos que se usaban en la adoración (Sal. 107—150)

**Proverbios:**
    I. Discurso en proverbios (Pr. 1—9)
    II. Proverbios de Salomón (Pr. 10:1—22:16)
    III. Palabras del sabio (Pr. 22:17—24:22)
    IV. Un proverbio sobre la ociosidad (Pr. 24:23-34)
    V. Proverbios de Salomón que copiaron los hombres de Ezequías (Pr. 25-29)
    VI. Proverbios del rey Lemuel (Pr. 31:1-9)
    VII. Proverbios sobre la mujer virtuosa (Pr. 31:10-31)

*En esta unidad observe especialmente las siguientes palabras:*

**Sela (o selah)**—ocurre con mucha frecuencia en el libro de los Salmos. La interpretación más conocida es que indica una pausa durante la cual los instrumentos musicales continuaban tocando, o indicando un cambio en el volumen del canto.

**Masquil**—un poema cuyo propósito era enseñar o instruir.

**Sion**—era originalmente una de las colinas sobre las cuales fue construida la ciudad de Jerusalén. Posteriormente el término llegó a significar todo Jerusalén. Se usa este vocablo para indicar el lugar especial de la presencia de Dios.

# *DIA 1* El Libro de Job

### Escritor y Fecha del libro de Job

No se sabe cuándo fue escrito el libro. La historia que se narra en el libro evidentemente sucedió en el tiempo patriarcal, pero es posible que la escritura misma haya tenido lugar muchos años más tarde. Algunos piensan que fue el mismo Job quien escribió el libro, puesto que es el protagonista de tan intenso sufrimiento. Sin embargo, es lógico pensar que Job no fue quien escribió los capítulos 1,2 y 42. Aun cuando no podemos saber con certeza quién fue el escritor, lo que sí sabemos es que fue un poeta que entendió la profundidad del sufrimiento humano.

Otra opinión sostiene que el libro fue escrito después del exilio (587 A.C.). Cuando la nación y el templo fueron destruidos por los babilonios, los israelitas fueron condenados a una vida de miseria y sufrimiento. Muchos empezaron a dudar del poder y de la bondad de Dios. Algunos pensaban que Israel merecía el castigo. En tales circunstancias, el escritor del libro de Job relató la historia para ilustrar que muchas personas sufren, aun cuando parezcan ser íntegros en la presencia de Dios.

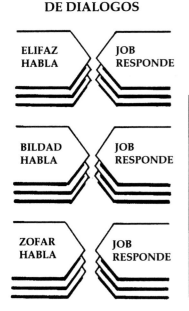

**EL CICLO DE DIALOGOS**

ELIFAZ HABLA  JOB RESPONDE

BILDAD HABLA  JOB RESPONDE

ZOFAR HABLA  JOB RESPONDE

## El Propósito del Libro de Job

Hay muchas ideas en cuanto al propósito por el cual fue escrito el libro de Job. Las siguientes son tres de las más populares:

---

**Propósitos del Libro de Job**

1. Responder a la pregunta por qué sufren los buenos. La única respuesta que provee el libro es que el sufrimiento prueba la fe de la persona.

2. Para refutar la idea de que todo sufrimiento es castigo directo por el pecado.

3. Para mostrar que Dios está presente con Su pueblo en medio del sufrimiento.

---

### El Prólogo (Job 1—2)

Tanto el prólogo como el epílogo están escritos en prosa. Los discursos o diálogo en poesía. Job fue un hombre que vivió en Uz, un área probablemente al oriente del Jordán. Era muy rico, y tenía siete hijos y tres hijas. Tenía también muchos esclavos y grandes rebaños. Además, era una persona muy religiosa. Sin embargo, sufrió enormemente cuando Dios permitió que Satanás le sometiera a pruebas. A Satanás se lo presenta como el enemigo que acusa a los seres humanos delante de Dios. Satanás acusó a Job de vivir rectamente sólo por causa de la riqueza y de la buena vida que Dios le había concedido. Dios permitió que Satanás afligiera a Job, para probar que la fe de Job era genuina.

▶ **Use las siguientes actividades en su estudio del prólogo del libro. Las respuestas se hallan también al pie de la página siguiente.**

**A. Lea Job 1:1-5. ¿Por cuál de los siguientes propósitos se escribieron los primeros versículos principalmente? Marque su respuesta.**
❑ 1. Para mostrar que Job era muy rico.
❑ 2. Para mostrar que Job recibía muchas bendiciones de Dios.
❑ 3. Para mostrar que Job era un hombre íntegro, recto y muy religioso.

**B. Lea Job 1:6-12 y luego conteste las siguientes preguntas:**

1. ¿Qué opinión tenía Dios de Job?

_____

2. Según Satanás, ¿por qué Job actuaba con rectitud?

_____

3. ¿Qué le permitió Dios a Satanás que hiciera?

_____

**C. Lea 1:13-22, y luego escriba las cosas que Job perdió:**

_____

_____

**D. Lea 2:1-6. Escriba aquí lo que Dios le permitió a Satanás que hiciera.**

_____

**E. Lea 2:7-10, y luego encierre en un círculo la respuesta correcta según la afirmación sea *cierto* o *falso*.**

C  F  **1.** Job sufrió una fiebre violenta.

C  F  **2.** Job quedó recubierto de llagas.

C  F  **3.** La mujer de Job tenía más fe que él.

C  F  **4.** A pesar de sus pérdidas y su aflicción, Job no renegó contra Dios.

**Diálogo (Job 3—31)**

La segunda parte del libro es el diálogo, y está escrito en forma poética. El diálogo se sucede primero entre Job y sus amigos, y luego entre Job y Jehová. Cada uno de los amigos de Job dio su opinión, y seguidamente Job dio su respuesta. Por ejemplo, en los capítulos 4 y 5 habló Elifaz, y Job dio respuesta a su argumentación en los capítulos 6 y 7. Luego habló Bildad (cap. 8) y Job respondió (caps. 9—10). Finalmente habló Zofar (cap. 11) y Job dio su larga respuesta en los capítulos 12—14. El diálogo consiste en tres ciclos de discursos. El modelo indicado se cumple en los primeros dos ciclos.

▶**En las siguientes actividades usted podrá encontrar los argumentos básicos que usaron los amigos de Job.**

**A. 1. ELIFAZ: Lea Job 4:7-9,17. Escriba una sola frase breve resumiendo lo que Elifaz le estaba diciendo a Job:**

_____

_____

**2. Lea en 6:24-30 la respuesta de Job a Elifaz. Escriba en una sola frase el resumen de esa respuesta:**

_____

_____

**B. 1. BILDAD: Lea Job 8:3-4,11-13,20. ¿Era el argumento de Bildad básicamente el mismo de Elifaz?   Sí   No**

**2. Lea la respuesta de Job a Bildad, en 10:1-7. Marque las declaraciones que le parecen acertadas:**
❑ 1. Job estaba dejándose ganar por la amargura.
❑ 2. Job se preguntaba si Dios castigaba al justo y bendecía al injusto.
❑ 3. Job estaba convencido de que Dios sabía que él era inocente.

*Respuestas: A-3 es la mejor respuesta, B-Sus respuestas probablemente serán similares a las siguientes: 1-una persona muy piadosa y fiel; 2-Job es fiel sólo porque Tú lo bendices; 3-que le quitara todo lo que tenía, excepto su salud. C-bueyes, asnos, sirvientes, ovejas, camellos, los hijos, las hijas, la casa. D-Cualquier cosa físicamente, pero sin matarlo. E-1-Falso, 2-Cierto, 3-Falso, 4-Cierto.*

❑ 4. Job cuestionaba la justicia de Dios.

❑ 5. Job estaba alejándose de Dios.

❑ 6. Job sostenía que era inocente y que no merecía las terribles cosas que le estaban sucediendo.

7. Job estaba frustrado e impaciente.

**C. 1. ZOFAR: Lea Job 11:1-6,13-20. ¿Cuál es la diferencia básica entre la posición de Zofar y la de sus amigos? Escríbalas a continuación.**

_____

_____

**2. Lea la respuesta de Job a Zofar, en 12:1-5; 13:2-5,19. Luego encierre en un círculo la respuesta correcta.**

C   F    **1.** Job quedó muy impresionado con la sabiduría de sus amigos.

C   F    **2.** Job reconoció que sus amigos tenían una educación superior.

C   F    **3.** Job sabía que muchas personas comprendían su situación, aun cuando nunca hubieran atravesado ninguna tragedia seria.

C   F    **4.** Job dijo que las palabras de sus amigos eran un gran consuelo para él.

Este modelo de diálogo se interrumpe en el tercer ciclo. Zofar no interviene, y el discurso de Bildad es breve. ¿Por qué? Posiblemente porque se les acabaron los argumentos. Ya no tenían ninguna otra idea que ofrecer. Job seguía manteniendo su inocencia, y ellos seguían sosteniendo que el inocente no sufre en la forma en que Job estaba sufriendo. Por consiguiente, no tenían nada nuevo que añadir.

¿Notó usted que Dios ha estado en silencio en todo este diálogo? ¿Se preguntó algún momento por qué Dios no intervenía en alguna manera? Al empezar su estudio el día de mañana, encontrará un personaje más que participa, y luego la intervención de Dios.

_Respuestas: A-1-Su respuesta debe ser similar a: Si Job fuera inocente, no estuviera sufriendo. 2-Muéstrenme en qué he pecado. B-1-Sí, 2-Todas, excepto 5. C-1-Ninguna diferencia básica, 2-Todas son falso._

**RESPONDA A LA PALABRA DE DIOS**

\* **Piense en alguna persona que esté atravesando intenso sufrimiento en estos mismos momentos (puede ser incluso usted mismo). Ore al Señor pidiéndole que use el estudio que usted ha realizado el día de hoy, y hará mañana, para darle una mejor perspectiva en cuanto a enfrentar con fe el sufrimiento (el suyo propio o de otros).**

# _DIA 2_   Job y Salmos

Después que los "amigos" de Job se callaron, otro personaje entra en la conversación con Job.

**El Discurso de Eliú (Job 32—37)**

Eliú había escuchado pacientemente la conversación entre Job y sus amigos, sin atreverse a hablar. Pero cuando notó que los tres amigos no lograron convencer a Job de que él era un pecador, se indignó, y tomó la palabra para refutar el argumento. Eliú exaltó la grandeza y la justicia de Dios, pero ni siquiera con su prolongada charla pudo refutar a Job ni resolver el problema.

▶**Lea Job 32:1-12. Luego marque la frase que provee la terminación correcta para cada declaración.**

1. Eliú se enfureció contra Job porque
❏ a. Job había hecho avergonzar a los amigos de Eliú.
❏ b. Job se había justificado a sí mismo antes que a Dios.
❏ c. Job había blasfemado contra Dios.

2. Eliú se enfureció contra los amigos porque
❏ a. ellos se había puesto de acuerdo con Job.
❏ b. sus discursos habían sido demasiado largos.
❏ c. sus palabras no habían logrado refutar los argumentos de Job.

3. Eliú había llegado a la conclusión de que
❏ a. él sabía más que sus amigos de mayor edad.
❏ b. la sabiduría le pertenecía a los ancianos.
❏ c. la sabiduría no era el tema de discusión.

**Dios le Habla a Job (38:1—42:16)**

El momento más importante en el libro es cuando Jehová responde a Job desde un torbellino. En Su respuesta, Dios nunca ofreció una razón para el sufrimiento de Job, pero tampoco adoptó la postura simplista de los amigos. Por medio de una serie de preguntas, Dios llamó la atención de Job a los grandes misterios de la creación y a cómo la omnipotencia divina mantiene el equilibro en el universo. El mismo Dios que creó el mundo, y que entiende los grandes enigmas de la creación también tiene el poder para resolver los enigmas en la vida de los seres humanos.

▶**Lea Job 38:1-6, 17, 31-33, 35; 39:19, 26-27, y luego responda a las siguientes preguntas:**

_Respuestas: 1-b, 2-c, 3-a._

1. ¿A cuál de las preguntas de Dios pudo Job contestar?

2. En su opinión, ¿qué efecto tuvieron esas preguntas en Job?

Por supuesto, Job no pudo responder a ninguna de las preguntas que Dios le hizo. Sin embargo, ¿notó usted que Dios tampoco le dio las respuestas? El resultado fue que Job reconoció que sólo Dios es Señor, y que él, Job, dependía por entero del Omnipotente.

Por medio de su sufrimiento, y como resultado de lo que Dios le había dicho, la fe de Job se fortaleció. La respuesta final de Job al sermón de Dios parece revelar la principal enseñanza del libro. Dios nunca le dio a Job una razón para su sufrimiento.

El libro de Job no proporciona una respuesta definitiva para el sufrimiento, pero sí demuestra que el sufrimiento puede ser una prueba, y que Dios está siempre al alcance de los Suyos, incluso en medio del sufrimiento.

**Epílogo**

El epílogo describe cómo Dios le restauró la fortuna a Job, y le dio una nueva familia. Job se arrepintió porque reconoció que estaba en la presencia de un Dios santo. También comprendió que habría cosas que él nunca lograría comprender. Los amigos tuvieron que reconocer que Job era un hombre justo, y que sus acusaciones en contra de Job estaban erradas. Dios bendijo a Job con el doble que lo que había tenido antes, y con muchos años más de vida.

♦**El sufrimiento es un hecho en la vida. Usted tiene que enfrentarlo, sea en su propia vida como en la vida de otros. Anote a continuación tres lecciones que haya aprendido en su estudio del libro de Job, en cuanto a cómo enfrentar el sufrimiento.**

1. _____

2. _____

3. _____

**Introducción al Libro de los Salmos**

*Fecha y Escritores.* El libro de Salmos es una colección de himnos, alabanzas y oraciones que se usaban en el pueblo de Israel. Algunos salmos pueden ser relacionados fácilmente con hechos históricos conocidos, como por ejemplo el Salmo 51 y el 137. Sin embargo, a la mayoría de salmos no se les puede fijar una fecha definitiva de composición. En los títulos de los salmos se indica que algunos son de David, otros de Asaf, los hijos de Coré, Salomón, Moisés, Hemán, Etán; pero esto no necesariamente quiere decir que fueron compuestos por esos personajes. En el idioma hebreo la preposición que se usa en esos títulos puede significar igualmente que el salmo habla *de* David, fue escrito *para* David, *por* David, *acerca* de David, o que el poema pertenece al grupo de salmos asociados en alguna manera con David.

Por eso es también muy difícil establecer la fecha en que la colección quedó concluída. Puesto que hay salmos que hacen referencia al período del exilio en Babilonia (después de la caída de Jerusalén en 587 A.C. y antes del decreto de Ciro, en 539 A.C. que permitió a los judíos regresar a Palestina), es lógico su-

*"Los cielos cuentan la gloria de Dios,
Y el firmamento anuncia la obra de sus manos
Un día emite palabra a otro día,
Y una noche a otra noche declara sabiduría."
Salmo 19:1-2*

SALMOS DE LA NATURALEZA

SALMOS DE CARACTER

SALMOS DE ALABANZA

SALMOS DE FE Y CONFIANZA

SALMOS MESIANICOS

SALMOS DE LAMENTOS

SALMOS DEL TRONO DE DIOS

SALMOS DE IMPRECACION O VENGANZA

poner que algunos salmos fueron escritos alrededor de esa fecha. Lo que es casi cierto es que la colección del libro se completó después de la construcción del nuevo templo en Jerusalén, después de los días de Esdras, en el quinto o cuarto siglo A.C.

**Tipos de Salmos**

Los salmos han sido clasificados en muchas y diversas maneras. Cada clasificación que se haga tiene sus puntos fuertes, y sus desventajas. Para el propósito de este curso, agrupemos los salmos en ocho categorías.

*Salmos de la Naturaleza.* Estos son salmos que describen la belleza de la naturaleza, y la suprema hermosura del Creador que la creó. Ejemplos de estos poemas son el Salmo 8 y el 19. Estrictamente hablando, sería mejor describirlos como Salmos del Creador. Aunque se refieren a la naturaleza, atribuyen todo honor al Creador.

⬥**Lea el Salmo 8, y escriba los números de los versículos en donde se menciona la naturaleza. La primera mención está en el versículo 1.**

Versículos: _____

El Salmo 8 describe la belleza de los cielos, y hace una comparación entre los seres humanos y la grandeza de Dios. ¡Cuán pequeños e insignificantes somos, en semejante comparación! Dios es el maravilloso Creador, que ha bendecido grandemente a los Suyos. Probablemente usted mencionó los versículos 1, 3, 7 y 8.

⬥**Lea Salmo 19:1-6. ¿Qué aspecto de la naturaleza se describe principalmente en estos versículos?**

---

**RESPONDA A LA PALABRA DE DIOS**

* **¿Qué cosa del mundo natural le ha ayudado a percatarse más de la grandeza de Dios?**

* **Medite en las palabras del canto "La Creación."**
    Dios ha hecho todo lo que el ojo ve;
    Cada cosa de este mundo terrenal.
    Todo árbol y las plantas son de El,
    Las estrellas y el manto celestial.
                    *José Juan Naula Yupanqui*

* **Alabe al Señor por Su hermosura que se revela en la naturaleza.**

# *DIA 3*    El Libro de los Salmos (continuación)

Ayer usted empezó a estudiar el libro de los Salmos. Sin revisar el material anterior, conteste a las siguientes preguntas para repasar un poco de lo que aprendió ayer.

**♦A. ¿Qué sabemos en cuanto a quién escribió los salmos?**

_____

_____

**B. ¿Qué sabemos en cuanto a la fecha en que fueron escritos?**

_____

_____

Sus respuestas deben haber indicado que es difícil establecer quién escribió los salmos. Algunos fueron escritos por David, otros por Salomón, Hemán, los hijos de Coré, y otros. La colección quedó completa después del exilio en Babilonia. Ahora, continúe en su estudio considerando el segundo tipo de salmos: los salmos de carácter.

***Salmos de Carácter.*** El Salmo 1 y el 15 son buenos ejemplos de los salmos de carácter. Estos salmos describen la clase de carácter que deben esforzarse por tener quienes quieren amar y servir a Dios.

*"Bienaventurado el varón que no anduvo en consejo de malos,*
*Ni estuvo en camino de pecadores,*
*Ni en silla de escarnecedores se ha sentado"*
*Salmo 1:1*

El Salmo 1 describe un contraste entre la persona que se esfuerza por vivir de acuerdo a la ley de Dios, y la persona impía. El salmo está dividido en dos secciones: Los versículos 1 al 3 describen al bueno y justo; y los versículos 4 al 6 describen al malo e impío. Los buenos son benditos. Reaccionan en contra del mal y a favor del bien. Se alejan del consejo y del camino de los malos. Dios prospera a la persona que guarda Su ley, pero castiga a quien se aparta de ella.

El Salmo 15 empieza con una pregunta: "Jehová, ¿quién habitará en tu tabernáculo? ¿Quién morará en tu monte santo? (Sal. 15:1). La respuesta del salmista es una serie de afirmaciones específicas y concretas.

**♦Lea el Salmo 15, y luego haga una lista de las características de la persona que puede habitar en el santuario de Dios**

_____

_____

_____

*"Bendice, alma mía, a Jehová.*
*Jehová Dios mío, mucho te has engrandecido."*
*Salmo 104:1*

Los salmos de carácter estimulan a vivir correctamente, y eso asegura una vida agradable a Dios.

***Salmos de Alabanza.*** Se les llama también salmos de acción de gracias. Los salmos 50, 66, 103 y 107 son buenos ejemplos de este tipo de salmos. Estos poemas invitan a la comunidad de Israel y a las naciones a exaltar, adorar, y ofrecer sacrificios a Jehová por Su poder y por Su obra. El Salmo 103, por ejemplo, empieza alabando al Señor. El salmista hace un llamamiento para que todo su ser alabe a Dios. También dice que Dios es compasivo, lento para la ira y grande en misericordia. La alabanza es para Dios por la manera en que se relaciona con Su pueblo.

▶**Lea Salmo 103:3-19. Luego escriba en las líneas a continuación los tres beneficios que el salmo menciona y que a usted le parecen los más preciados actualmente.**

*"Jehová es mi luz y mi salvación; ¿de quién temeré?*
*Jehová es la fortaleza de mi vida; ¿De quién he de atemorizarme?*
*Salmo 27:1*

1. _____

2. _____

3. _____

**Prepárese para presentar sus respuestas en la próxima sesión del grupo.**

*Salmos de Fe y Confianza.* Un buen número de los salmos expresan fe y confianza en Dios. El pueblo de Dios atravesó por muchas dificultades. En los momentos en que los Suyos han necesitado consuelo y una voz que les asegure que Dios está de su lado, Dios les ha hablado mediante estos salmos. Los salmos 23, 27, 46, 90, 121 y 126 son buenos ejemplos de esta clase de salmos. Entre los salmos que expresan fe y confianza, el Salmo 23 es el más conocido. El salmista usa la ilustración del pastor que cuida y se preocupa por sus ovejas para declarar su plena confianza en la protección y providencia de Jehová.

▶**Seleccione uno de los salmos que se mencionan en el párrafo que antecede, y busque una promesa que usted puede hacer suya en estos mismos momentos. Anote su promesa a continuación.**

_____

_____

_____

▶**Sin mirar hacia atrás, vea si puede repetir los tipos de salmos que ya ha estudiado.**

N _____     A _____

C _____     F _____ y C _____

**Ahora, repase el material anterior y verifique sus respuestas.**

*Otros tipos de Salmos.*

▶**Lea el Salmo 2:2, 6-7, 12. Luego lea el Salmo 110:1, 4, 6. ¿Cómo clasificaría usted a estos salmos? Escriba su respuesta aquí.**

_____

Estos dos salmos son ejemplos de un grupo que se refieren al Señor Jesucristo. Se les llama *Salmos Mesiánicos.* Los salmos mesiánicos presentan al ungido de Dios como verdadero rey que combina en Su personalidad poder y justicia, y expresan el gozo del pueblo por la confianza de que Jehová ejercía Su propio reinado a través del rey terrenal.

▶Lea Salmo 3:4, 7; 5:1-3, 8, 11; 16:1. ¿Cómo clasificaría usted los salmos de donde proceden estos versículos? Escriba su respuesta aquí.

---

Los salmos que usted acaba de examinar son súplicas y ruegos. Son oraciones expresadas en tiempo de crisis, en la presencia de los enemigos, en los momentos de angustia o en las desgracias. Se les llama *Salmos de Lamentos*. En estos poemas el salmista eleva su plegaria a Dios suplicando por ayuda divina en la hora de necesidad.

▶ Lea Salmo 93:1; 96:10; 97:1. ¿Cómo clasificaría usted a estos salmos? Escriba su respuesta a continuación:

---

Cada uno de los salmos en este grupo contiene la frase "Jehová reina," y presenta a Dios sentado en Su trono y ejerciendo dominio. Se les ha llamado *Salmos del Trono de Dios*.

**Otro tipo de Salmos**

▶Escriba en la líneas al margen izquierdo los diferentes tipos de salmos que usted ha estudiado hasta aquí.

El día de mañana usted estudiará otro tipo de salmos.

**RESPONDA A LA PALABRA DE DIOS**

\* Ahora es su turno para ser un salmista. Componga y escriba un salmo de por lo menos cuatro versos. Puede ser de cualquiera de los siete tipos que ya ha estudiado, pero deben ser una expresión de lo que hay en su corazón. Eleve primero una breve oración. Pídale a Dios que le ayude a expresar los sentimientos que hay en su corazón. Tenga su salmo listo para leerlo en la sesión del grupo.

# *DIA 4*    Los Libros de Salmos y Proverbios

▶**Lea el Salmo 137. ¿Cómo clasificaría usted este salmo? Escriba su respuesta aquí.**

Algunos salmos son clasificados como *salmos de imprecación* o *de venganza*. Hay algunos poemas que reflejan verdadera amargura e ira; y son pasajes que presentan serias dificultades al interpretarlos. Para poder estudiarlos como es debido es necesario tener en cuenta los siguientes hechos:

Estos pasajes reflejan sentimientos reales que sentía la gente, y *no Dios*. El hecho de que estas expresiones y sentimientos estén anotados en la Biblia no significa que Dios los apruebe o que sean aceptables a los ojos de Dios. La Biblia registra muchas acciones y actitudes incorrectas y contrarias a la voluntad de Dios.

Es claro que estos sentimientos fueron pasajeros o temporales. Usted puede haber comprobado en su propia experiencia que los sentimientos de amargura o venganza sanan con el tiempo.

Los sentimientos y actitudes registradas en estos salmos reflejan la ley de retribución "ojo por ojo, diente por diente," que fue anterior a la revelación más completa que trajo el Señor Jesucristo: la ley del amor.

### El Libro de Proverbios

El término "proverbio" procede de un vocablo hebreo que significa "comparar." Según el diccionario español, un proverbio es un refrán; y un refrán es un "dicho agudo y sentencioso de uso común." El libro de Proverbios es precisamente una colección de refranes y conclusiones obtenidas en la experiencia de la vida diaria. Son frases breves, expresiones rítmicas y llamativas referentes a quién es Dios, al mundo y a la naturaleza humana. Su propósito es ayudarnos a saber cómo relacionarnos entre seres humanos, y con Dios. Los proverbios proveen sabiduría para la vida diaria. Nos guían para que sigamos los caminos del Señor, permitiéndole que El dirija nuestras vidas. Más que cualquier otra cosa, los que coleccionaron los Proverbios querían que sepamos que el temor y reverencia a Dios es el principio de la sabiduría.

El libro de Proverbios tiene 31 capítulos. Alguien ha sugerido que el creyente hará bien en leer un capítulo por día. Así leerá el libro una vez por mes. Tal vez usted no querrá hacer esto en forma continua; pero de seguro que obtendrá gran beneficio si lo hace aunque sea por un mes.

### Fecha

Al igual que Salmos, es difícil determinar la fecha en que este libro fue escrito. En verdad, el libro contiene varias colecciones.

◆**Lea los versículos que se indican a continuación, y explique porqué se afirma que en el libro de Proverbios hay en realidad varias colecciones: Proverbios 1:1; 10:1; 25:1; 31:1.**

_____

_____

_____

Como usted pudo notar, cada versículo identifica un grupo de proverbios, y menciona el nombre de la persona que los escribió o los coleccionó. Todo esto es una indicación de que la composición del libro de Proverbios, en su forma final, fue llevada a cabo a lo largo de muchos años. Proverbios 1:1 empieza diciendo: "Los proverbios de Salomón, hijo de David, rey de Israel." Proverbios 10:1 dice: "Los proverbios de Salomón." Proverbios 25:1 indica otra colección, que "copiaron los varones de Ezequías, rey de Judá."

Ezequías vivió alrededor de dos siglos después de Salomón. Por consiguiente, siendo que el libro es una colección de proverbios de diversos autores, es posible que la compilación final del libro tuvo lugar entre 700 A.C. en tiempo de Ezequías, y 400 A.C.

### Escritor

Las dos colecciones más extensas del libro son atribuidas a Salomón, pero esto no indica necesariamente que él sea el autor de todos los proverbios. Sin embargo, es claro que Salomón hizo una contribución muy importante al Libro de Proverbios, y que hay buenas razones para asociar su nombre con el libro. Por un lado, el mismo libro empieza declarando que Salomón es el escritor (1:1). Es posible que esta afirmación se refiere más específicamente a la sección, antes que al libro completo como lo conocemos nosotros. Por otro lado, Salomón estableció su reputación como escritor y coleccionista de proverbios (1 R. 3:16-28). En todo caso, es claro que Salomón proveyó un excelente ejemplo que inspiró a muchas generaciones posteriores a considerar la sabiduría como algo muy preciado, y como algo que procede de Dios.

### Dos Estilos de Proverbios

El libro de Proverbios contiene dos estilos distintos de proverbios. Los capítulos 1 al 9 y 30 al 31 son una serie narrativa. Cada serie tiene un tema distintivo.

◆**Estudie las siguientes porciones, y luego escriba en la línea en blanco la letra que corresponde a la descripción correcta.**

_____ 1. 1:8-19          a. La trampa de la inmoralidad
_____ 2. Cap. 4          b. La seducción de los pecadores
_____ 3. Cap. 5          c. Hacer caso al consejo paterno
_____ 4. 31:10-31        d. Descripción de la mujer virtuosa

Los capítulos 10 al 29 son una colección de refranes agudos, de una, dos o cuatro frases. Todos señalan una verdad importante, muchas veces indicando algún contraste.

_Respuestas: 1-b, 2-c, 3-a, 4-d._

◆**A. Estudie proverbios de una sola frase: 16:3; 24:10; 26:7.**

B. Estudie proverbios de dos frases: 13:18; 15:21; 20:4; 28:1-2

C. Estudie proverbios de varias frases: 22:24-25; 24:13-14; 24:21-22.

---

**RESPONDA A LA PALABRA DE DIOS**

* Lea Proverbios 15, y luego escriba los números de tres proverbios que le parecen especialmente significativos para usted. Prepárese para presentar su opinión en la sesión del grupo.

* Medite en cuál es el mensaje especial para usted de esos tres proverbios. En oración, dígale a Dios lo que usted piensa hacer durante esta semana con esa lección.

---

# $DIA$ 5  El Libro de Eclesiastés

---

Eclesiastés es diferente de Proverbios en un aspecto muy destacado. Proverbios es básicamente optimista. Eclesiastés es básicamente pesimista. El libro de Eclesiastés examina la vida, y formula la pregunta popular: "¿Es esto todo lo que hay?"

El escritor del libro deseaba descubrir el significado de la vida. Quería encontrar gozo y significado en su vida. Hombres y mujeres hoy buscan lo mismo.

▶Eclesiastés 1;1-11 parece señalar el tono de todo el libro. Lea este pasaje, y luego escriba a continuación una o dos palabras que describirían el sentimiento o tono que le produce esa lectura.

---

**Escritor, Fecha y Título de Eclesiastés**

*Escritor.* Aun cuando no se sabe a ciencia cierta quién escribió el libro de Eclesiastés, muchos pasajes parecen señalar a Salomón como el escritor (1:1). Por ejemplo, Salomón, fue hijo de David, y fue rey en Jerusalén. Algunas personas piensan que o bien Salomón escribió el libro, o el escritor usó la experiencia de Salomón para declarar que la vida intelectual y las riquezas no satisfacen espiritualmente.

*Fecha.* La fecha del libro depende de la decisión en cuanto a quién sea el escritor. Si fue Salomón quien escribió el libro entonces lo hizo antes de su muerte en 922 A.C. Si el escritor fue una persona que trató de encontrar respuestas a las preguntas que le inspiró la vida de Salomón, entonces el libro puede haber sido escrito más tarde, en cualquier fecha hasta 200 A.C.

***Título.*** El título en español proviene del título que se usó en la versión Septuaginta, y significa "un miembro de una congregación." En hebreo el título es *qojelet,* una palabra que designa al que dirige una asamblea o congregación.

## Estructura y Significado de Eclesiastés

El escritor de Eclesiastés procuró descubrir el significado de la vida y anhelaba encontrar una respuesta que satisfaciera su deseo de saber. Se preguntaba: "¿Vale la pena vivir?" y luego, "¿Qué es lo que hace que valga la pena vivir?"

Por esto es que el libro de Eclesiastés tiene un mensaje relevante para la sociedad de hoy. Muchas personas, jóvenes, ancianos, o de cualquier edad, quieren saber cómo lograr que su vida valga la pena vivirla. Al estudiar el libro de Eclesiastés, nos hacemos las mismas preguntas que se hacía el escritor.

▶**Lea los siguientes pasajes, para descubrir algunas de las cosas que el escritor de Eclesiastés encontró que *NO* dan verdadero significado a la vida. Luego, escriba en la línea en blanco la letra que corresponde a la respuesta correcta.**

|  |  |
|---|---|
| _____ 1. 1:16-17 | A. Licor |
| _____ 2. 2:1-2 | B. Ciencia y conocimiento |
| _____ 3. 2:3 | C. Grandes proyectos |
| _____ 4. 2:4-5,11 | D. Placeres |

El escritor llega a su conclusión final en 12:13:

El problema humano y el significado de su existencia encuentran su respuesta en Cristo. La alternativa es escoger entre una vida absurda y la vida que Dios ofrece.

---

**LA CONCLUSION FINAL**

**El fin de todo el discurso oído es este: Teme a Dios, y guarda sus mandamientos; porque esto es el todo del hombre.**
*Eclesiastés 12:13*

---

## El Cantar de los Cantares

El Cantar de los Cantares es una colección de poemas de amor entre un hombre y su esposa. Las principales preguntas en cuanto al libro se relacionan a la manera en que se debe interpretar estos cantos de amor. Usualmente la interpretación sigue una de tres formas: alegórica, como una parábola, o literal.

*1. Alegórica.* La interpretación alegórica dice que Cantares representa el amor de Jehová por Su pueblo y que el texto es un relato de la historia de Israel. La iglesia cristiana primitiva modificó esta interpretación, para decir que Cantares es una celebración del amor de Cristo por la iglesia.

*Respuestas: 1-B, 2-D, 3-A, 4-C.*

*2. Como parábola o comparación.* Una parábola es una comparación, una especie de lección objetiva. Esta interpretación dice que el poema se refiere a una pareja de esposos reales, pero que tiene el propósito de ayudarnos a entender la relación de Cristo con Su iglesia. En tal caso, el esposo es una ilustración de Cristo, y la esposa, la iglesia.

*3. Literal.* La interpretación literal considera que el poema es un canto de celebración del amor que Dios estableció entre un hombre y su esposa. Esta interpretación exalta el ideal bíblico de la relación sexual limitada a un solo hombre y una sola mujer, dentro del vínculo matrimonial, y comprometidos el uno al otro por toda una vida.

El enfoque literal es el que mejor se ajusta a la integridad del texto. El libro proclama el profundo mensaje del gozo que encuentran esposo y esposa a quienes ha unido Dios.

### ♦RESUMEN DE REPASO

**Para repasar lo que ha estudiado en esta semana, vea si puede responder mentalmente a las siguientes preguntas. Tal vez usted quiera escribir las respuestas en una hoja de papel aparte. Marque su nivel de aprovechamiento trazando un círculo alrededor de la "C" si puede contestar correctamente, o alrededor de la "R" si necesita repasar el material.**

C  R  **1.** Haga una lista de los libros de la ley, de historia y de poesía, del Antiguo Testamento.

C  R  **2.** ¿Cuáles son dos posibles razones por las que fue escrito el libro de Job?

C  R  **3.** ¿Qué asuntos reflejan el significado de la sabiduría?

C  R  **4.** ¿Cuál era el argumento básico de los amigos de Job?

C  R  **5.** Mencione cuatro tipos de salmos.

C  R  **6.** ¿Qué clase de salmos son el 1 y el 15?

C  R  **7.** ¿Cuál es la definición de un "proverbio"?

C  R  **8.** ¿Cuál es el mensaje básico y final de Eclesiastés?

C  R  **9.** ¿Cuál es el mensaje básico del Cantar de los Cantares?

---

### RESPONDA A LA PALABRA DE DIOS

**\* En su opinión, ¿cómo debería el creyente cristiano considerar la capacidad sexual del ser humano? Marque su respuesta:**

❑ 1. Como un don dado por Dios que debe expresarse únicamente dentro del matrimonio.

❑ 2. Como algo que es malo y pecaminoso.

❑ 3. Como algo que hay que evitar.

❑ 4. Como un don dado por Dios para que se lo disfrute sea como sea.

❑ 5. Como lo principal en esta vida.

❑ 6. Otra posibilidad: _____

**\* Ore pidiendo a Dios ayuda para mantener una perspectiva bíblica de la capacidad sexual del ser humano.**

Muchas personas creen que la función principal de la profecía y de los profetas es predecir eventos que se supone que deben ocurrir en el futuro. Sin embargo, al estudiar la profecía en en el Antiguo Testamento se puede notar que los profetas fueron los portavoces de Dios que proclamaban el mensaje divino. Ese mensaje de Dios podía referirse al pasado, al presente o al futuro; pero la misión principal del profeta era comunicar la voluntad de Dios a la gente de su propio tiempo.

En estas tres unidades restantes usted estudiará los libros de profecía del Antiguo Testamento. Consideraremos la naturaleza de la profecía, y lo que Dios quiere decirnos por medio de los libros proféticos del Antiguo Testamento.

En esta unidad usted estudiará el libro de Isaías.

*Isaías*—fue un profeta cuya labor hizo un gran impacto en su tiempo, y su libro sigue surtiendo efecto a través de los siglos. El mensaje que el Señor envió por medio de Isaías salvó a Judá en tiempos de gran peligro. Cuando todo parecía ir de mal en peor, Isaías animó al pueblo a tener fe. Judá logró salir adelante porque el pueblo prestó atención a la Palabra de Dios que proclamaba Isaías.

**TEMA**

**Isaías:**

I. Profecías de juicio y promesa (Is. 1—39)
    A. Profecías contra Judá y Jerusalén (Is. 1—12)
    B. Profecías contra las naciones (Is. 13—23)
    C. Profecías contra el mundo (Is. 24—35)
    D. Eventos alrededor de Ezequías (Is. 36—39)
II. El Libro de la Consolación (Is. 40—66)

**BOSQUEJO**

*En esta unidad preste especial atención a las siguientes palabras*

*Profecía*—un mensaje de Dios, no necesariamente limitado a eventos futuros o al fin del mundo.

*Profeta*—es la persona que, bajo la autoridad de Dios, proclama el mensaje que Dios le ha dado.

*Profetas Mayores*—son los primeros cinco libros de profecía. Se les llama mayores únicamente debido a su longitud. Se incluye Lamentaciones por su relación con Jeremías.

*Profetas Menores*—es la clasificación de los doce libros restantes. Son menores solo en tamaño, no en importancia. Estudiaremos estos doce libros en la unidad 13.

*Soberanía*—refiriéndose a Dios, expresa la autoridad suprema, final y absoluta de Dios. El concepto de soberanía de Dios aparece en toda la Escritura, aun cuando no se use precisamente esta palabra en particular.

**Remanente**—significa también un resto, un residuo. En las Escrituras tiene un significado doble. En primer lugar se refiere al núcleo de israelitas que sobrevirían a la cautividad en Babilonia y regresarían a Palestina. La esperanza de un remanente justo fue una de las promesas proclamadas por los profetas, particularmente Isaías. El Nuevo Testamento señala el aspecto mesiánico de esta profecía, particulamente en Pablo, señalando a la iglesia como el remanente justo.

**Santo/santidad**—significa completamente separado, o apartado, diferente. Al aplicarse a Dios este calificativo, significa pureza y perfección moral. Dios declara, entonces, que es santa toda persona, lugar, o cosa que ha sido apartada y dedicada a los propósitos divinos.

# *DIA 1*   Los Profetas del Antiguo Testamento

¿Qué idea viene a su mente cuando usted escucha las palabras *profeta* o *profecía?*

▶ **Complete lo siguiente, usando lápiz; usted tal vez querrá corregirlo luego.**

**A. Según su opinión, ¿qué es un profeta?**

_____

_____

**B. Según su opinión, ¿qué es una profecía?**

_____

_____

De seguro usted recordará que los hebreos dividían los libros proféticos en dos grupos: los profetas anteriores y los profetas posteriores. Según esta clasificación Josué, Jueces, Samuel y Reyes son los libros de los profetas anteriores; y los libros de Isaías, Jeremías, Ezequiel, y los Doce son los profetas posteriores.

El mundo cristiano clasifica los libros proféticos en dos grupos: profetas mayores y profetas menores. Los profetas mayores son Isaías, Jeremías, Lamentaciones, Ezequiel y Daniel. Los profetas menores son doce: Oseas, Joel, Amós, Abdías, Jonás, Miqueas, Nahum, Habacuc, Sofonías, Hageo, Zacarías y Malaquías.

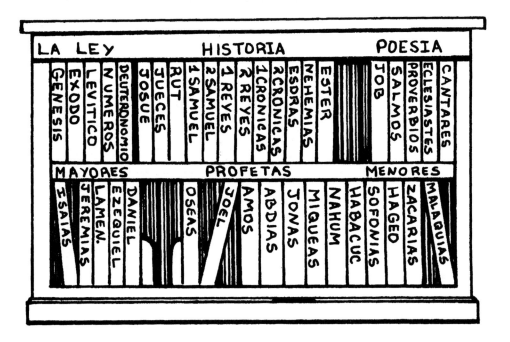

### La Naturaleza de la Profecía

La naturaleza de la profecía en el Antiguo Testamento es quizás el concepto más mal entendido. Algunos tienen la idea de que los profetas del Antiguo Testamento eran una especie de adivinos. Otros piensan que los profetas eran individuos raros, que usaban métodos extravagantes para presentar sus mensajes. Pero estas son ideas muy alejadas de lo que eran en realidad los profetas del Antiguo Testamento.

En el Antiguo Testamento, el profeta era una persona llamada por Dios para proclamar la voluntad y la palabra de Dios a la gente de su propio tiempo. El profeta no era tanto alguien que predecía los eventos antes de que sucedieran, sino más bien un predicador que entregaba un mensaje que Dios le había encargado que proclamase. El profeta recibía la palabra de Jehová por revelación y proclamaba esta palabra como la voluntad divina para Israel. Ningún profeta verdadero hablaba por su propia autoridad, sino bajo la autoridad de Jehová. El profeta decía: "Así ha dicho Jehová," indicando así que lo que él había hablado, lo había hecho bajo la autoridad recibida de Jehová.

Además, la misión del profeta era proclamar la palabra de Jehová de tal manera que tuviera un impacto redentor en su sociedad. Los profetas llamaban al pueblo a regresar a Jehová. Era un llamado a que se arrepintieran de sus acciones pecaminosas, y cambiaran su conducta. Por eso es que sus mensajes trataban acerca de los problemas religiosos, políticos, morales o sociales que estaban presentes en la sociedad de Israel. Los profetas fueron los defensores de los pobres y oprimidos.

La profecía era considerada como la interpretación de la historia en términos de los propósitos divinos, y de la participación de Jehová en los eventos históricos. Por eso es que el mensaje de la Biblia nunca pasa de moda. Los mensajes de los profetas del Antiguo Testamento fueron proclamados hace muchos miles de años; sin embargo, esos mismos mensajes todavía hablan fuertemente a la gente en nuestros días. Hay cuatro razones, por lo menos, para esta relevancia del mensaje profético:

---

**El Mensaje Profético es Actual**

Porque el mensaje procedía de Dios.
Porque el mensaje estaba enraizado en la vida real.
Porque el mensaje hablaba directamente a la naturaleza humana.
Porque el mensaje enfocaba el problema del pecado.

---

El mensaje de los profetas nunca fue dado para satisfacer la curiosidad de la gente. La gente siempre tiene interés en saber lo que habrá en el futuro. Pero el mensaje del profeta se dirigía en primer lugar, y principalmente, a la propia gente que lo escuchaba.

▶ **Ahora vuelva a leer las definiciones que usted escribió al principio del estudio de hoy. Haga las correcciones necesarias, según lo que ha aprendido hoy.**

---

**RESPONDA A LA PALABRA DE DIOS**

\* Ore pidiendo a Dios que le hable directamente a usted por medio del estudio de los libros proféticos.

---

# $\mathcal{DIA}\ 2$    El Libro de Isaías

**Información Básica**

**Fecha.** Isaías fue contemporáneo de Oseas, el profeta que predicó en el reino del Norte, y de Miqueas, quien predicó en Jerusalén. Por los datos que brotan de su escrito, el ministerio de Isaías duró aproximadamente cuarenta años o más. Sabemos que empezó su ministerio alrededor del tiempo en que murió Uzías (6:1-8), y que estuvo activo hasta el reino de Ezequías (Is. 1:1). Esto quiere decir que Isaías profetizó aproximadamente entre 742 A.C. y 700 A.C. Según una tradición judía el ministerio de Isaías terminó en los días de Manasés, quien lo aserró en dos, hacia el año 687 A.C.

**Isaías, el hombre.** La mayoría de los profetas del Antiguo Testamento funcionaron fuera de las instituciones religiosas y políticas de su día. Isaías, en cambio, funcionó dentro de ellas.

⬧ **En el siguiente ejercicio usted podrá notar la diferencia entre Isaías y Elías. Lea Isaías 7:1-4 y 1 Reyes 18:16,18; 19:1-2. Escriba luego en la línea en blanco una "E" para las declaraciones que se aplican a Elías, y una "I" para las que se aplican a Isaías.**

_____ 1. El profeta gozaba de una excelente relación con el rey.
_____ 2. El profeta era considerado un enemigo del rey.
_____ 3. El profeta animaba al rey.
_____ 4. El profeta reprendía al rey.
_____ 5. El profeta podría ser considerado como un excelente estadista profético.
_____ 6. El profeta era un oponente en la política.

Sabemos más acerca de Isaías que acerca de muchos de los demás profetas. Isaías se casó con una mujer que posiblemente también ejercía el ministerio profético. Tuvieron por lo menos dos hijos. Los nombres que les pusieron a los muchachos servían como señal y presagios para Israel de que Jehová juzgaría a Su pueblo.

**Trasfondo Histórico**

Para poder entender el mensaje del libro de Isaías, es preciso entender los eventos que tuvieron lugar en esos tiempos. Isaías profetizó durante el reinado de cuatro reyes de Judá: Uzías, Jotam, Acaz y Ezequías.

⬧ **Busque el dibujo de la página 138, y trace un círculo alrededor de los cuatros reyes a los que profetizó Isaías.**

Todo el ministerio de Isaías, así como la mayoría de sus mensajes, giran alrededor de tres crisis políticas y militares de mucha significación.

*La primera crisis:* **la amenaza de Siria y el pacto con Asiria.** La primera crisis ocurrió durante los primeros años del ministerio de Isaías, durante el reinado de Acaz. El reino del norte se había aliado con Siria, y juntos atacaron a Judá. La Biblia registra la reacción de Acaz ante esta amenaza: "Y se le estremeció el corazón, y el corazón de su pueblo, como se estremecen los árboles del monte a causa del viento" (7:2).

⬧ **Lea Isaías 7:1-16. ¿Cuál fue el mensaje de Dios que Isaías le trajo a Acaz?**

_____

_____

*Respuestas: 1-I, 2-E, 3-I, 4-E, 5-I, 6-E.*

⬧ **B. Lea 2 Reyes 16:7-9. ¿Qué fue lo que hizo Acaz?**

_____

_____

*Respuestas: A-No tengas miedo, no te desanimes. Dios derrotará a tus enemigos. B-Hizo alianza con Asiria.*

Pero Acaz no hizo caso al consejo de Isaías, y buscó ayuda de Asiria. Después de que el rey rechazó su mensaje durante esta crisis, Isaías mandó a que se guardara un copia sellada de sus profecías, y suspendió su ministerio profético hasta que esas profecías se cumplieran. Acaz comprobaría muy pronto que

Isaías había tenido la razón. Pasados apenas tres años Tiglat-pileser de Asiria derrotó a Damasco, y diez años después conquistó a Israel, el reino del norte, y llevó cautivo al pueblo. La palabra de Dios se cumplió.

*La segunda crisis:* **La rebelión de Asdod.** En 713 A.C. la ciudad de Asdod encabezó una rebelión contra Asiria. Era durante la primera parte del reinado de Ezequías, y Judá quiso buscar la ayuda de Egipto para rebelarse contra Asiria.

▶ **Lea Isaías 20. ¿Qué acción dramática hizo Isaías para demostrar que Judá debía poner su confianza en Dios y no en Egipto?**

_____

_____

Isaías salió por las calles de Jerusalén desnudo y descalzo para protestar por esta alianza política. Judá decidió no tomar parte en la revuelta.

*La tercera crisis:* **La invasión de Senaquerib.** Senaquerib, rey de Asiria, sitió Jerusalén durante el reinado de Ezequías, conforme vimos en el día 5 de la unidad 8. La situación en Jerusalén parecía perdida. Isaías 28–33 y 36–37 registran la predicación de Isaías durante ese tiempo.

▶ **A. Lea Isaías 30:15-18. Luego, conteste las siguientes preguntas en la forma más breve posible.**

1. ¿Cómo quería la gente enfrentar la crisis?

_____

2. ¿Qué aconsejó Isaías?

_____

3. ¿Qué iba a hacer Dios con Judá?

_____

▶ **B. Lea Isaías 37:33-38, y luego llene los espacios en blanco.**

1. Isaías profetizó que el rey de Asiria no _____ en la ciudad.

2. _____ defendió la ciudad.

3. El ángel del Señor mató 185.000 _____.

4. Senaquerib se regresó a _____ .

5. Senaquerib _____ en el templo de su dios pagano.

*Respuestas: A: 1-huir; 2-que se arrepintieran y confiaran en la ayuda de Dios; 3-Dios quería salvarlos y bendecirlos. B: 1-entraría; 2-el Señor; 3-soldados asirios; 4-Nínive; 5-murió.*

Por tercera vez Isaías hizo un llamado a tener fe en Dios. La confianza en Dios era la única esperanza de salvación para la ciudad. Isaías proclamó que Jerusalén no sería violada. El Señor intervino en forma milagrosa para salvar la ciudad.

**RESPONDA A LA PALABRA DE DIOS**

* Lea Isaías 6:1-8. Invierta unos pocos minutos meditando en el llamamiento de Dios a Isaías, y en la respuesta del profeta. Medite en la relación entre la limpieza de los pecados y la disposición para el servicio. Si encuentra que hay algo en su vida que no anda bien delante de Dios, llévelo al Señor en oración ahora mismo.

* ¿Cuál es su primera reacción al enfrentar una crisis? Marque una respuesta.
  - ❏ 1. Pánico
  - ❏ 2. Llamar a un amigo
  - ❏ 3. Huir
  - ❏ 4. Hablar con alguien
  - ❏ 5. Orar
  - ❏ 6. Atacar

* ¿Qué lección ha aprendido al estudiar el consejo de Isaías, que le serviría cuando usted enfrenta crisis en su vida?

  _____ _____ _____

  _____ _____ _____

* Pídale a Dios, en oración, ayuda para practicar esa lección.

# DIA 3   Las Enseñanzas de Isaías

El libro de Isaías nos da preciosas enseñanzas en cuanto al carácter de Dios. Examinemos unas cuantas de estas enseñanzas.

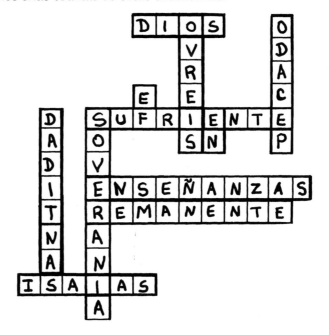

**La Soberanía de Dios**

▶ **Lea Isaías 37:18-19. ¿Qué enseñó Isaías en cuanto a los ídolos?**

_____

Isaías enseñó muy claramente que las imágenes e ídolos no son dioses. Sólo hay un Dios vivo y verdadero, y sólo El puede dar ayuda al que necesita.

▶ **Lea Isaías 37:21-26. ¿Quién determina el curso de la historia?**

_____

Isaías sabía que Dios gobierna la historia. La historia no está sujeta a los caprichos de los tiranos, como el rey de Asiria, ni tampoco a la voluntad de los que se rebelan contra Dios, como el rey de Judá. Al contrario, Asiria estaba en las manos de Dios, y Dios la usaba como Su instrumento para castigar a Judá (Is. 10). Dios es el Señor de la historia.

**La Santidad de Dios**

Para Isaías, Jehová era el Señor exaltado, el Creador del universo, el Santo de Israel. Isaías 6:3 registra las palabras de los serafines que proclamaban la santidad de Dios: "Santo, santo, santo, Jehová de los ejércitos; toda la tierra está llena de su gloria."

Esta percepción de la santidad de Dios procede de su visión de la gloria divina en el templo. Para Isaías, la santidad de Dios separaba al Creador de la criatura, y se manifestaba en Su bondad, amor y justicia (5:16). La expresión "El Santo de Israel" aparece veintitrés veces en el libro de Isaías. La santidad de Dios indica Su pureza moral perfecta.

**La Doctrina del Pecado**

▶ **Lea Isaías 1:1-4. Escriba luego una definición de pecado, según lo que aprendió en esos versículos**

El pecado es _____

_____

Para Isaías el pecado era rebelión contra Dios. Isaías empezó su libro condenando los pecados del pueblo, y llamando al arrepentimiento. Dios quería establecer una nueva comunidad. El pueblo de Judá necesitaba arrepentirse para poder experimentar el perdón de Dios. Los sacrificios, por abundantes que fueran, no eran remedio para el pecado (1:1-16). Sólo Dios puede perdonar los pecados.

▶ **Lea Isaías 1:11-20. Luego encierre en un círculo la respuesta correcta, según la declaración sea _cierta_ o _falsa._**

C   F   1. Dios exigía que se ofrecieran más sacrificios.

C   F   2. Algunas ofrendas que se presentaban a Dios no tenían ningún significado.

C  F  3. Algunas asambleas religiosas eran una ofensa a Dios.

C  F  4. Dios siempre oye la oración.

C  F  5. Dios no acepta la adoración que brota de un corazón que no se ha arrepentido.

C  F  6. Dios ofrece Su perdón a toda persona que esté dispuesta a arrepentirse y a obedecer.

C  F  7. Dios será misericordioso con todos, incluso con los rebeldes.

**La Doctrina del Remanente**

Isaías anunció que el juicio de Dios vendría sobre Israel, pero Dios, en Su misericordia, iba a preservar un pequeño grupo de personas fieles. El concepto del remanente, o del resto, era una promesa de salvación. Para ilustrar su fe en esta promesa, Isaías le puso a uno de sus hijos el nombre de Sear-jasub, lo cual significa "un remanente volverá." El juicio de Dios iba a ser severo, pero la nación no sería destruida en forma total. Dios preservaría un remanente.

▶ **Lea Isaías 11:11 y 37:31-32. ¿Cómo se garantizaba que sobreviviría un pequeño resto del pueblo?**

---

**RESPONDA A LA PALABRA DE DIOS**

\* 1. Piense y haga una lista de algunas de las acciones, pensamientos y valores, de los cuales Dios lo separó cuando El le santificó.

Agradézcale a Dios por haberle hecho santo para El.

\* ¿Conoce una persona que podría necesitar una palabra de aliento? ¿Hay algo que usted podría hacer para ayudar a esa persona a fortalecer su fe?

*Respuestas: 1-Falso, 2-Cierto, 3-Cierto, 4-Falso, 5-Cierto, 6-Cierto, 7-Falso.*

# *DIA 4*   Las Enseñanzas de Isaías (conclusión)

Ayer usted estudió algunas de las enseñanzas principales del libro de Isaías. Hoy estudiará otra de esas enseñanzas, y luego empezará el estudio de algunos de los pasajes más destacados del libro.

**El Mesías / El Siervo de Jehová**

Isaías profetizó que un día Dios levantaría un rey que reinaría sobre Su pueblo con verdad y rectitud. Esta enseñanza se encuentra particularmente en 9:1-7; 11:1-9; y 32:1-8. Estos capítulos describen al rey que Dios iba a levantar.

▶ **Lea Isaías 11:1-9 y 32:1-8, y note la promesa de un rey que vendría.**

La profecía de Isaías se refería al nacimiento de un rey terrenal, posiblemente Ezequías. Sin embargo, también anunciaba para aquellos que creían en la promesa de Dios y esperaban el tiempo de la redención de Israel, que el tiempo de humillación se transformaría en grande gozo. El nuevo hijo de David sería el libertador de los oprimidos.

Después Isaías describió la visión del reino mesiánico. El reino del Mesías sería un reino de justicia, porque las virtudes del Espíritu de Dios estarían sobre El. Sobre El estará el "espíritu de sabiduría y de inteligencia, espíritu de consejo y de poder, espíritu de conocimiento y de temor de Jehová" (11:2).

De ninguno de los reyes que tuvo Judá se podría decir que fue cumplimiento cabal de todas estas profecías. Solamente Jesucristo es el completo cumplimiento de tales promesas.

En los capítulos 40 al 66 de Isaías, el mensaje acerca del Mesías adquiere algunas características diferentes. En esos capítulos se describe al Mesías como el Siervo sufriente. Isaías 42:1-9; 49:1-6; 50:4-9; y 52:13—53:12 son pasajes que se les conoce como los poemas del Siervo Sufriente. El concepto del Siervo de Jehová presenta una persona que sufre inocentemente por los pecados del pueblo de Dios. Las profecías del Siervo encuentran su suprema realización en el sufrimiento, muerte y resurrección de Cristo.

▶ **Lea los siguientes pasajes, y luego escriba sobre la línea en blanco la letra que corresponde al pasaje que marca el cumplimiento de la profecía contenida en el pasaje de Isaías.**

_____ 1. Isaías 53:3
_____ 2. Isaías 53:7
_____ 3. Isaías 50:6
_____ 4. Isaías 53:12
_____ 5. Isaías 53:9
_____ 6. Isaías 42:6

a. Mateo 27:38
b. Mateo 27:57-60
c. Mateo 26:62-63
d. Marcos 14:65
e. Lucas 2:32
f. Juan 1:10-11

*Respuestas: 1-f, 2-c, 3-d, 4-a, 5-b, 6-e.*

Isaías describió al Siervo como humilde: "No gritará, ni alzará su voz, ni la hará oir en las calles. No quebrará la caña cascada, ni apagará el pábilo que humeare; por medio de la verdad traerá justicia" (42:2-3).

El segundo pasaje describe la misión del Siervo en un contexto universal. Dios dice el propósito para el cual había escogido a Su Siervo: "para que restaures el remanente de Israel; también te di por luz de las naciones, para que seas mi salvación hasta lo postrero de la tierra" (49:6).

En el tercer canto (50:4-11) el profeta indicó la naturaleza individual del Siervo. El Siervo se dedicó fielmente a hacer la obra que Jehová le había encomendado, a pesar de la oposición y el desprecio. El Siervo ministró al cansado y desvalido con la palabra de Jehová, mientras él sufría humillación en las manos de sus enemigos.

▶ **Lea Isaías 53:4-6. Luego explique en sus propias palabras cómo estos versículos se refieren a Jesús y se aplican a usted.**

_____

_____

Isaías 52:13—53:12 es el cuarto canto del Siervo Sufriente, y es uno de los puntos más altos del Antiguo Testamento. En este pasaje el sufrimiento del Siervo llega al climax; fue humillado, despreciado, maltratado y condenado a morir. Pero la muerte del Siervo fue el sacrificio voluntario para la salvación del mundo. La muerte del Siervo fue la solución para el problema del pecado del ser humano: "Por cuanto derramó su vida hasta la muerte, y fue contado con los pecadores, habiendo él llevado el pecado de muchos, y orado por los transgresores" (53:12).

### Pasajes Selectos del Libro de Isaías

Esperamos que usted se haya dado tiempo para leer todo el libro de Isaías. Como usted podrá haber notado, hay muchos pasajes muy interesantes. Apenas podremos revisar, a vuelo de pájaro, unos pocos de los más significativos.

### Isaías 9:1-7

Este pasaje tiene gran significación debido a su contenido mesiánico. La profecía encontró su cumplimiento en Jesucristo.

▶ **Lea Isaías 9:1-7. Escriba en la línea en blanco el número del versículo que describe el beneficio prometido.**

_____ A. Gran luz
_____ B. Gozo y alegría
_____ C. Libertad
_____ D. Liberación
_____ E. Paz

*Respuestas: A-2, B-3, C-4, D-4, E-5.*

**Las respuestas se hallan a la izquierda.**

El trasfondo histórico de este pasaje es la invasión de Asiria al reino del norte. Muchas ciudades quedaron en ruinas, y el pueblo fue deportado a Asiria. La deportación israelita produjo una crisis de fe. El pueblo empezó a pensar seriamente si acaso Dios había abandonado a Israel. Fueron días de tinieblas, angustias y humillación. Muchos llegaron a creer que Israel jamás volvería a encontrar paz. Isaías profetizó diciendo que Dios todavía estaba obrando, y que habría luz y gran esperanza para el pueblo.

▶ **En su opinión, ¿puede haber algún momento en que el creyente debiera sentir que se ha perdido toda esperanza? Explique por qué.**

---

**Prepárese para presentar su opinión en la reunión del grupo.**

Isaías describió la paz y la alegría que vendrían de parte de Dios. Un Niño traería paz, justicia y rectitud. Solo en Cristo podemos encontrar al "Admirable, Consejero, Dios fuerte, Padre eterno, Príncipe de paz" (9:6).

**RESPONDA A LA PALABRA DE DIOS**

\* **Lea Hebreos 7:25. ¿Qué ministerio desarrolla Jesús actualmente a favor de los creyentes?**

---

\* **Agradézcale a Dios en oración porque el Señor Jesús intercede por usted.**

# *DIA 5*   Pasajes Selectos del Libro de Isaías (continuación)

**Isaías 6:1-13**

Este es uno de los pasajes más conocidos del Antiguo Testamento. Como muchos otros pasajes de la Palabra de Dios, tiene un mensaje muy importante para usted acerca de su propia vida.

Cuando recibió la visión que se describe en este pasaje, Isaías estaba en el templo, participando de la adoración. La adoración es una parte importante de nuestra vida. La adoración nos permite, por un lado, expresar nuestra devoción a Dios por lo que El es, y, por otro lado, nos permite tener un encuentro especial con El.

Mientras participaba de la adoración, Isaías tuvo una visión, que se puede dividir en tres pasos o partes:
(1) Isaías vio a Dios (6:1-4)
(2) Isaías se vio a sí mismo (6:5-7)
(3) Isaías vio un mundo necesitado (6:8-13).

> **Visión +**
> **Reconocer indignidad +**
> **Limpiamiento +**
> **Llamamiento =**
> **Adoración**

### *Isaías vio a Dios (6:1-4)*

▶ **Lea Isaías 6:1-4, y luego marque las declaraciones correctas. Use los párrafos que siguen para verificar sus respuestas.**

❏ 1. Mientras Isaías se lamentaba pensando en el trono vacío de Judá, Dios le mostró que El todavía estaba en Su trono.

❏ 2. Isaías describió cómo es Dios.

❏ 3. Durante la visión ocurrió un temblor.

❏ 4. La experiencia de Isaías no fue real, sino solo una ilusión.

❏ 5. Isaías en realidad se vio en la presencia de Dios.

Los acontecimientos habían hecho su impacto en Isaías. Uzías el rey había muerto, después de haber reinado por 52 años. ¿Quién podría reemplazarlo? Mientras Isaías se lamentaba por la muerte del rey, Dios le permitió tener una visión del Rey celestial. El rey humano había muerto, pero el Rey celestial seguía reinando. La visión fue una experiencia real y tan profunda, que Isaías pudo verse a sí mismo y a su mundo en una luz diferente.

Aun cuando a primera vista parece que Isaías está describiendo a Dios, en realidad lo que hace es describir algunas cosas alrededor de Dios. Por ejemplo, describió el trono, pero no a quien estaba sentado en él. También describió los serafines, que pregonaban la santidad de Dios. Describió igualmente cómo se sintió y lo que oyó, pero nunca describió a Dios.

Dios es Espíritu; por tanto, quienes lo adoran deben hacerlo en espíritu y en verdad (Jn. 4:24). Nadie ha visto a Dios jamás (Jn. 1:18; 1 Jn. 4:12). La experiencia de Isaías encaja perfectamente en las enseñanzas del Nuevo Testamento.

Isaías describió su experiencia con Dios sin describir a Dios. Ningún ser humano puede conocer a Dios en Su plenitud. El es infinito; nosotros somos seres finitos. Dios es perfecto, con pureza moral; nosotros somos pecadores. Sin embargo, la experiencia que Isaías tuvo con Dios en esa ocasión le permitió tener una idea más clara de Dios, y de su propia relación con El.

***Isaías se vio a sí mismo (6:5-7).***

▶ **Lea Isaías 6:5-7, y luego conteste a las siguientes preguntas. Use el material de los párrafos que siguen para verificar sus respuestas.**

**1. Al comprender que estaba en la presencia de Dios, ¿cómo se vio Isaías a sí mismo?**

_____

_____

**2. ¿Qué pensó Isaías que le iba a ocurrir?**

_____

_____

**3. ¿Qué cosa resolvió el problema de Isaías?**

_____

_____

Isaías vio a los serafines que alababan a Dios y proclamaban Su santidad. Confrontado con la gloria y santidad del Dios de Israel, Isaías reconoció su impureza y la del pueblo. Reconoció su condición real diciendo que era "hombre inmundo de labios" y que vivía "en medio de pueblo que tiene labios inmundos."

Isaías reconoció su necesidad de perdón. Dios respondió a esa necesidad mediante una hermosa acción simbólica. Isaías fue purificado con el fuego del altar, preparando así al profeta para recibir su misión.

***Isaías vio un mundo necesitado (6:8-13).***

Note la progresión en este pasaje. Primeramente el profeta vio a Dios, luego reconoció su propio pecado y eso permitió que recibiera el perdón. Una vez que su pecado había sido limpiado, Isaías podía ver al mundo necesitado igualmente del perdón de Dios. Esta última sección del pasaje trata de la respuesta de Isaías al llamado de Dios.

‣ **Lea Isaías 6:8-13, y luego marque la respuesta correcta que completa cada una de las siguientes afirmaciones:**

1. Antes de contestar el llamado de Dios, Isaías
❑ a. pidió a Dios que le diera una drescripción detallada del trabajo que quería que hiciera.
❑ b. había experimentado la limpieza de su pecado.
❑ c. hizo algunas preguntas clave.

2. Cuando Isaías supo que Dios buscaba a alguien que fuera como Su mensajero,
❑ a. rogó a Dios que enviara a algún otro.
❑ b. se ofreció de inmediato como voluntario.
❑ c. dijo que iría, pero más tarde.

3. La tarea que Dios le asignó indicaba que Isaías
❑ a. tendría muy poco éxito externo.
❑ b. llegaría a ser el más conocido de los profetas de Dios.
❑ c. fracasaría rotundamente.

4. Isaías debía continuar su ministerio hasta que
❑ a. la gente se arrepintiera de sus pecados.
❑ b. Dios sanara las heridas del pueblo.
❑ c. la nación fuera destruida y llevada al exilio.

5. La ilustración del roble y la encina era un mensaje de
❑ a. juicio.
❑ b. esperanza.
❑ c. misterio.

Cuando Isaías oyó la pregunta de Dios: "¿A quién enviaré?" (6:8) prontamente respondió ofreciéndose. Había ya experimentado el perdón de Dios, y podía vislumbrar a su gente teniendo una experiencia semejante. Dios estaba enviando al profeta con un mensaje a un pueblo rebelde. Su misión no tendría mucho éxito visible, pero Dios prometió estar con él y ayudarle en su tarea. Dios le advirtió que el pueblo se endurecería todavía más espiritualmente. Isaías preguntó: "¿Hasta cuándo, Señor?" Dios contestó que la obstinación del pueblo duraría hasta que Judá quedara destruida y la nación fuera llevada al exilio. Sin embargo, Dios preservaría un remanente.

‣ **RESUMEN DE REPASO**

**Para repasar el estudio de esta semana, vea si puede contestar mentalmente las siguientes preguntas. Tal vez usted quiera escribir sus respuestas en una hoja de papel aparte. Encierre en un círculo la "C" si puede contestar correctamente, o la "R" si necesita repasar de nuevo el material.**

*Respuestas: 1-b, 2-b, 3-a, 4-c, 5-b.*

C   R   **1.** Mencione en orden los libros de la Biblia hasta los Profetas Mayores.

C R **2.** Mencione dos razones por las cuales los mensajes de los profetas todavía nos hablan hoy.

C R **3.** ¿Cuál era la relación de Isaías con los líderes de Judá?

C R **4.** Describa una de las crisis que ocurrieron durante el ministerio de Isaías.

C R **5.** Mencione tres enseñanzas básicas del libro de Isaías.

C R **6.** Mencione un pasaje de Isaías que habla del Siervo Sufriente.

C R **7.** Mencione dos de las tres partes de la experiencia de Isaías cuando recibió su llamamiento en el templo.

---

**RESPONDA A LA PALABRA DE DIOS**

* **Piense por unos momentos en el templo de su iglesia. ¿Se podría describir ese templo como una casa de oración para toda persona? Ore a Dios pidiéndole que ayude a su iglesia a alcanzar a más personas con Su amor.**

# Unidad 12 Dios y los Profetas Mayores II (Jeremías—Daniel)

**TEMA**

**BOSQUEJO**

En esta unidad usted estudiará cómo Dios habló mediante Sus profetas al pueblo que enfrentaba el exilio, el desánimo, y la desilusión. Dios habló a gente cuya vida había cambiado radicalmente por los eventos ocurridos. El mensaje de estos profetas en permanente, y se aplica a toda persona que siente temor y poca esperanza en el futuro.

*Jeremías* fue un profeta que lloraba por los pecados de su pueblo y por la obstinación de ese pueblo en no arrepentirse, a pesar del fuerte mensaje de esperanza que él predicaba. Debido a que el libro no está escrito en orden estrictamente cronológico, se hace un poco difícil entenderlo.

*Lamentaciones* consiste en cinco cantos tristes, casi fúnebres. Son alaridos de desesperación y desánimo, y tratan de responder a la pregunta: "¿Es posible todavía creer en Dios?"

*Ezequiel* proclamó fielmente el mensaje de Dios a los exiliados. Dios usó la personalidad distintiva de Ezequiel para proclamar Su mensaje en medio de tiempos difíciles.

*Daniel* hizo hincapié en la soberanía de Dios, y en la importancia de serle fieles. Los reyes y tiranos no pueden destruir al pueblo de Dios. La fe es la clave. El libro entero hace hincapié en la fe, pero particularmente en los capítulos 1-6.

**Jeremías:**
    I. Profecía contra Jerusalén y Judá (Jer. 1—25)
    II. Narración biográfica acerca de Jeremías (Jer. 26—45)
    III. Profecías contras naciones extranjeras (Jer. 46—51)
    IV. Trasfondo histórico del libro de Jeremías (Jer. 52)

**Lamentaciones:**
    I. La destrucción y desolación de Jerusalén (Lm. 1)
    II. El juicio de Dios (Lm. 2)
    III. El lamento del poeta (Lm. 3)
    IV. Contraste entre la gloria y la destrucción (Lm. 4)
    V. Oración por misericordia (Lm. 5)

**Ezequiel:**
    I. Llamamiento de Ezequiel (Ez. 1—3)
    II. Profecías contra Judá y Jerusalén (Ez. 4—24)
    III. Profecías contra naciones extranjeras (Ez. 25—32)
    IV. Restauración de Israel (Ez. 33—39)
    V. Cuadro de la comunidad restaurada (Ez. 40—48)

**Daniel:**
    I. Historias de Daniel en Babilonia (Dn. 1—6)
    II. Visiones de Daniel (Dn. 7—12)

# DIA 1

## Los Libros de Jeremías y Lamentaciones

### Escritor y Fecha

*Jeremías.* Jeremías fue hijo de Hilcías, un sacerdote que vivía en Anatot (Jer. 1:1). El nombre Jeremías significa "Jehová exalta." Ejerció su ministerio profético durante un período de grande apostasía y de agonía política en Israel. Profetizó por más de cuarenta años, durante los reinados de Josías, Joacim, Joaquín y Sedequías. Empezó su ministerio en el decimotercer año del reinado de Josías, es decir alrededor de 627 A.C., y continuó hasta después de la caída de Jerusalén en 587 A.C.

*Fecha de composición.* Sabemos que el material básico del libro es de Jeremías, sin embargo, no es posible determinar la fecha de su escritura final. Después de que el rey Joacim rompió y quemó el primer ejemplar del libro, Jeremías dictó a Baruc, su secretario, una segunda edición (36:32). Se indica que Jeremías añadió nuevo material cuando dictó el libro por segunda vez. Al parecer más tarde hubo otra edición del libro, para incluir eventos y profecías que vinieron después.

*Lamentaciones.* Tradicionalmente se ha afirmado que Jeremías escribió el libro de Lamentaciones, y hay varias razones para esa opinión. Por un lado, 2 Crónicas 35:25 dice que Jeremías escribió una lamentación por la muerte del rey Josías y que ese poema estaba incluido en el libro de Lamentos. Se piensa, entonces, que esa es una referencia al libro que nosotros conocemos como Lamentaciones. Por otro lado, Lamentaciones se refiere a la destrucción de Jerusalén, la cual ocurrió fue precisamente en la época en que vivió Jeremías. Lamentaciones parece haber sido escrito poco después de la destrucción de Jerusalén.

### Trasfondo Histórico

Para entender el libro de Jeremías es preciso entender el trasfondo histórico de la época. Se trata básicamente de los años de decadencia y caída del reino del sur, y de la destrucción de Jerusalén.

Dos eventos históricos de mucha importancia ocurrieron durante el ministerio de Jeremías. El primero fue la reforma de Josías en 621 A.C.

Manasés había sido el rey anteriormente, y se había esforzado por implantar en Israel la religión de Asiria y las prácticas paganas. Volvió a edificar los altares a Baal y colocó imágenes de dioses paganos en el mismo atrio del templo. Hizo pasar a su hijo por fuego, instituyó encantadores y adivinos, y estableció muchas otras prácticas paganas (2 R. 21:1-18). Fue un período de gran decadencia espiritual en Israel. Cuando Josías subió al trono procuró restaurar la adoración a Jehová. Durante la reparación del templo los trabajadores encontraron el libro de la ley, el cual sirvió como la base para la reforma religiosa de Josías.

Al parecer Jeremías apoyó al principio, y con entusiasmo, las reformas que Josías trataba de hacer. El idealismo de Jeremías quedó trunco abruptamente cuando Josías murió en la batalla de Megido, al luchar contra Necao de Egipto.

▶ **Lea Jeremías 2:14-19, como un ejemplo de las primeras predicaciones de Jeremías. Tenga en cuenta de que "Israel" en estos versículos se refiere al pueblo de Dios, y no al reino del norte, que ya había sido destruido muchos años antes. Después de leer el pasaje, marque la respuesta correcta.**

1. ¿Cuál era la situación política de Israel cuando Jeremías predicó estas palabras?
❏ a. Disfrutaba de gran libertad
❏ b. Libraba una guerra civil interna
❏ c. Había caído bajo dominación extranjera

2. ¿Qué razones indicó Jeremías para que Israel hubiera caído como vasallo de otra nación?
❏ a. Se había olvidado del Dios verdadero
❏ b. Había tomado decisiones políticas desacertadas
❏ c. Tenían un ejército demasiado débil

3. ¿A cuáles naciones intentaba Israel pedir ayuda?
❏ a. A los filisteos y los amorreos
❏ b. A Egipto y Persia
❏ c. A Egipto y Asiria

4. ¿Qué quiere decir la frase "beber agua" en este pasaje?
❏ a. construir un acueducto
❏ b. hacer una alianza buscando ayuda
❏ c. ir de vacaciones a esos lugares

El segundo evento histórico destacado fue el surgimiento de Babilonia como potencia dominante. En 612 A.C. los babilonios derrotaron a Asiria. Después de la muerte de Josías de Judá, en 609 A.C., subió al trono Joacim. Cuando Joacim se alió con Egipto en contra de Babilonia, los babilonios sitiaron Jerusalén y amenazaron destruirla. En 598 A.C., durante el asedio murió Joacim, y subió al trono Joaquín su hijo. Joaquín de inmediato se rindió. La acción salvó la ciudad, pero Joaquín y muchos de los habitantes fueron llevados cautivos a Babilonia.

Sedequías, otro de los hijos de Josías, subió al trono entonces. Reinó por once años. Cuando decidió aliarse con Egipto, Nabucodonosor atacó Jerusalén, destruyó el templo y derribó las murallas de la ciudad (587 A.C.).

Durante todos esos años Jeremías había persistido en su ministerio de amonestar a Judá por sus pecados y en llamar al pueblo al arrepentimiento. Su consejo, según la Palabra que había recibido de Dios, era que se sometieran a la dominación de Babilonia para que la nación no fuera destruida. Por este consejo se le acusó de traidor. Mucha gente quería matarlo.

*Respuestas: 1-c, 2-a, 3-c, 4-b.*

Después de la destrucción de Jerusalén los babilonios le ofrecieron llevarlo a Babilonia y tratarlo bien, pero Jeremías prefirió quedarse en Palestina, junto con la gente pobre y los desheredados que fueron dejados en la tierra. Gedalías fue designado gobernador, y no mucho tiempo después fue asesinado. El pueblo tuvo miedo de la venganza de los babilonios, y consideraron ir a refugiarse en Egipto.

◆ **Lea Jeremías 42:1-18 y 43:1-8 para saber lo que pasó. Marque luego las respuestas correctas.**

❑ 1. El pueblo prometió hacer cualquier cosa que Dios le revelara a Jeremías que debían hacer.
❑ 2. Dios se demoró un mes para enviarle el mensaje a Jeremías.

❑ 3. Dios prometió librar al pueblo del ataque babilonio.

❑ 4. Dios prometió bendecir al pueblo cuando llegaran a Egipto.

❑ 5. Dios prometió establecer al pueblo en Judá.

❑ 6. Dios prometió matar a todos los que huyeran a Egipto.

❑ 7. El pueblo llegó a la conclusión de que Jeremías estaba mintiendo, y que quería entregarlos en manos de Babilonia.
❑ 8. El pueblo quería rendirse a Babilonia.

Cuando la Palabra vino de Dios, Jeremías le dijo al pueblo que se quedaran en Judá y que Dios les daría prosperidad y seguridad. El pueblo rehusó el consejo, y contra su voluntad llevaron a Jeremías a Egipto. Allí el profeta continuó predicando los mensajes de Dios, y murió allí.

◆ **Use el diagrama de la página 138, y ubique a los reyes que gobernaron Judá durante el ministerio de Jeremías. Escriba el nombre del profeta a un lado de esos reyes.**

**RESPONDA A LA PALABRA DE DIOS**

\* Lea Jeremías 20:7-18, y luego responda a lo siguiente:

1. ¿Piensa usted que Dios se disgustó contra Jeremías por la oración que el profeta hizo? *Sí No*
2. ¿Piensa usted que Dios sabía como se sentía el profeta antes que Jeremías elevara su oración? *Sí No*
3. ¿Piensa usted que Dios sabe exactamente cómo se siente usted en estos mismos momentos? *Sí No*

◆ Durante los próximos minutos abra su corazón ante Dios. Dígale exactamente cómo se siente, sus dudas, sus preguntas, sus anhelos. Pídale que El obre en esas áreas. Luego observe cómo El responde a sus más profundas necesidades.

*Respuestas: 1, 3, 5, 7.*

# *DIA 2*    Las Enseñanzas de Jeremías

En los estudios de hoy y de mañana usted estudiará una breve muestra de las enseñanzas del libro de Jeremías. Empiece cada sección leyendo la porción bíblica que se señala.

### Inspiración y Revelación (1:11-16; 18:1-12)

*¿Podemos esperar, en realidad, hallar a Dios en las calamidades de la vida, cuando somos incapaces de verlo en los eventos que nos rodean todos los días?*

Jeremías aprendió que Dios puede hablar a las personas por medio de las experiencias ordinarias de la vida. Una ocasión recibió una lección de Dios al ver una vara de almendro, y luego una olla que hervía. Por medio de estas cosas Dios le hizo comprender que el mensaje que Jeremías debía predicar era verdadera. Por medio de la olla que hervía Dios le indicó que iba a enviar una nación del norte para traer el juicio divino sobre Judá y Jerusalén.

◗ **¿Puede usted recordar algún evento ordinario de su vida que Dios usó para hablarle en una manera especial?**

_____

**¿Qué hizo usted en respuesta a lo que Dios le estaba diciendo?**

_____

**Prepárese para leer su respuesta en la reunión del grupo.**

### Una Religión Personal (3:16; 7:1-15; 20:7-18)

Para la gente, el templo se había transformado en amuleto. El templo era el símbolo de la presencia de Dios, y por tanto creían que eso garantizaba la seguridad de la nación. Jeremías profetizó que el templo sería destruido debido a los pecados del pueblo, así como lo había sido el santuario en Silo, y que para recibir el perdón de Dios la gente necesitaba arrepentirse y practicar la justicia. Los líderes religiosos entonces le prohibieron que entrara en el templo.

◗ **Lea Jeremías 7:1-15 y luego encierre en un círculo la respuesta correcta:**

C  F  **1.** El pueblo pensaba que la presencia del templo en Jerusalén les proveía seguridad.

C  F  **2.** El mensaje de Dios por medio de Jeremías era que la fe en El, demostrada en vida recta y justa, era la única esperanza de seguridad para el pueblo.

C  F  **3.** Lo único que cuenta ante Dios es la presencia del individuo en el templo.

C  F  **4.** Dios evitó que Silo fuera destruido porque era un santuario dedicado a El.

C  F    **5.** Ignorar las advertencias de Dios es invitar el desastre.

Jeremías afirmó que Dios está presente en cada experiencia de la vida, cuidando a los Suyos. El mensaje de Dios es válido el lunes por la mañana o el sábado por la noche. Dios obra por igual el domingo en la mañana como el viernes o cualquier otro día de la semana. La religión de Jeremías no dependía de la existencia del templo o de algún otro símbolo religioso. Era una religión personal. Aun cuando se perdieran todas las instituciones de la religión, Jeremías todavía continuaba disfrutando de una relación íntima, estrecha y personal con Dios.

### La Naturaleza Interna del Pecado (17:1-9)

Jeremías también enseñó que el pecado no es solamente acciones externas, sino es una actitud interna de la persona. El pecado procede del corazón que se ha alejado de Dios. El ser humano se rebela externamente debido a su rebelión interior. Jeremías 17:9 es un ejemplo excelente de la enseñanza bíblica sobre la naturaleza interna del pecado.

### La Oración (32:6-25)

La oración fue muy importante en la vida de Jeremías. Jeremías 11:1812:6; 15:10-21 y 18:18-23 son algunos de los pasajes que registran sus oraciones. Allí podemos notar la intensidad de las dificultades que enfrentó el profeta, y cómo reaccionó él ante esas adversidades. Sin embargo, nótese a la vez, la sinceridad y franqueza con que Jeremías acudía ante Dios en oración. Jeremías se expresaba delante de Dios exactamente como se sentía en lo más íntimo de su corazón.

▶ **Lea Jeremías 32:6-25. Luego marque las declaraciones que usted piensa que podrían reflejar cómo se sentía el profeta después de haber comprado la heredad.**

❏  1. ¿Fue realmente Dios quién quería que yo compre la heredad, o sería solamente idea mía?
❏  2. ¿Me habré portado como un tonto?

❏  3. ¿Está Dios de mi lado o en contra mía?

▶ **Lea luego 32:36-44 para ver la respuesta que Dios le dio a Jeremías.**

Después de que Jeremías compró el terreno, le vinieron las dudas. Fue entonces a Dios en oración, y Dios le contestó indicándole que la destrucción en realidad vendría, pero también le reveló la restauración y el nuevo pacto que haría con Su pueblo.

*Respuestas: 1-Cierto, 2-Cierto, 3-Falso, 4-Falso, 5-Cierto.*

### El Arrepentimiento (Jer. 34)

Jeremías predicó insistentemente llamando a la nación al arrepentimiento y a la conversión. La nación había abandonado a Dios, y se había ido tras los dioses de los cananeos. Israel había sido infiel a sus votos de fidelidad. El pueblo tenía que arrepentirse. Pero para Jeremías el arrepentimiento es algo mucho más profundo que sencillamente sentirse incómodo por haber pecado. El arrepentimiento incluye volverse a Dios. "Si te volvieres, oh Israel, dice Jehová, vuélvete a mí" (4:1). Jeremías insistía en que la nación dejara de marchar detrás de los dioses paganos, y se volviera, para empezar a seguir y a agradar a Dios.

▶ **Estudie Lucas 10:30-37 y Juan 4:19-20. ¿Es posible que la preocupación por las ceremonias y el lugar donde se las celebre estorbe la verdadera adoración a Dios? Prepárese para compartir con el grupo su respuesta.**

---

**RESPONDA A LA PALABRA DE DIOS**

\* **Medite por unos momentos en las siguientes preguntas: ¿Es posible que yo esté tratando de esconder mis verdaderos pensamientos cuando estoy orando? ¿Tengo suficiente confianza en Dios como para decirle exactamente cómo me siento, y lo que pienso en cuanto a una determinada situación?**

_____

_____

**Luego eleve una oración, según lo que el Señor le revele en su meditación: agradeciéndole si usted tiene una relación personal abierta con El, o pidiéndole que le ayude a desarrollar la confianza necesaria para tenerla.**

---

# *DIA 3*  Las Enseñanzas de Jeremías (continuación)

**El Mesías (Jer. 23:5-6; 33:4-16)**

La expresión favorita de Jeremías para referirse al Mesías prometido era "Renuevo justo" (23:5) o "Renuevo de justicia" (33:15).

▶ **Lea Jeremías 23:5-6, y luego responda a las siguientes preguntas:**

*Respuestas: 1-David, 2-Rey, 3-dichoso, hará juicio y justicia, 3-Jehová, justicia nuestra.*

❑ 1. ¿De qué linaje vendrá el Renuevo justo?
❑ 2. ¿Cuál será el título que se le dará?
❑ 3. ¿Cómo se describe Su reinado?
❑ 4. ¿Qué nombre se le dará?

Jeremías describió al Rey que Dios enviaría. Iba a ser un Rey que obraría en forma sabia y con justicia. Jeremías dijo que en esos días futuros Dios salvará a Judá, y el pueblo habitará seguro. El nombre que darán al Rey es "Jehová, justicia nuestra."

Jesucristo fue el cumplimiento de estas profecía. El es la rectitud y justicia de Dios para cada persona que le ha entregado su corazón, recibiéndole como Señor y Salvador.

### El Nuevo Pacto (31:27-40)

Jeremías profetizó que vendría el día cuando Dios haría un nuevo pacto con Su pueblo. Con su infidelidad y rebelión Israel había roto su pacto con Dios. Jeremías proclamó el juicio divino sobre el pecado y la idolatría de Israel, pero al mismo tiempo declaró que había esperanza para el futuro. Dios establecerá un nuevo pacto que se basará en una relación íntima y personal. Ya no será un pacto con un grupo, en forma corporativa, como lo había sido con Israel, sino con el individuo, en forma personal. En el nuevo pacto cada persona, con la palabra de Dios en su corazón, conocerá a Dios y vivirá obedeciendo a Su palabra.

Esta profecía del nuevo pacto es de suprema importancia para comprender el ministerio de Cristo y el mensaje del evangelio (Mt. 26:28; 1 Co. 11:25; 2 Co. 3:6). El nuevo pacto es la oferta de amor y perdón que Dios ofrece en Cristo.

*Jeremias profetizó el nuevo pacto. Lea en Lucas 22:20 el cumplimiento de esa profecía.*

▸ **Lea Jeremías 31:31-34 y Hebreos 8:8-12. Luego escriba en la línea en blanco la letra de la descripción del nuevo pacto, a la derecha, que corresponde a las características del antiguo pacto, a la izquierda.**

\_\_\_\_\_ 1. Ley escrita en piedra

\_\_\_\_\_ 2. Pacto roto

\_\_\_\_\_ 3. Mediación de sacerdotes y profetas.

A. Todos me conocerán, desde el más pequeño hasta el más grande.

B. Ley escrita en el corazón.

C. Yo seré su Dios.

---

#### ¿Qué era lo *Nuevo* en el Nuevo Pacto?

Estará escrito en el corazón, no en tablas de piedra.
Dará cumplimiento al ideal del antiguo pacto, al establecer una nueva relación entre Dios y Su pueblo.
Las barreras que separan a las personas serán derribadas.
Se basará únicamente en el perdón de pecados.

*Respuestas: 1-B, 2-C, 3-A.*

**La Estructura del Libro de Lamentaciones**

El libro de Lamentaciones es una colección de cinco poemas de lamento. En hebreo el título del libro es *¡Cómo!* en razón de que es la primera palabra del libro. Los primeros cuatro capítulos de Lamentaciones están escritos en forma de acróstico, cada versículo, en orden, empieza con una de las 22 letras del alfabeto hebreo.

▶ **Seleccione uno de los capítulos de Lamentaciones y léalo. Después escriba una frase corta que describa el tono o sentimiento del capítulo que ha leído. Tenga su respuesta lista para indicarla en la reunión del grupo.**

---

---

**RESPONDA A LA PALABRA DE DIOS**

\* Según lo que usted ha estudiado del libro de Jeremías, ¿cuántas conversiones públicas se registraron durante su ministerio? ¿Podría decir usted que el ministerio de Jeremías fue un éxito? ¿Cómo podría definirse el éxito, de acuerdo al libro de Jeremías? Escriba a continuación sus respuestas.

---

---

\* Usando una escala de 1 al 10, siendo 10 la calificación más alta y 1 la más baja, evalúe su propio servicio a Dios en las siguientes áreas:
Estoy haciendo lo que Dios quiere que yo haga: \_\_\_\_
Puedo ver los resultados de obedecer a Dios: \_\_\_\_
Me siento animado en mi servicio a Dios: \_\_\_\_
Hay fruto por mi servicio: \_\_\_\_

\* En oración conságrese nuevamente a servir fielmente en el área que Dios le ha indicado que le sirva.

# $\mathcal{DIA}$ 4   El Libro de Ezequiel

*El Profeta.* Ezequiel era un sacerdote (Ez. 1:3) que fue llevado a Babilonia en la deportación del año 597 A.C., junto con el rey Joaquín y otros prominentes ciudadanos de Judá. En esa ocasión Nabucodonosor hizo llevar a Babilonia solamente a las personas importantes del pueblo, en tanto que dejó en Judá a los pobres y unos pocos líderes. El hecho de que Ezequiel haya sido llevado en ese grupo de exiliados indica que pertenecía a la aristocracia de Jerusalén y a la poderosa clase de sacerdotes. Ezequiel era casado (24:15-18) y en su casa en Babilonia los ancianos se reunían periódicamente (8:1).

El libro de Ezequiel está organizado alrededor de una serie de fechas, que el profeta siguió con prolijidad. Note el dibujo en el margen para ver cómo Ezequiel destacó ciertas fechas. En general esas fechas toman como punto de referencia el principio del reinado de Joaquín.

*Fecha.* Ezequiel recibió su llamado de Dios en Babilonia, en el quinto año de la cautividad de Joaquín (1:2), o sea, en el año 593 A.C. La última fecha mencionada en el libro está en 40:1. Por lo tanto, su ministerio se extendió por lo menos por veinte años, y predicó antes, durante y después de la destrucción de Jerusalén y del templo. La mención del año treinta en 1:1 es probablemente una referencia a la edad del profeta cuando empezó su ministerio. Según el Antiguo Testamento, los sacerdotes empezaban su ministerio cuando tenían 30 años.

*Vocación profética.* Ezequiel recibió su llamado en un momento decisivo en la historia de Judá. Su misión era anunciar el juicio de Dios que iba a venir sobre Jerusalén, y al mismo tiempo mantener viva la esperanza de restauración en el futuro. Sus primeros mensajes fueron dirigidos tanto al pueblo que había quedado en Judá, como a los que estaban en Babilonia. Pero su misión no era fácil; nadie quería aceptar la realidad de que el exilio era el juicio de Jehová por los pecados y la idolatría de Israel.

▶ **Lea Ezequiel 33:30-33, y luego encierre en un círculo la respuesta correcta, según la declaración sea *cierta* o *falsa*.**

C   F   **1.** La gente se burlaba abiertamente de Ezequiel.
C   F   **2.** Nadie tenía interés en ir a escuchar a Ezequiel.
C   F   **3.** A la gente le encantaba oir la predicación de Ezequiel.
C   F   **4.** La destrucción sería la evidencia de que Ezequiel era verdaderamente un profeta de Dios.
C   F   **5.** La gente escucharía con ansiedad el mensaje de Ezequiel, pero no lo pondrían en práctica.

Dios le advirtió a Ezequiel que la gente le escucharía con ganas, pero que no harían caso a sus exhortaciones.

*Respuestas: 1-Cierto, 2-Falso, 3-Cierto, 4-Cierto, 5-Cierto.*

*Estructura.* Antes de la caída de Jerusalén las profecías de Ezequiel eran profecías de juicio y castigo, anunciando la destrucción de Jerusalén. Después que Jerusalén cayó y fue destruida, los mensajes de Ezequiel eran de esperanza, profetizando la restauración de Judá y Jerusalén.

### Los Mensajes Dramáticos de Ezequiel

Siguiendo las instrucciones que Dios le había dado, Ezequiel realizó algunas acciones dramáticas, para hacer hincapié en el mensaje que predicaba.

▶ **Lea Ezequiel 4:1-8, y luego marque la respuesta correcta en las siguientes preguntas:**

1. ¿Qué le ordenó Dios a Ezequiel que hiciera?
❑ a. Un modelo de Jerusalén asediada.
❑ b. Un modelo de Babilonia asediada.
❑ c. Un modelo de Egipto asediada.

2. ¿Cuánto tiempo pasó Ezequiel acostado en su lado izquierdo?
❑ a. 100 días
❑ b. 365 días
❑ c. 390 días

3. ¿Cuál era el significado de los días que pasó acostado sobre su lado izquierdo?
❑ a. Cada día simbolizaba un año por el pecado de Judá.
❑ b. Cada día simbolizaba un año por el pecado de Babilonia.
❑ c. Cada día simbolizaba un año por el pecado de Israel.

4. ¿Cuál era el significado de los días que pasó acostado en su lado derecho?
❑ a. Cada día simbolizaba un año por el pecado de Judá.
❑ b. Cada día simbolizaba un año por el pecado de Babilonia.
❑ c. Cada día simbolizaba un año por el pecado de Israel.

5. ¿Qué método usó Ezequiel en este caso para proclamar el mensaje de Dios?
❑ a. La predicación
❑ b. El drama
❑ c. Un escrito

***Acción simbólica.*** Ezequiel usó el dramatismo de una acción simbólica para presentar sus mensajes. Por ejemplo, para profetizar el asedio de Jerusalén, grabó un diseño de Jerusalén en un adobe y después puso alrededor diversos objetos de guerra. Luego colocó una plancha de hierro indicando el asedio y la ruina que habría de venir sobre la ciudad. Todo esto era orden de Dios, y Ezequiel lo obedeció. Después Dios le ordenó acostarse 390 días sobre su lado izquierdo, y 40 días sobre su lado derecho, en una acción simbólica de llevar sobre sí el pecado del pueblo. Las instrucciones en cuanto a lo que debía hacer durante esos días, y cómo debía preparar sus alimentos indicaban la severidad del juicio divino.

---

**RESPONDA A LA PALABRA DE DIOS**

\* **Medite por unos momentos en los sermones que usted ha escuchado en las últimas semanas. Después, agradezca a Dios por la fidelidad de los hombres que han dedicado sus vidas a proclamar el mensaje de Dios, y la manera en que El los usa para hablar a su corazón.**

---

*Respuestas: 1-a, 2-c, 3-c, 4-a, 5-b.*

# DIA 5 El Libro de Ezequiel (continuación) y el Libro de Daniel

**Algunas de las Enseñanzas de Ezequiel**

> **Temas Destacados en Ezequiel**
>
> A. Esperanza para el futuro
> B. La idolatría es abominación ante Dios
> C. Responsabilidad individual
> D. Soberanía de Dios

▶ **A continuación se señalan cuatro pasajes que representan algunos de los temas más destacados en el libro de Ezequiel. Lea cada pasaje, y después escriba en la línea en blanco, de los temas indicados en la lista arriba, el que mejor se ajuste al pasaje que acaba de leer. Después, verifique su respuesta con los comentarios que se dan de seguido.**

▶ **1. (8:1-18):**_____

Por medio de una visión Ezequiel fue transportado de Babilonia a Jerusalén, a la entrada del templo, en donde Dios le hizo notar la condición espiritual de la nación. Ezequiel vio cuatro escenas que representaban la idolatría del pueblo: la adoración a las imágenes, líderes religiosos dirigiendo la adoración a los ídolos, las mujeres llorando por el dios Tamuz, y un grupo de hombres adorando al sol. Estas abominaciones provocaron la ira de Dios y finalmente trajeron la destrucción de la nación.

▶ **2. (11:8-9):**_____

Ezequiel sabía que Dios es el Señor de la historia. El tiene todo el futuro en Sus manos. El templo y Jerusalén cayeron ante Babilonia debido a que la gente se rebeló contra Dios. Los babilonios capturaron la ciudad, no porque tuvieran fuerza militar superior, sino porque Dios lo permitió para castigar la maldad del pueblo de Israel.

▶ **3. (18:1-20):**_____

Disculparse echando la culpa a otros no es algo nuevo en nuestros días. No fue nuevo en el jardín del Edén, ni tampoco era raro en tiempos de Ezequiel. La gente le echaba la culpa de sus males a los antepasados, al medio ambiente, o a la sociedad. Pero Dios dijo que toda persona es responsable por sus propios pecados. "El alma que pecare, esa morirá" (Ez. 18:4). Esto no elimina la dimensión social de los efectos del pecados, sino que recalca y hace hincapié en la responsabilidad individual delante de Dios.

▶ **4. (11:17-21; 36:22-32; 43:4-5)** _____

Después de la destrucción del templo Ezequiel empezó a predicar un mensaje de esperanza y de restauración. Para Israel una evidencia clara del amor de Dios para Su pueblo sería la restauración del templo, porque era símbolo de la presencia de Dios. En su visión, Ezequiel vio la gloria de Jehová, que anteriormente había abandonado el templo, regresando otra vez al santuario, para una vez más habitar con Su pueblo (43:4-5). Ezequiel profetizó que habrá un futuro en el cual la ciudad será restaurada, el templo reedificado y el culto purificado.

✳✳✳

**El Libro de Daniel**

El libro de Daniel pertenece a los libros apocalípticos. La palabra *apocalipsis* significa "descubrir," o "revelar." La literatura apocalíptica está llena de visiones extrañas, de simbolismos y de acontecimientos sobrenaturales. También se usa mucho el simbolismo numérico.

El libro de Daniel es la historia de un joven judío que probablemente pertenecía a la nobleza, y que fue llevado a Babilonia por Nabucodonosor en la deportación de 605 A.C. El nombre de Daniel significa "Dios es mi juez."

**Escritor y Fecha**

Algunos eruditos sostienen la opinión de que el libro fue escrito por el propio Daniel, en Babilonia, y hacia el 530 A.C. Otros piensan que el libro es una biografía de Daniel, que fue escrita durante el período de los macabeos, después de 166 A.C. El libro contiene dos secciones. Los capítulos 16 relatan la historia de Daniel y sus amigos en la corte de Nabucodonosor. Los capítulos 7-12 relatan las visiones de Daniel.

La fecha del libro de Daniel no es tan importante como su mensaje. El propósito del libro era reavivar la fe de Israel, la cual estaba en peligro por causa de la persecución. El libro fue escrito para alentar al pueblo, y para promover unión y lealtad a los preceptos de la religión de Israel.

▶ **Seleccione una de las dos historias que se indican a continuación. Lea el relato, y luego escriba un resumen breve de lo que usted considera que es el mensaje principal para hoy. Alístese para presentar su idea en la sesión del grupo.**

1. La imagen de oro y el horno ardiente (3:1-30);

*o,*

2. Daniel en el foso de los leones (6:1-28).

---

---

La historia de los tres jóvenes, tanto como el episodio de Daniel en el foso de los leones, ilustran el tema del libro de Daniel, de cómo Dios protege a Su pueblo cuando sufren opresión y persecución por causa de su fidelidad. Nabucodonosor y Darío, cada uno en su turno, dictó una orden que obligaba a toda persona rendir adoración pero no al Dios de los cielos. Cualquier persona que desobedeciera sería castigada severamente. Tres jóvenes judíos, Sadrac, Mesac, y Abed-nego, y Daniel luego, decidieron no comprometer su fe y rehusaron adorar ídolos, aun cuando sabían que su decisión los condenaría a la muerte. Dios intervino y salvó a Sus siervos de la muerte. Por causa del testimonio de ellos cada rey reconoció el poder del Dios de Israel.

**Las visiones de Daniel**

Las visiones que se relatan en la segunda parte del libro de Daniel (7-12) se refieren a los eventos en torno a la venida del reino mesiánico y a la gloriosa intervención de Dios en la historia humana. Dios intervendrá para destruir los que oprimen a Su pueblo, y por medio de Su Mesías establecerá Su reino eterno. La victoria final de Dios declara que Su dominio es eterno y Su reino es glorioso.

Aun cuando hay muchas y diversas interpretaciones para estos pasajes, no obstante podemos aprender de estas visiones dos lecciones importantes. Primero, aun cuando el pueblo de Dios sufra mucha persecución, los días malos no durarán para siempre. Segundo, la victoria final pertenece a Dios y a Su pueblo. Dios bendecirá a Su pueblo incluso en los tiempos difíciles. El reino de Dios viene. El Señor reinará para siempre.

▶ **Para repasar lo que ha estudiado esta semana en el Antiguo Testamento, vea si puede contestar mentalmente las siguientes preguntas. Tal vez usted quiera escribir las respuestas en una hoja de papel aparte. Marque su nivel de aprovechamiento trazando un círculo alrededor de la "C" si puede contestar correctamente, o alrededor de la "R" si necesita repasar el material.**

C  R  **1.** Diga en orden los libros de la ley, de historia, de poesía y los profetas mayores.

C  R  **2.** ¿Cuáles fueron tres de los profetas mayores por medio de los cuales Dios habló entre 625 a 575 A.C.?

C  R  **3.** ¿Cómo fueron escritos muchos de los mensajes de Jeremías?

C  R  **4.** ¿Cuáles son tres de las principales enseñanzas de Jeremías?

C  R  **5.** ¿Cuáles son dos maneras en que el nuevo pacto sería distinto del antiguo?

C  R  **6.** ¿En dónde desarrolló Ezequiel su ministerio?

C  R  **7.** ¿Cuáles son dos de los temas principales del libro de Ezequiel?

C  R  **8.** ¿Qué método especial usó Ezequiel para presentar algunos de sus mensajes?

C  R  **9.** ¿Cuáles son dos de las enseñanzas destacadas del libro de Daniel?

---

**RESPONDA A LA PALABRA DE DIOS**

* ¿Se ha encontrado usted alguna vez en desacuerdo con una interpretación de algún pasaje bíblico? Aun cuando no siempre podemos tener plena seguridad en cuanto a determinada interpretación, sí podemos comprender el mensaje de la Palabra de Dios. En oración, alabe al Señor por la forma en que El usa Su Palabra para guiarle y bendecirle.

# Unidad *13* Dios y los Profetas Menores (Oseas—Malaquías)

¿Qué es lo que viene a su mente cuando oye la palabra *menor?* Para muchos de nosotros significa algo inferior o de menos importancia. Hablamos de tener un problema menor, o usamos el término para referirnos a los niños y adolescentes, a diferencia de los adultos. Sin embargo, la única diferencia entre los profetas mayores y los profetas menores es la longitud de su escrito. Los libros de los profetas mayores son largos, y tienen muchos capítulos. Los libros de los profetas menores son relativamente cortos, pero están igualmente llenos de profundo significado. Nos hablan hoy tanto como hablaron a la gente que escuchó esos mensajes por primera vez. Son libros cortos, pero poderosos.

En esta unidad usted estudiará los libros que se conocen como los Profetas Menores: Oseas, Joel, Amós, Abdías, Jonás, Miqueas, Nahum, Habacuc, Sofonías, Hageo, Zacarías y Malaquías.

**Oseas** proclamó el amor de Dios, usando como ejemplo una experiencia personal. Profetizó probablemente entre 750 a 725 A.C.

**Joel** proclamó el juicio y la salvación divina.

**Amós** fue uno de los profetas del siglo octavo. Predicó en Samaria. Su tema fue la justicia y la rectitud social.

**Abdías** predicó en contra de Edom por sus abusos contra el pueblo de Israel. Predicó probablemente alrededor de 587 A.C.

**Jonás** fue llamado por Dios para proclamar el juicio contra la ciudad de Nínive. La gente de Nínive se arrepintió, y Dios perdonó a la ciudad.

**Miqueas** profetizó entre 735 a 701 A.C. Hizo hincapié en el llamado de Dios que exigía justicia, amor y misericordia de parte del pueblo.

**Nahum** profetizó la caída de Nínive, antes de que eso ocurriera; es decir, antes de 612 A.C.

**Habacuc** se preguntaba por qué Dios no castigaba el pecado. Su ministerio posiblemente tuvo lugar antes de 605 A.C.

**Sofonías** clamó en contra de los pecados de su día, y profetizó la venida del Día del Señor. Predicó alrededor de 626 A.C.

**Hageo** y **Zacarías** profetizaron después del retorno de los exiliados de Babilonia a Jerusalén (539 A.C.). Ambos exhortaron a que se reconstruyera el templo.

**Malaquías** profetizó probablemente alrededor de 450 A.C., proclamando la santidad del matrimonio y la necesidad de una verdadera adoración.

# $\mathcal{DIA}$ 1 El Libro de Oseas

### Fecha del Libro de Oseas

**Llene la línea en blanco:**

**PROFETAS MENORES**

1. O_____
2. Joel
3. Amós
4. Abdías
5. Jonás
6. Miqueas
7. Nahum
8. Habacuc
9. Sofonías
10. Hageo
11. Zacarías
12. Malaquías

Oseas 1:1 nos dice que él profetizó durante los reinados de Uzías, Jotam, Acaz, y Ezequías, reyes de Judá; y Jeroboam II rey de Israel. Esto quiere decir que su ministerio duró aproximadamente desde 750 a 724 A.C. Ese fue un tiempo difícil en la historia de Israel. Fue el período caótico y de gran confusión política que culminaría con la caída del reino del norte. Oseas ejerció su ministerio en Samaria.

### El Profeta Oseas

El nombre *Oseas* significa "Jehová salva." Por orden de Dios Oseas se casó con Gomer, y tuvieron dos hijos y una hija. Su matrimonio sirvió de base para una reflexión acerca de la relación entre Jehová e Israel. Oseas dio a sus hijos nombres simbólicos, que indicaban el juicio divino sobre la nación y el pueblo. Se pueden notar cuatro señales de juicio.

***Gomer como señal.*** Gomer fue una señal de la prostitución de la tierra. Dios ordenó al profeta casarse con "una mujer fornicaria," para simbolizar que la gente se había dado a la prostitución, apartándose de Jehová (1:2).

***Jezreel como señal.*** El hijo Jezreel fue un sermón viviente acerca del juicio sobre la dinastía de Jehú (1:4-5). Cuando les nació el primer hijo, Dios ordenó llamarlo Jezreel, pues Dios estaba pasando juicio sobre la casa de Jehú "por causa de la sangre de Jezreel" (1:4). Esto es una referencia al exterminio de la casa de Acab durante la revolución de Jehú (2 R. 10).

***Lo-ruhama como señal.*** Cuando Gomer concibió una hija, Dios ordenó que le pusieran por nombre Lo-ruhama, que significa *No compadecida.* Era una señal de que Israel quedaría desprovisto de la gracia y de la compasión de Dios.

***Lo-ammi como señal.*** Cuando les nació otro hijo, Dios ordenó al profeta que le pusiera por nombre Lo-ammi, que quiere decir *No pueblo mío*, o *no es mi pueblo.* Era una señal de que la relación básica que había existido entre Dios e Israel por causa del pacto, había llegado a su final.

▶ **Escriba en la línea en blanco la letra que corresponde a la respuesta correcta.**

*Respuestas: 1-C, 2-B, 3-D, 4-A.*

____ 1. Gomer          A. Lugar de juicio
____ 2. Lo-ruhama      B. No compadecida
____ 3. Lo-ammi        C. Esposa de Oseas
____ 4. Jezreel        D. No pueblo mío

**Estructura del Libro de Oseas**

El libro de Oseas está dividido en tres secciones principales.
La primera sección (1:1—3:5) es un relato biográfico. La segunda sección (4:1—13:16) contiene la predicación de Oseas, y se refiere a la controversia de Jehová contra los líderes y el pueblo. La tercera sección del libro (14:1-9) es un mensaje de esperanza. El libro de Oseas termina con un mensaje de arrepentimiento y restauración, en el cual Dios invitaba a Israel a regresar a El como la única manera de evitar el juicio divino.

**El Matrimonio de Oseas (1:2)**

La manera en que se considere el matrimonio de Oseas determina la forma en que se interpretará el libro. Las siguientes son las interpretaciones más corrientes:

*1. La interpretación simbólica.* Hay algunas personas que dicen que la orden de Dios registrada en 1:2 es simbólica de verdades espirituales. Esta interpretación trata de evitar el problema moral que surge por la orden de Dios al profeta de que se casara con una mujer que le fue, o que le sería, infiel.

*2. La interpretación literal o histórica.* Otra interpretación sostiene que el matrimonio de Oseas con una prostituta fue un evento real e histórico. Se indica que esto es consistente con el mensaje del profeta en los capítulos 4-14, y con la condición religiosa de la nación en esos días. Se señala que Dios ordenó a Oseas que se casara con una prostituta para enseñarle a Israel una profunda lección.

*3. Una tercera interpretación.* Otra manera de interpretar la orden de Dios sugiere que Gomer fue una mujer virtuosa cuando Oseas se casó con ella. Posteriormente, ella dejó a Jehová y empezó a rendir adoración a los ídolos, llegando a convertirse en una de las prostitutas sagradas en el templo de Baal. Oseas, con el corazón hecho pedazos, consideró su situación matrimonial, y llegó a concluir que Dios en efecto le había dicho que se casara con una prostituta.

La relación matrimonial de Oseas y Gomer sirvió de fundamento para la predicación del profeta contra los pecados de Israel y su exhortación al pueblo invitándole a regresar a Dios.

**El Mensaje de Oseas**

Oseas proclamó un mensaje de juicio contra Israel, el reino del norte, por cuanto la nación había dejado a Jehová y se había ido detrás de los ídolos. Dios había amado a Su pueblo, pero el pueblo había preferido irse detrás de los ídolos. Oseas profetizó que el castigo de Dios era inminente.

▶ **A. Lea en Oseas 4:1-3 un mensaje de infidelidad. Encierre luego en un círculo la respuesta correcta.**

C F **1.** Oseas 4:1-3 es un mensaje de juicio.
C F **2.** Dios acusó al pueblo de ser mentirosos.
C F **3.** Dios acusó al pueblo de haberle sido infieles.
C F **4.** Dios acusó al pueblo de no haberle conocido.

**B. Lea en Oseas 14:1-7 un mensaje de amor. Encierre luego en un círculo la respuesta correcta.**

C   F   **1.** Dios llamó a los israelitas al arrepentimiento.

C   F   **2.** El arrepentimiento debía manifestarse por la confesión de pecados.

C   F   **3.** Si se arrepentían Dios no los destruiría, pero tampoco les ayudaría más.

C   F   **4.** Si se arrepentían, Dios prometió prosperarlos y darles bendiciones.

*"Yo sanaré su rebelión, los amaré de pura gracia; porque mi ira se apartó de ellos."*
*— Oseas 14: 4*

Así como Oseas amó a la infiel Gomer, así Dios amó a la infiel Israel. El pueblo de Israel había cometido adulterio espiritual al irse detrás de los dioses falsos. Oseas sufrió por la infidelidad de su esposa; Dios había sufrido por la infidelidad de Su pueblo. Cuando Gomer se arrepintió, Oseas la recibió nuevamente como su esposa. Dios quería tomar de nuevo a Israel arrepentido.

---

**RESPONDA A LA PALABRA DE DIOS**

* Piense en alguna experiencia cuando sintió que una persona a quien usted quería, le rechazó. ¿Cómo se sintió? ¿Qué hizo? ¿Serán los sentimientos de Dios igualmente heridos cuando le rechazamos? ¿Son acaso diferentes de los suyos?

* En oración dígale a Dios cuánto le ama, y pídale que le ayude a permanecer siempre fiel a El.

---

*Respuestas: A-Todas son cierto. B: 1-Cierto, 2-Cierto, 3-Falso, 4-Cierto.*

# $\mathcal{DIA}$ 2   Los Libros de Joel y Amós

**Llene las líneas en blanco:**

**PROFETAS MENORES**

1. O_____
2. J _____
3. A_____
4. Abdías
5. Jonás
6. Miqueas
7. Nahum
8. Habacuc
9. Sofonías
10. Hageo
11. Zacarías
12. Malaquías

### El Libro de Joel

El profeta Joel describió el juicio de Dios en términos de una plaga de langostas. La langosta en este caso se refiere al insecto parecido al saltamontes. Se multiplica en forma vertiginosa, y come cada día dos veces su propio peso, en vegetación verde. La devastación que produce es severa.

### El Profeta Joel

Todo lo que sabemos de Joel es que fue hijo de Petuel (1:1). Su nombre significa "Jehová es Dios." Probablemente profetizó en Judá.

### Fecha de Escritura

Es difícil precisar la fecha en que fue escrito el libro de Joel. Unos creen que

*El Libro de Joel proclama el juicio y la salvación de Dios.*

Joel predicó en el siglo nueve A.C. durante el reino de Joás, rey de Judá, mientras que otros colocan su ministerio en el período postexílico. Debido a que el libro incorpora muchas citas de otros escritos proféticos, parecería ser más probable que Joel predicó alrededor de 400 A.C. Cualquiera que haya sido la fecha en que el libro fue escrito, eso no cambia la importancia de la profecía, ni de la promesa mesiánica o la promesa del derramamiento del Espíritu del Señor.

**El Mensaje del Libro de Joel**

En la primera sección (1:1—2:17) Joel predicó que el juicio de Dios venía en forma de una plaga de langostas. La profecía puede referirse a una plaga literal de insectos, pero también puede ser un símbolo de los ejércitos invasores que atacarían a Israel.

▶ **Lea Joel 1:1-14 y note a qué clase o categoría de gente se dirigía el mensaje. Luego marque en la siguiente lista las personas a quienes se dirigía la profecía.**

❏ 1. ancianos.
❏ 2. todos los que vivían en la tierra.
❏ 3. borrachos.
❏ 4. granjeros, campesinos o hacendados.
❏ 5. sacerdotes.

**¿Cuál fue el consejo que Joel le dio a estas personas?**

_____

▶ **Lea en Joel 2:12-17 el consejo completo de Joel.**

La siguiente sección del libro (2:18-32) son profecías relacionadas con el día del Señor y el derramamiento del Espíritu de Dios. La última sección (3:1-21) se refiere al juicio de Dios sobre las naciones y la restauración de Israel.

▶ **Lea en Joel 2:18-27 la respuesta de Dios al arrepentimiento y oraciones de Su pueblo.**

▶ **¿Recuerda usted cuándo se cumplió la profecía contenida en Joel 2:28-32? Escriba aquí su respuesta:**

_____

_____

*"Entonces respondió Amós, y dijo a Amasías: No soy profeta, ni soy hijo de profeta, sino que soy boyero, y recojo higos silvestres. Y Jehová me tomó de detrás del ganado, y me dijo: No profetices contra Israel, ni hables contra la casa de Isaac."*
*— Amós 7:14- 15*

**El Libro de Amós**

Amós fue uno de los grandes profetas del siglo octavo (junto con Oseas, Isaías y Miqueas). Predicó el juicio de Dios en contra de las personas acomodadas, que practicaban mucha religión externa, pero sin ninguna significación verdadera. En nombre de la religión hasta oprimían a sus compatriotas.

Respuestas: 1, 2, 3.

### El Profeta Amós

Amós era originario de Tecoa, una pequeña ciudad ubicada al sur de Jerusalén. Su nombre significa "Portador." Amós fue llamado por Dios para predicar en Israel, el reino del norte, en los días del rey Jeroboam II.

Amós declaró que él no era profeta profesional. En su confrontación con Amasías, el sacerdote de Bet-el, Amós dijo:
"No soy profeta, ni soy hijo de profeta, sino que soy boyero, y recojo higos silvestres" (7:14). Amós trabajaba con su ganado, pero Dios le apareció en visión y le dijo: "Vé y profetiza a mi pueblo Israel" (7:15).

### Fecha del Libro de Amós

Amós profetizó alrededor del año 750 A.C. en el reino del norte. No se sabe cuánto tiempo duró su ministerio.

### El Mensaje del Libro de Amós

Jeroboam II era el rey de Israel, y el reino del norte disfrutaba de un crecimiento económico extraordinario. La riqueza, sin embargo, estaba en manos de unas pocas personas, que la acumulaban explotando y oprimiendo a los pobres. Amós condenó esta situación y profetizó que Dios castigaría a la clase privilegiada por sus pecados, porque "vendieron por dinero al justo, y al pobre por un par de zapatos" (2:6).

El tema de la predicación de Amós fue la justicia: "Pero corra el juicio como las aguas, y la justicia como impetuoso arroyo" (5:24). Jehová exige que la justicia se practique en el pueblo de Dios como un arroyo que nunca se seca.

▶ **Conteste lo siguiente:**

1. ¿Alrededor de qué fecha profetizó Amós? _____ A. C.

2. ¿En dónde profetizó Amós? _____

3. ¿Cuánto tiempo profetizó Amós? _____

*"A vosotros solamente he conocido de todas las familias de la tierra; por tanto, os castigaré por todas vuestras maldades."*
*— Amós 3:2*

### Estructura del Libro de Amós

El libro de Amós puede dividirse en cuatro partes principales.

La *primera parte* (1:3—2:16) es una serie de profecías contra diferentes naciones.

La *segunda parte* del libro consiste en varios sermones condenando los pecados de Israel (3:1—6:14). Tres de los sermones empiezan con "Oid esta palabra" (3:1; 4:1; 5:1), y su conclusión empieza con un "por tanto" (3:11; 4:12; 5:11,16). Dos de los sermones empieza con "ayes" (5:18; 6:1).

La *tercera parte* del libro contiene cinco visiones del juicio que Jehová iba a enviar sobre la nación como castigo (7—9:10).

*Respuestas: 1-750 A.C., 2-el reino del norte, Israel; 3-no se sabe.*

La *cuarta parte* del libro (9:11-15) es un mensaje de restauración. Este mensaje declara un futuro glorioso para el pueblo de Dios bajo el reino mesiánico.

---

**RESPONDA A LA PALABRA DE DIOS**

* **¿Tiene el libro de Amós algún mensaje para la gente de hoy? Piense en algunos ejemplos modernos de la clase de pecados que Dios condenó en la predicación de Amós. Piense en términos de práctica de la religión, problemas sociales, inmoralidad y asuntos semejantes. Escríbalos a continuación.**

_____

* **¿Le habla el libro de Amós directamente a su vida? Si es así, ¿qué piensa hacer al respecto?**

_____

_____

---

# *DIA 3* Los Libros de Abdías y Jonás

### El Libro de Abdías

Todo lo que sabemos de Abdías es su nombre, que significa "siervo de Jehová." Abdías es el libro más corto del Antiguo Testamento con 21 versículos, y no provee ninguna información acerca del profeta, ni de su familia, dónde o cuándo predicó.

LOS PROFETAS MENORES

O
J
A
A
J
MIQUEAS
NAHUM
HABACUC
SOFONIAS
HAGEO
ZACARIAS
MALAQUIAS

### Fecha de Abdías

Es imposible determinar con precisión la fecha de escritura del libro. Sin embargo, en razón de que las profecías son contra Edom debido al maltrato que dio a Israel, es probable que fue escrito en un tiempo cuando Edom se regocijaba por la desgracia de Israel. Además, los versículos 10 y 11 hacen referencia a eventos relacionados con la destrucción de Jerusalén. De modo que puede ser que la profecía de Abdías fue pronunciada después de 587 A.C.

### El Mensaje de Abdías

El mensaje del libro de Abdías es simple. Abdías profetizó que Jehová destruiría a Edom por causa de su maltrato al pueblo de Israel.

**▶ A. Lea Abdías 1:1-4, luego conteste a lo siguiente:**

1. ¿Qué palabra describe mejor la actitud de los edomitas:

_____ .

*Abdías predicó en contra Edom por la forma cruel en que maltrató a los israelitas.*

2. ¿Quién le dio el mensaje que anunciaba Abdías? _____

_____ .

### B. Marque la respuesta correcta en las siguientes preguntas:

1. En los versículos 5 y 6, ¿cuál es la relación entre los vendimiadores o cosechadores y los que le robarían a Edom?
❏ a. Todos atacarían a Edom.
❏ b. Los ladrones y vendimiadores dejan algún rastrojo; los que atacarían a Edom no dejarían nada.

2. ¿En qué forma el versículo 7 explica los versículos 15 y 16?
❏ a. Los atacantes tratarían a Edom como Edom trató a Israel.
❏ b. Edom se aliaría con otras naciones para atacar a Israel.

3. ¿Cuál es el tema de los versículos 19-21?
❏ a. Venganza
❏ b. Esperanza.

*"Porque cercano está el día de Jehová sobre todas las naciones; como tú hiciste se hará contigo; tu recompensa volverá sobre tu cabeza."*
— *Abdías 1:15*

El libro de Abdías probablemente fue escrito para alentar al pueblo que había sufrido gran humillación por parte de los edomitas. Dios controla la historia y castiga el pecado tanto como ama al pecador.

### El Libro de Jonás

Al pensar en Jonás generalmente se piensa en que fue un profeta a quien se lo tragó una ballena, y así se deja de lado el mensaje del libro.

### El Profeta Jonás

No sabemos mucho acerca de Jonás. Segundo de Reyes 14:25 indica que predicó durante el reinado de Jeroboam II de Israel. Jonás había profetizado que Israel iba a recuperar el territorio "desde la entrada de Hamat hasta el mar del Arabá" (o sea, el Mar Muerto). Así sucedió, y esto ayudó a que Israel entrara en un período de gran prosperidad económica.

### El Mensaje de Jonás

En el Libro de Jonás, el mensaje se relaciona muy de cerca con la historia del llamamiento del profeta, y su reacción a ese llamado.

El libro de Jonás difiere de los otros libros de los profetas en que es un libro acerca de un profeta, y no un libro escrito por un profeta. Dios usó la historia de Jonás para proclamar uno de los mensajes más resonantes de la Biblia. El libro procura enseñar que el pueblo de Dios tiene la responsabilidad de proclamar el conocimiento de Jehová a todas las naciones del mundo.

Dios llamó a Jonás para que fuera a predicar a Nínive, la capital del imperio asirio. Jonás consideró eso una misión desagradable porque Asiria era uno de los peores enemigos de Israel. De modo que decidió irse en dirección opuesta, hacia Tarsis, para huir de la presencia de Jehová. Jonás no quería que Dios perdonara a los habitantes de Nínive.

*Respuestas: A: 1-Orgullo o soberbia; 2-El Señor. B: 1-b, 2-a, 3-b.*

▶ **Lea Jonás 3:1-10 y después marque las declaraciones que son correctas:**

☐ 1. Cuando una persona rehusa obedecer a Dios queda automáticamente descalificada para el servicio a Dios.
☐ 2. Dios obra por medio de Su Palabra.
☐ 3. Cuando los pecadores ayunan, Dios les perdona.
☐ 4. Cuando los pecadores se arrepienten, Dios les perdona.

Dios le apareció a Jonás por segunda vez y le ordenó nuevamente ir a Nínive. Jonás obedeció, y fue. En Nínive predicó un mensaje de juicio implacable: "De aquí a cuarenta días Nínive será destruida" (3:4). Los ninivitas se arrepintieron y se convirtieron. Dios perdonó a la ciudad.

▶ **Lea Jonás 4:1-10. Después, encierre en un círculo la respuesta correcta en cada una de las siguientes declaraciones.**

C  F  **1.** Jonás se sintió muy contento por la forma en que la gente de Nínive respondió a su predicación.
C  F  **2.** Jonás interpretó la pregunta de Dios en el versículo 4 como un reproche.
C  F  **3.** Dios hizo crecer una mata y la usó para enseñarle a Jonás una lección.
C  F  **4.** Jonás quería que Dios salvara solo a Israel; Dios quería salvar a todas las gentes.
C  F  **5.** El mensaje principal del libro de Jonás tiene un énfasis misionero.

El arrepentimiento de los ninivitas desagradó a Jonás. Enojado, oró a Dios quejándose de que su predicación había sido en vano. Dios, compasivo y misericordioso, había perdonado a los ninivitas y preservado la ciudad.

Jehová le enseñó una lección por medio de una mata. Así como Jonás sintió pesar por una planta que creció y murió en un día, así Jehová tiene compasión de aquellos que se arrepienten.

El mensaje del libro es que Dios ama a todas las personas y no desea la muerte del pecador. Dios no está limitado por los prejuicios humanos.

Se ha dicho que el mensaje de Jonás tiene un énfasis misionero. En verdad, estimula a que vayamos a otras gentes llevándoles el mensaje de esperanza y salvación.

*"Y dijo Jehová: Tuviste tú lástima de la calabacera, en la cual no trabajaste, ni tú la hiciste crecer; que en espacio de una noche nació, y en espacio de otra noche pereció. ¿Y no tendré yo piedad de Nínive, aquella gran ciudad donde hay más de ciento veinte mil personas que no saben discernir entre su mano derecha y su mano izquierda, y muchos animales?"*
*— Jonás 4:10, 11*

*Respuestas: 2, 4.*

*Respuestas: 1-Falso, 2-Cierto, 3-Cierto, 4-Cierto, 5-Cierto.*

---

**RESPONDA A LA PALABRA DE DIOS**

* Medite en la reacción egoísta de Jonás al perder la mata que le hacía sombra. Piense luego: ¿Estoy más preocupado por mi propia conveniencia y comodidad que por las personas que mueren sin Cristo, sin Dios y sin esperanza? Pídale a Dios que le aumente el interés por los perdidos, y buena disposición para obedecer Su llamado y dirección.

# DIA 4

## Los Libros de Miqueas, Nahum y Habacuc

### El Libro de Miqueas

Miqueas fue uno de los profetas que predicaron en Judá en el siglo octavo A.C. Fue originario de Moreset, un pueblo pequeño ubicado a unos 45 kilómetros de Jerusalén, cerca de Gat, la antigua ciudad filistea. Su nombre significa "¿Quién como Jehová?" La Biblia no provee ninguna otra información acerca de él.

Miqueas profetizó durante los reinados de Jotam, Acaz y Ezequías (1:1), lo que quiere decir que fue contemporáneo con el profeta Isaías. La mayor parte del ministerio profético de Miqueas tuvo lugar entre 735-701 A.C., período que fue de crisis económica y política en Judá.

### El Mensaje de Miqueas

El libro de Miqueas está dividido en cuatro secciones. La primera sección (1:1—3:12) son profecías que condenan la idolatría de Samaria y la opresión de los pobres en Judá. La segunda sección (4:1—5:13) habla del glorioso futuro de Israel cuando las naciones vendrán a Jerusalén para aprender de la Palabra de Jehová.

▶ **Lea Miqueas 6:1-8, y luego marque la respuesta correcta a las siguientes preguntas:**

1. ¿A quién llamó Dios como testigos contra Israel?
❏ a. A los pobladores de Judá.
❏ b. A los montes y colinas.

2. ¿Cuál es el énfasis de los versículos 3 al 6?
❏ a. Las obligaciones que Dios había impuesto sobre Israel.
❏ b. La ayuda que Dios había dado a Israel.

3. ¿Qué es lo que más agrada a Dios?
❏ a. Abundantes ofrendas y holocaustos.
❏ b. Hacer justicia, amar la misericordia y caminar humildemente con Dios.

La tercera sección del libro (6:1—7:7) describe la controversia que Jehová tiene contra Su pueblo. El pleito es un proceso judicial que se ventila y resuelve en una corte de justicia. Dios acusa a Israel de ingratitud e idolatría. El pueblo multiplica el ceremonial religioso, pero Dios espera otra cosa de Su pueblo, ";qué pide Jehová de ti; solamente hacer justicia, y amar misericordia, y humillarte ante tu Dios" (6:8).

---

**Llene las líneas en blanco:**

**PROFETAS MENORES**

1. O_____
2. J_____
3. A_____
4. A _____
5. J_____
6. M_____
7. N _____
8. H_____
9. Sofonías
10. Hageo
11. Zacarías
12. Malaquías

*"Oh hombre, él te ha declarado lo que es bueno, y qué pide Jehová de ti: solamente hacer justicia, y amar misericordia, y humillarte ante tu Dios."*
— Miqueas 6:8

*Respuestas: 1-b, 2-b, 3-a.*

La cuarta sección del libro es un mensaje de restauración (7:8-20). El futuro glorioso de Israel vendría después del arrepentimiento del pueblo.

### Trasfondo Histórico de los Libros de Nahum, Habacuc y Sofonías

Los profetas Jeremías, Nahum, Habacuc y Sofonías predicaron en el siglo séptimo A.C. A principios de ese siglo murió Ezequías rey de Judá, y su hijo Manasés lo sucedió en el trono. Manasés fue quizás el rey más perverso de Judá. Abandonó las reformas que su padre había instituido, y promovió intensamente toda clase de paganismo (2 R. 21:1-8). En 639 A.C. Josías subió al trono y su reinado hizo renacer las esperanzas en Judá. En ese período Dios levantó a Nahum y Sofonías, y después de la reforma de Josías, a Habacuc y Jeremías. La reforma de Josías recibió un enorme impulso en 621 A.C., cuando los trabajadores encontraron el libro de la ley. Josías rechazó la religión asiria que Manasés había promovido, destruyó los baales y centralizó en Jerusalén la adoración. El profeta Nahum profetizó la destrucción de Nínive. Sofonías proclamó la necesidad de reforma y el rey Josías le hizo caso a sus advertencias. La muerte de Josías y el ataque de los babilonios causó una crisis de fe en Israel y Habacuc oró a Dios pidiendo una respuesta.

*El hallazgo del Libro de la Ley durante la reconstrucción del templo contribuyó para el despertamiento y reforma espiritual durante el reinado de Josías.*

### El Libro de Nahum

El nombre Nahum significa "Consuelo." Su libro no revela nada más acerca de su vida o de su familia.

*Nahum vivió alrededor de cien años después que Dios perdonó a la ciudad de Nínive, cuando sus pobladores de arrepintieron ante el mensaje que proclamó Jonás.*

Dos informaciones de valor histórico contribuyen para ubicar la época del ministerio de este profeta. Nahum mencionó la conquista de Tebas, la capital de Egipto, por los asirios (3:8). Eso ocurrió en 663 A.C. También profetizó la destrucción de Nínive, la capital del imperio asirio, lo cual sucedió en 612 A.C. Por lo tanto, el ministerio de Nahum tuvo lugar después de la destrucción de Tebas y antes del asedio de Nínive.

▶ **Lea Nahum 1:1-14, y luego conteste las siguientes preguntas:**

1. ¿Quién traería juicio sobre Nínive?

_____

2. ¿Cuáles son tres ilustraciones de la naturaleza que usó Nahum para describir el juicio de Dios?

_____

_____

### El Mensaje de Nahum

*Respuestas: 1-El Señor, 2-tempestad torbellino, fuego, inundación, tinieblas.*

El libro de Nahum es una profecía de la destrucción de Nínive, la ciudad que aterrorizó a todo el mundo oriental desde 745 A.C. hasta su caída en 612 A.C. La destrucción de Nínive era un mensaje de paz y buenas nuevas para Judá (1:15). Dios actuaría como el vindicador de Su pueblo. También era una evidencia de la justicia de Dios, que juzga al opresor y ejecuta Su juicio.

### El Libro de Habacuc

El mensaje de Habacuc es presentado en forma de un diálogo entre el profeta y Dios. El profeta hace una serie de preguntas, y Dios le contesta mostrándole que El es el Soberano y es fiel a Su pueblo.

▸ **Lea Habacuc 1:1-4. Luego, marque las razones por las cuales Habacuc estaba perplejo.**

❏ 1. Oración no contestada
❏ 2. Violencia
❏ 3. Maldad
❏ 4. Destrucción
❏ 5. Peleas y contiendas
❏ 6. Perversión de la justicia

La primera serie de preguntas expresan la perplejidad de Habacuc. El profeta clamaba y oraba, pero parecía que Dios no contestaba.

*"Jehová el Señor es mi fortaleza, El cual hace mis pies como de ciervas, y en mis alturas me hace andar."*
— *Habacuc 3:19*

**Lea Habacuc 1:5-11.**

La respuesta de Dios dejó a Habacuc todavía más confundido. Dios estaba levantando a los caldeos como instrumentos de Su justicia divina. No satisfecho con la respuesta, Habacuc hizo otra pregunta: ¿Cómo puede un Dios justo permitir que los impíos caldeos aflijan a un pueblo más recto que ellos? (1:12-17). Dios contesta declarando que El no estaba ignorando la maldad, y que el impío perecería por su pecado, pero el justo vivirá por su fe (2:4). Mientras que llega el cumplimiento del programa divino, el justo tiene que vivir por la fe.

El libro de Habacuc representa una respuesta profética a la crisis de fe presente en Judá a fines del siglo séptimo A.C. La oración de Habacuc (cap. 3) es un himno de alabanza por la intervención de Dios en la historia humana. El himno termina con una de las mayores declaraciones de fe y confianza absoluta en Dios que encontramos en el Antiguo Testamento (3:17-19).

---

**RESPONDA A LA PALABRA DE DIOS**

\* **Haga suyas las palabras de Habacuc 3:17-19, como una reafirmación de su confianza y fe en el Padre Celestial.**

---

*Respuestas: 1, 2, 3, 4, 5, y 6.*

# DIA 5

# Los Libros de Sofonías, Hageo, Zacarías y Malaquías

### Libro de Sofonías

El nombre Sofonías significa "Jehová ha guardado." En 1:1 se indica que el profeta empezó su ministerio durante el reino de Josías. La predicación de Sofonías presupone las prácticas idolátricas que existían en Jerusalén antes de la reforma de 621 A.C. Por consiguiente, evidentemente empezó su ministerio antes de esa fecha. Sofonías fue contemporáneo del profeta Jeremías.

♦ **Sofonías 1:4-6. Marque luego la categoría de pecado de la cual hablaba Sofonías en este pasaje.**

❏ 1. Inmoralidad sexual
❏ 2. Fraude en los negocios
❏ 3. Idolatría
❏ 4. Asesinatos

**Llene las líneas en blanco:**

**PROFETAS MENORES**

1. O_____
2. J_____
3. A_____
4. A_____
5. J_____
6. M_____
7. N_____
8. H_____
9. S_____
10. H_____
11. Z_____
12. M_____

Sofonías describió las prácticas religiosas corruptas de Judá. El pueblo rendía culto a Baal y a las huestes celestiales, se inclinaba ante el dios amonita Milcom, y le ofrecían sacrificios humanos. Sofonías dijo que hasta los gobernantes, los jueces, los profetas, y los sacerdotes participaban de semejantes perversiones, alejándose del Dios verdadero.

♦ **Lea Sofonías 1:7-18.**

Sofonías proclamó el día de Jehová como un día de juicio sobre aquellos que no buscaban al Señor (1:6, 14-15). Pero los que buscaban a Dios y caminaban humildemente con él serían protegidos del día del enojo de Jehová (2:3).

### Trasfondo Histórico de Hageo y Zacarías

Hageo y Zacarías profetizaron después del retorno de los exiliados a Jerusalén. Ambos estuvieron entre los que regresaron con Zorobabel.

En 534 A.C. el pueblo empezó la reconstrucción del templo. Colocaron los cimientos, y esperaban completar la construcción en poco tiempo. Sin embargo no fue así. Dios levantó entonces a dos profetas para estimular al pueblo a continuar con la reedificación.

### El Libro de Hageo

El profeta Hageo fue el primer profeta en predicar en Israel después del retorno del pueblo del exilio babilónico. Su nombre significa "Festival." En el primer día

*Respuesta: 3.*

del sexto mes del segundo año de Darío I, rey de Persia (1:1) empezó a predicar los mensajes que se registran en su libro. Esto quiere decir, en 520 A.C. Todos los mensajes anotados en el libro fueron predicados ese mismo año.

▶ **Lea Hageo 1:2-4. Luego conteste las siguientes preguntas:**

1. De acuerdo a la gente, ¿era ya tiempo de reedificar el templo?

_____

_____

2. ¿Qué les respondió Dios?

_____

_____

El libro de Hageo contiene cuatro sermones exhortando al pueblo a continuar con la reedificación del templo. Hageo criticó las excusas que el pueblo presentaba para no seguir con la obra. Indicó que el problema era la actitud egoísta del pueblo (1:5-6), y que era necesario que se volviera a empezar la reconstrucción del templo de Dios.

▶ **Lea Hageo 1:12-15 para ver la respuesta del pueblo y la promesa de Dios. Escriba una corta frase en respuesta.**

1. La respuesta del pueblo:

_____

2. La promesa de Dios:

_____

El pueblo empezó de nuevo a reedificar el templo, y Dios prometió bendecirlos con Su presencia.

**El Libro de Zacarías**

El nombre Zacarías, significa "Jehová se ha acordado." Predicó al mismo tiempo que Hageo, exhortando a la comunidad a reedificar el templo. Zacarías ejerció lo que se conoce de su ministerio profético durante los años 520-518 A.C. (1:7; 7:1).

El libro contiene una serie de visiones y mensajes, animando al pueblo a volver a empezar y completar la reconstrucción del templo (Zac. 1—8). Los capítulos 9—14 contienen una serie de mensajes que declaran que la providencia divina estaba trabajando en los eventos históricos para salvar de sus enemigos al pueblo de Dios. Zacarías animó al pueblo a mirar hacia el futuro glorioso que vendría después de muchas pruebas.

▶ **Lea Zacarías 1:1-6. Según el versículo 3, ¿cuál es la clave para que el pueblo pueda volver a disfrutar de la bendición de Dios?**

_____

_____

### El Libro de Malaquías

El nombre Malaquías en hebreo significa "Mi mensajero." Las referencias al templo (1:7-10) indican que Malaquías profetizó después de los días de Hageo y Zacarías, o sea, una fecha posterior a 516 A.C. Además, Malaquías se refirió al menosprecio del culto en el templo y del altar de Jehová, a los matrimonios paganos, las injusticias sociales, y la negligencia en cuanto a dar los diezmos. Estos abusos reflejan un período anterior a las reformas de Esdras y Nehemías. Esto parece indicar que el libro de Malaquías fue escrito a mediados del siglo quinto, hacia 450 A.C.

▶ **Lea Malaquías 2:13-16. Escriba luego una breve frase de resumen de la enseñanza de este pasaje sobre el matrimonio.**

_____

_____

Malaquías proclamó la fidelidad de Jehová, que desde un principio había mostrado un amor especial por Israel (1:2). Invitó al pueblo a una sincera adoración a Dios y obediencia a Su ley. El profeta condenó la opresión social, el adulterio, el perjurio, y el divorcio.

Malaquías proclamó la venida del Día de Jehová, el día cuando todos podrán apreciar "la diferencia entre el justo y el malo, entre el que sirve a Dios y el que no le sirve" (3:18). La venida del Señor será precedida por un mensajero, "el cual preparará el camino" para el Señor (3:1). Este mensajero es identificado como Elías (4:5). Jesús dijo que esta profecía se cumplió en Juan el Bautista.

El libro de Malaquías marca el final del Antiguo Testamento. En el capítulo 4, versículo 4, leemos: "Acordaos de la ley de Moisés mi siervo, al cual encargué en Horeb ordenanzas y leyes para todo Israel." Así como hemos estudiado en este curso, y lo seguiremos estudiando en el futuro, recordemos que el Señor nos ha enseñado a obedecer Su Palabra, y a ponerla en práctica día tras día.

### ▶ RESUMEN DE REPASO

**Para repasar lo que ha estudiado esta semana en el Antiguo Testamento, vea si puede contestar mentalmente las siguientes preguntas. Tal vez usted quiera escribir las respuestas en una hoja de papel aparte. Encierre en un círculo la "C" si puede contestar correctamente, o la "R" si necesita repasar el material.**

C  R    **1.** Mencione en orden los doce profetas menores.

C  R    **2.** ¿Cuál es la característica única de la profecía de Oseas?

C  R  **3.** ¿Cómo describió Joel el juicio que se avecinaba?

C  R  **4.** ¿Cuál es uno de los temas principales de Amós?

C  R  **5.** ¿Contra qué nación profetizó Abdías?

C  R  **6.** ¿Contra cuál nación predicó Jonás?

C  R  **7.** ¿Qué significa el término "pleito" en Miqueas?

C  R  **8.** ¿A qué ciudad se dirige la profecía de Nahum?

C  R  **9.** Mencione una de las cosas que perturbaban a Habacuc.

C  R  **10.** ¿Cómo describió Sofonías el juicio que se avecinaba sobre Judá?

C  R  **11.** ¿A qué proyecto contribuyeron fuertemente Hageo y Zacarías?

C  R  **12.** ¿Qué personaje del Nuevo Testamento fue el cumplimiento de la profecía de Malaquías 4?

**RESPONDA A LA PALABRA DE DIOS**

\* Eleve una oración especial de alabanza y agradecimiento a Dios por haberle ayudado y guiado durante su estudio del Antiguo Testamento, y por haberle permitido llegar al término de este curso de estudio.

# PASO A PASO POR EL ANTIGUO TESTAMENTO

## PACTO DEL GRUPO DE ESTUDIO

*Yo,* _____ , en oración hago este pacto con los demás participantes del grupo de estudio del curso *Paso a Paso por el Antiguo Testamento*. Me comprometo con el grupo y delante de Dios a:

**1.** Estudiar diariamente la sección del Antiguo Testamento señalada y completar las actividades de aprendizaje, teniendo todo listo antes de la reunión semanal del grupo.

**2.** Orar regularmente por los demás participantes.

**3.** Participar en todas las sesiones del grupo, a menos que alguna circunstancia imprevista me lo impida. Si falto a alguna sesión, me igualaré en el trabajo tan pronto como me sea posible, con la ayuda del líder o de otro participante.

**4.** Participar activa y abiertamente en las sesiones del grupo.

**5.** Mantener la confidencialidad de cualquier asunto personal que surgiera en el grupo.

**6.** Esforzarme con diligencia para presentarme a Dios aprobado, como un discípulo que no tengo que avergonzarme de la Palabra de Dios.

**7.** Otras:

_____

_____

Firma: _____ Fecha: _____

Miembros del Grupo de Estudio del Curso *Paso a Paso por el Antiguo Testamento*

_____

_____

_____

_____

_____

_____

# EL CURSO DE ESTUDIO PARA LAS IGLESIAS

El Curso de Estudio para las Iglesias es un sistema educativo de los Bautistas del Sur, que consiste en cursos bíblicos cortos para adultos y jóvenes. Hay cursos disponibles en una variedad de áreas de estudio. Se otorga crédito por cada curso que se completa. Estos créditos sirven para uno o más de los planes de diploma disponibles. Los diplomas acreditan que la persona ha completado entre 5 y 8 de los cursos prescritos.

El *Catálogo del Curso de Estudio para las Iglesias* contiene detalles completos en cuanto al sistema, los cursos disponibles,y los diplomas que se ofrecen. Los materiales pueden conseguirse en cualquiera de las Librerías Bautistas.

El Curso de Estudio para las Iglesias está auspiciado por la Junta Bautista de Escuelas Dominicales, la Unión Femenil Misionera y la Comisión de Varones de la Convención Bautista del Sur.

Cada curso está diseñado para un mínimo de dos horas y media de estudio, combinado con trabajo individual y estudio en grupo para un total de 15 horas de estudio. El presente curso consta de seis cursos individuales, y al concluirlos se otorgará un Diploma por el estudio de *Paso a Paso por el Antiguo Testamento*. Los siguientes son los seis cursos:

04-157   Paso a Paso: Introducción–Génesis (Unidades 1 a 3)
04-158   Paso a Paso: Exodo–Números (Unidades 4 y 5)
04-159   Paso a Paso: Deuteronomio–2 Samuel (Unidades 6 y 7)
04-160   Paso a Paso: 1 Reyes–Ester (Unidades 8 y 9)
04-161   Paso a Paso: Job–Isaías (Unidades 10 y 11)
04-162   Paso a Paso: Jeremías–Malaquías (Unidades 12 y 13)

COMO SOLICITAR CREDITO POR ESTOS CURSOS

El crédito por estos cursos puede obtenerse *solamente* mediante una combinación de estudio individual y en grupo. Lea el libro entero, y complete las actividades de aprendizaje a medida que va leyendo. Asista a las reuniones del grupo para cada unidad. Si se ve impedido de asistir a una o más reuniones del grupo, haga arreglos con los líderes del grupo para igualarse en el trabajo, y realizar cualquier tarea adicional que le fuera asignada.

La solicitud para crédito puede hacerse usando el formulario 725 "Solicitud de Matrícula/Crédito para el Curso de Estudio para las Iglesias." Envíe su solicitud a la Oficina de Créditos, Junta Bautista de Escuelas Dominicales, 127 Ninth Avenue, North, Nashville, Tennessee 37234. Puede usar el formulario que consta en la siguiente página, si lo desea, o si lo prefiere, puede hacer una fotocopia del mismo. La oficina de créditos mantiene los registros. Mientras usted esté activo y solicite créditos, se enviará periódicamente a su iglesia una copia del informe de sus créditos, para que se la entreguen a usted.

# Registro de Anotación para el Diploma

Marque los cuadritos a la izquierda a medida que usted completa las actividades de aprendizaje para las unidades que se indican. Marque los cuadritos a la derecha por las sesiones de grupo a las cuales asista. Si falta a alguna sesión, haga arreglo con el líder para saber cómo igualarse en su trabajo.

| Actividades de Aprendizaje | Número y Curso | Sesiones del Grupo |
|---|---|---|
| ❏ | 04-157 Unidades 1 a 3 | ❏ |
| ❏ | 04-158 Unidades 4 y 5 | ❏ |
| ❏ | 04-159 Unidades 6 y 7 | ❏ |
| ❏ | 04-160 Unidades 8 y 9 | ❏ |
| ❏ | 04-161 Unidades 10 y 11 | ❏ |
| ❏ | 04-162 Unidades 12 y 13 | ❏ |

La página 222 incluye una solicitud de crédito.

# CHURCH STUDY COURSE ENROLLMENT/CREDIT REQUEST
FORM - 725 (Rev. 1-89)

**MAIL THIS REQUEST TO** →

CHURCH STUDY COURSE AWARDS OFFICE
BAPTIST SUNDAY SCHOOL BOARD
127 NINTH AVENUE, NORTH
NASHVILLE, TENNESSEE 37234

Is this the first course taken since 1983?  ☐ YES If yes, or not sure complete all of Section 1.  ☐ NO If no, complete only bold boxes in Section 1.

## SECTION 1 - STUDENT I.D.

**Social Security Number**  |  **Personal CSC Number ***

☐ Mr.  ☐ Miss
☐ Mrs.  ☐  

DATE OF BIRTH → | Month | Day | Year

Name (First, MI, Last)

Street, Route, or P.O. Box

City, State | Zip Code

**CHURCH**

Church Name

Mailing Address

City, State | Zip Code

## SECTION 2 - CHANGE REQUEST ONLY (Current inf. in Section1)

☐ Former Name

☐ Former Address | Zip Code

☐ Former Church | Zip Code

## SECTION 3 - COURSE CREDIT REQUEST

| Course No. | |
| --- | --- |
| 1. | Paso a Paso: Unidades 1 a 3 |
| 2. | Paso a Paso: Unidades 4 y 5 |
| 3. | Paso a Paso: Unidades 6 y 7 |
| 4. | Paso a Paso: Unidades 8 y 9 |
| 5. | Paso a Paso: Unidades 10 y 11 |
| 6. | Paso a Paso: Unidades 12 y 13 |

## SECTION 4 - DIPLOMA ENROLLMENT

Enter exact diploma title from current Church Study Course catalog. Indicate diploma age group if appropriate. Do not enroll again with each course. When all requirements have been met, the diploma will be mailed to your church. Enrollment in Christian Development Diplomas is automatic. No charge will be made for enrollment or diplomas.

Title of Diploma | Age group or area

Title of Diploma | Age group or area

Signature of Pastor, Teacher, or Other Church Leader | Date

*CSC # not required for new students. Others please give CSC # when using SS # for the first time. Then, only one ID # is required.

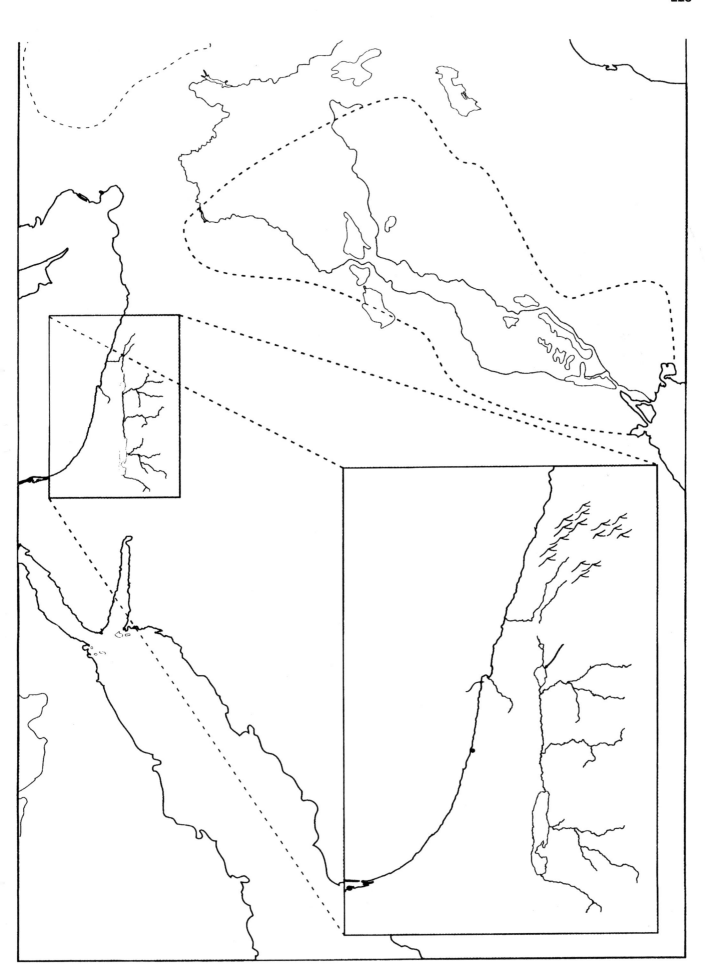

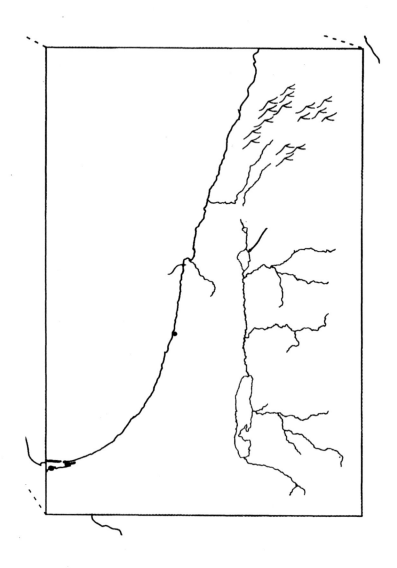